Freimaurer

gewidmet/to:

Andrew Boracci †, Sag Harbor, New York
J. Kenneth Gibala, Rockville, Maryland
Dave Daugherty, Abingdon, Maryland

»Es gibt drei wesentliche Kategorien der Freimaurerei: Freiheit, Gleichheit und Verbrüderung als die wahren Grundpfeiler unserer Gesellschaft, die eben dadurch die edelste und ehrwürdigste ist, die sich denken läßt [...]«

Christoph Martin Wieland (1733–1813),
deutscher Dichter

Tom Goeller

Freimaurer

Aufklärung eines Mythos

Weltbild

Genehmigte Lizenzausgabe für Verlagsgruppe Weltbild GmbH,
Steinerne Furt, 86167 Augsburg

Lektorat: Christian Härtel, Berlin
Umschlaggestaltung: atelier seidel, teising
Umschlagmotiv: Thinkstockphoto / Hemera
Gesamtherstellung: GGP Media GmbH, Pößneck
Printed in the EU
ISBN 978-3-8289-4718-4

2016 2015 2014
Die letzte Jahreszahl gibt die aktuelle Lizenzausgabe an.

Einkaufen im Internet:
www.weltbild.de

Inhalt

Anwälte des Friedens

Das geheime Band zwischen Stresemann und Briand

Die Nachricht vom Tode Gustav Stresemanns löste in Deutschland, aber auch in der Welt, einen Schock aus, »wie ich ihn nur noch nach der Ermordung Präsident Kennedys erlebt habe«, berichtet in seinen Erinnerungen der Sohn Wolfgang Stresemann über das Ableben seines Vaters.[1] »Wohl jeder spürte die Lücke, die Stresemann hinterlassen hatte. Man sprach und schrieb von einem nationalen, aber auch von einem europäischen Unglück. Irgendwie fühlten die meisten, dass ein Abschnitt in der Geschichte zu Ende gegangen war.«[2] Es war der 3. Oktober 1929, ein Datum, das noch einmal in der deutschen Geschichte eine bedeutende Rolle spielen sollte – 61 Jahre danach. Noch Jahrzehnte später erzählten sich Menschen gegenseitig von dem Augenblick, in dem sie vom Tode Stresemanns gehört hatten, wo sie waren, was sie damals dachten.

Besonders stark war der Eindruck in Paris. Der französische Außenminister Aristide Briand stürzte in die deutsche Botschaft, um sein Beileid auszudrücken. Augenzeugen berichten, dass man ihm »ansah, dass er geweint hatte«, und dass Briand gesagt habe, »man könne gleich einen zweiten Sarg bestellen«.[3] Auch in zahlreichen anderen europäischen Hauptstädten, vor allem in London, war echte Trauer zu spüren. Der spätere britische Außenminister Anthony Eden kam Jahre danach zu der Erkenntnis, dass der Tod Stresemanns »der Anfang des europäischen Niedergangs gewesen« sei.[4]

In Berlin gaben Hunderttausende dem großen Sohn der Stadt das letzte Geleit zum Luisenstädtischen Friedhof. Dass der verstockt-erzkonservative Reichspräsident Paul von Hindenburg hinter dem Sarg Stresemanns herschritt, empfand die Familie als Affront. Frau Stresemann soll Hindenburg bei seiner Kondolenz entgegengehalten haben, er habe ihrem Mann »ja nie geholfen«. Die Söhne lehnten jegliches Gespräch mit Hindenburg ab. Aus dem Staatsbegräbnis wurde ein Volksbegräbnis – für Stresemann und die Weimarer Republik.

Gustav Stresemann, am 10. Mai 1878 in Berlin geboren, begann seine politische Karriere als konservativer Nationalliberaler mit klarem Bekenntnis zur Monarchie und zog bereits 1907 für diese Partei in den Reichstag. Nach der Katastrophe des Ersten Weltkrieges wandelte er sich jedoch allmählich zum überzeugten Demokraten und Befürworter der Weimarer Republik. Als Kanzler einer großen Koalition im Krisenjahr 1923 fand er den Mut, den aussichtslosen Widerstand gegen die Ruhrbesetzung durch die Alliierten abzubrechen. Unter seiner kurzen Kanzlerschaft wurde zudem die gigantische Inflation gestoppt. Als Reichskanzler scheiterte er zwar am 23. November 1923 an einer im Reichstag gestellten Vertrauensfrage, blieb aber von da an bis zu seinem Tod deutscher Außenminister in sämtlichen nachfolgenden Regierungen. Dabei entwickelte er sich zu einer überragenden, fast unantastbaren politischen Persönlichkeit, denn er verstand es, die deutsche Politik auf Friedens- und Versöhnungskurs zu bringen und zu halten. Deshalb sprechen Historiker auch von der »Ära Stresemann«, wenn sie die Rückkehr Deutschlands in die internationale Völkergemeinschaft meinen.

Die Wiederherstellung normaler Beziehungen zu Frankreich war dabei naturgemäß sein Hauptanliegen – eine Aufgabe, der sich nach dem Versailler Vertrag von 1919 kein anderer deutscher Politiker zu stellen wagte. Revanche-Gelüste gegen Frankreich, insbesondere wegen Artikel 231 des Versailler Vertrages, in dem die Franzosen die Alleinschuld am Ersten Weltkrieg den Deutschen und ihren Verbündeten in die Schuhe schoben und daraus schamlos alle Wiedergutmachungsforderungen ableiteten, diskreditierten geradezu jedermann, der mit den Franzosen auch nur sprach. Auch Stresemann. Aber er erkannte die Notwendigkeit, sich nichts daraus zu machen.

In seiner nur ihm eigenen Art rang er den jeweiligen deutschen Regierungen Zusagen ab, die den französischen Sicherheitsbedürfnissen Rechnung trugen. Seine erfolgreiche Annäherungs- und Aussöhnungspolitik mit Frankreich war indes nur möglich, weil er auf der anderen Seite auf einen Gleichgesinnten und in gleicher Weise in seiner Heimat angefeindeten und respektierten Partner stieß: den französischen Außenminister Aristide Briand.

Der wesentlich ältere französische Politiker Briand, geboren 1862, leitete als Ministerpräsident mehrfach die Geschicke seines Landes. Von 1925 bis 1932 überlappte sich schicksalshaft seine Amtszeit als Außenminister mit der Stresemanns. Auch Briand war beseelt von

Gustav Stresemann erhielt 1926 den Friedensnobelpreis für seine Versöhnungspolitik

der Idee einer dauerhaften Verständigung und Aussöhnung mit Deutschland, die binnen eines halben Jahres am 16. Oktober 1925 in den Vertrag von Locarno mündete. Die Welt hielt den Atem an. Die beiden so genannten Erzfeinde Frankreich und Deutschland schlossen wieder Verträge. Im Wesentlichen handelte es sich um Gesten Deutschlands, das sich bereit erklärte, die Grenzen zu Frankreich und Belgien als »unabänderlich« anzuerkennen und auf gewaltsame Veränderungen zu verzichten. Als Gegengabe räumten die Briten ihre besetzte Zone im Rheinland.

Doch dieser erste Schritt der Annäherung Deutschlands und Frankreichs hatte eine viel weitreichendere Wirkung als der eigentliche Vertragsinhalt von Locarno: Er beendete die internationale Ächtung Deutschlands als Paria der Weltgemeinschaft und führte weniger als ein Jahr später, am 8. September 1926, zur Aufnahme des Deutschen Reiches in den Völkerbund. Deutschland wurde wieder als volles, geachtetes Mitglied der Völkergemeinschaft betrachtet. Während die Nationalisten in beiden Ländern über den »Verrat« der Herren Briand und Stresemann schäumten, darunter Reichspräsident Hindenburg, erkannte das internationale Publikum die überragende Leistung beider Staatsmänner an; Briand und Stresemann wurde deshalb am 10. Dezember 1926 der Friedensnobelpreis verliehen. Doch von dem geheimen Bund, der beide Staatsmänner verband, wusste die Öffentlichkeit nichts: Briand und Stresemann waren Freimaurer, Mitglieder des ältesten Geheimbundes der Welt also, Mitglieder einer Vereinigung, die sich von alters her dem Streben nach Freiheit, Gerechtigkeit und Toleranz verschrieben hatte. Offenkundig konnten sich in einer Zeit, in der in beiden Nationen der gegenseitige Hass noch abgrundtief verwurzelt war, nur zwei besondere Menschen die »Hand zum Bunde« reichen. Nur weil sie selbst von der tiefen freimaurerischen Erkenntnis beseelt waren, Hass könne nur mittels Versöhnung und Toleranz überwunden werden, nur deshalb konnten sie auch jene Politik zum Erfolg führen, die kein anderer Politiker in ihren jeweiligen Heimatländern gewagt hätte. Die Welt spürte diese besondere Verbindung zwischen Briand und Stresemann. Die internationale Staatengemeinschaft war fasziniert von diesen beiden »Aposteln für den Frieden«. Aber sie hatte keine Erklärung dafür.

Denn Freimaurer in Europa machen selten publik, dass sie »geheime Brüder« sind, in dem Glauben, dass die Außenwelt ihre Innenwelt nicht versteht und daraus höchstens falsche Schlüsse zieht. »Weltverschwörung« wird ihnen deshalb manchmal vorgeworfen. Das ist natürlich barer Unfug; im Falle Briands und Stresemanns kann man aber vielleicht sagen: Sollten beide sich »verschworen« haben, dann sieht man ja, was Freimaurer darunter verstehen – wenn schon, dann wäre es eine »Verschwörung für Frieden, Toleranz und gegenseitige Achtung«.

Stresemann fühlte sich erst relativ spät zur Freimaurerei hingezogen, gerade noch rechtzeitig, sozusagen. Er wurde im Jahr seiner Reichskanzlerschaft, 1923, in die Berliner Loge »Friedrich der Große« aufgenommen. Als Grund für Stresemanns Interesse an der Freimaurerei nennt sein Sohn Wolfgang später:

»Die protestantische Kirche erschien ihm zu nüchtern, gab ihm zu wenig für sein inneres Leben, für sein Bedürfnis nach geistiger Gemeinsamkeit. Er hoffte, diese im Freimaurertum zu finden.«[5]

Und das ausgerechnet zu einer Zeit, zu der Stresemann als Kanzler und Außenminister auf dem Höhepunkt seiner Karriere stand und dem größten Stress unterworfen war. Manch anderer würde in solch einer Situation sagen, dass er für »so etwas« keine Zeit habe, und dafür volles Verständnis ernten. Insbesondere, wenn man weiß, dass damals in Deutschland niemand Freimaurer werden konnte, der nicht auch den Katechismus eines jeden Grades auswendig gelernt hatte. Man stelle sich vor, wie Reichskanzler Stresemann 1923 zwischen Ruhrkampf, Dawesplan und dem Marsch Hitlers und Ludendorffs zur Münchener Feldherrnhalle in seiner Berliner Loge »geistige Anreicherung und innere Befriedigung fand«, wie andere Quellen berichten[6], und außerdem noch die langen Freimaurer-Riten lernte.

Allerdings, so ungewöhnlich oder einmalig ist diese Einstellung nicht. In den Logen der amerikanischen Hauptstadt Washington kann man oftmals Zeuge werden, wie Star-Anwälte, Finanzgenies und schwerbeschäftigte Regierungsangehörige höchsten Ranges sich nicht scheuen, regelmäßig ihre Logen zu besuchen, und die schwierigsten und längsten Texte auswendig lernen. Auf die Frage, warum sie sich solche Zusatzlasten, auch zeitliche, aufbürden, kann man stets die gleiche Antwort hören: »Die Ruhe und Brüderlichkeit der Loge hilft mir, Stress abzubauen. Das Auswendiglernen alter Riten hilft mir, bei meiner täglichen Arbeit viel konzentrierter zu sein. Ich lese seither Texte anders: schneller, bewusster, behalte mehr vom Inhalt.«

Möglicherweise haben Stresemann und Briand als aktive Freimaurer ähnliche Erkenntnisse gewonnen. In Stresemanns Fall ging voraus, dass sich sein einst enges Verhältnis zum liberalen Protestantismus sehr gelockert hatte. Er suchte nicht unbedingt einen Ersatz, sondern eine Ergänzung zum Christentum. Stresemanns Gedanken in seinem handschriftlichen Aufnahmegesuch von 1923 klingen, als seien sie von heute:

»Schon lange war es mein Wunsch, in eine engere Beziehung zu einem Kreis gleichgesinnter Menschen zu gelangen, die in unserer an Materialismus, Hast und Unruhe sich zermürbenden Zeit sich das Reich allgemeinen Menschentums, innerer Besinnlichkeit und Geistigkeit zu erhalten suchen. Im deutschen Freimaurertum hoffe ich, eine solche Gemeinschaft zu finden.«[7]

Sein getreuer junger Privatsekretär, der spätere Konsul Henry Bernhard, soll ihn in den Kreis der Freimaurer eingeführt haben.[8] Eine Berliner Freimaurerquelle hingegen besagt, dass Henry Bernhard selbst erst zwei Jahre später, 1925, in die Loge »Friedrich der Große« aufgenommen worden sei.[9] Wer hier wen beeinflusst hat, bedarf somit noch der endgültigen Klärung. Fest steht, dass Bernhard offenkundig mit seinem Chef über die Freimaurerei diskutiert hat und ihr dann über die Nazizeit hinaus treu geblieben ist. Kurz vor seinem Tod im Jahr 1960 wurde Bernhard Landesgroßmeister der Berliner Freimaurer für das Maurer-Jahr 1958/59.

Betrachtet man Stresemanns politisches Wirken zu jener Zeit, liegt es geradezu auf der Hand, dass dieser deutsche Staatsmann seinem ganzen Wesen nach die Philosophie der Freimaurer verinnerlicht hatte. Unter seinen Mitbrüdern, wie sich Freimaurer untereinander nennen, fand er also nun die ethische Haltung, nach der er gesucht hatte. In ihren Reihen fand er auch moralische und persönliche Unterstützung gegen die politischen Anfeindungen und Hasstiraden der deutschen Konservativen und Nationalsozialisten.

Und er trug seine freimaurerische Gesinnung sogar nach außen. Manche seiner Reden nach seinem Logeneintritt spiegeln die Freimaurer-Gedankenwelt. Zum Beispiel sprach er in seiner berühmten Rede beim Eintritt in den Völkerbund in Genf im September 1926 vor aller Welt vom »göttlichen Baumeister der Erde« – so nennen Freimaurer das höchste Wesen, in der christlichen Religion »Gott« genannt.[10] Jeder Freimaurer erkennt solche Schlüsselwörter sofort. Wer bis dahin noch nicht wusste, dass Stresemann ein Freimaurer war, wusste es seither. Und viele Mitglieder des Völkerbundes waren Freimaurer. Mit dem Schlüsselwort vom »göttlichen Baumeister der Erde« schickte Stresemann also eine weitere kodierte Botschaft an die Völkergemeinschaft: Ihr könnt mir vertrauen. Ich bin einer von euch.

Ähnliches findet sich in seiner Nobelpreisrede, die er Ende 1926 in Oslo hielt, und in der er den deutschen Dichter Johann Wolfgang von Goethe, ebenfalls Freimaurer, zitiert: »Wir bekennen uns zu dem Geschlecht, das aus dem Dunkeln ins Helle strebt«, eine eindeutige freimaurerische Metapher, wird doch der Lehrlingskandidat im ersten Grad gefragt: »Was erstrebst du?«. Antwort: »Licht«. Damit ist gemeint: Der Freimaurer strebt nach Erkenntnis und Wissen. Im Englischen und Französischen wird diese Metapher deutlicher zum Ausdruck gebracht: was wir in Deutschland die »Epoche der Aufklärung« nennen, heißt dort »age of enlightenment« – das Zeitalter der Erleuchtung – beziehungsweise »siècle de lumière« – das Jahrhundert des Lichts.

Es gibt weitere Hinweise, wie sehr Stresemann offenbar von freimaurerischem Denken durchdrungen war. Wenige Wochen vor seinem Tod äußerte er in seiner letzen Rede vor dem Völkerbund am 9. September 1929: »Mich dünkt, dass das weite Gebiet der Siege der Menschheit über die Natur genügend Möglichkeiten gibt [...] zur Hingabe des Lebens für große Ideen, und dass hier ein enormes Gebiet ist, auf dem in Zukunft vielleicht einmal das ewige Rätsel des Verhältnisses des Menschen zum All weiterdurchforscht und weitergebracht wird.« Und er appellierte an das Weltforum: »Wir in unserem Kreise, wir haben die nüchterne Aufgabe, die Völker einander näher zu bringen.«

Ähnlich hatte sich wenige Tage zuvor sein großes französisches Alter Ego, Aristide Briand, geäußert. Beide Männer waren eindeutig vom gleichen Ziel beseelt. Briand hatte am 5. September 1929 in Genf die »Etats-Unis d'Europe« – die Vereinigten Staaten von Europa – gefordert. Er nannte dieses Ziel eine »Solidargemeinschaft der Nationen Europas«.

Aristide Briand trat relativ früh der Loge »Le Trait d'Union des Saint Nazaire« bei. Er war ein leidenschaftlicher Sozialist, was damals keinen Gegensatz zur Freimaurerei bedeutete, sondern im Gegenteil, eine Ergänzung. Denn aus den Reihen der Freimaurer hatten die Sozialisten ja das Gedankengut und die Parole übernommen: »Proletarier (Brüder) aller Länder, vereinigt Euch« sowie das Lied »Brüder zur Sonne, zur Freiheit [...]«. Nachdem er als sozialistischer Abgeordneter nach Paris umgezogen war, wechselte er zur Hauptstadt-Loge »Le Chevalier du Travail« (Ritter der Arbeit) und gründete 1904 gemeinsam mit dem Sozialistenchef Jean Jaurès die noch heute existierende Arbeiterzeitung »L'Humanité«.

Nachdem Briand den Aussöhnungsprozess mit Stresemann begonnen hatte, wurde er in Frankreich von den Rechten angefeindet. Stresemann verteidigte seinen französischen Freund in einer Reichstagsrede im Jahr 1928: »Der Mann, der drüben für eine Verständigung eintritt, wird von Mitgliedern seines eigenen Kabinetts als Verräter bezeichnet, weil er zugibt, dass er eine Rheinlandräumung für notwendig halte.«[11]

So waren sie, die beiden »Brüder«. Sie arbeiteten Hand in Hand am Weltfrieden, so dass Briand von seinen Arbeitermassen als »pélerin et apôtre de la paix« – als Pilger und Apostel für den Frieden – gefeiert wurde.[12] Er war ein Mann des Gesprächs und prägte dadurch zahlreiche Bonmots. »In der Diplomtie ist das Schlimmste das Schweigen«, entgegnete er seinen Gegnern. Und auch das Folgende ist von ihm: »Politik ist die Kunst, das Wünschenswerte mit dem Möglichen zu vereinen.« Den ihn umschwärmenden Journalisten schrieb er ins Stammbuch: »Eine der Regeln der Politik lautet: glaube nie einer Information, solange sie nicht offiziell dementiert wurde.« Nach dem Tod Stresemanns verkündet er trotzig: »Solange ich da bin, wird es keinen Krieg geben.«

Briand starb zweieinhalb Jahre später im März 1932. Der berühmte Dichter Paul Claudel bemerkte dazu in Paris: »Am Tage, an dem Europa Abschied von der Vernunft nahm, nahm Briand Abschied vom Leben.«[13]

Wir wissen, dass beide Staatsmänner ihr Ziel der Versöhnung Frankreichs und Deutschlands nur vorübergehend erreicht haben. Und doch haben sie ein Zeichen gesetzt, auf das andere nach 1945 aufbauen konnten. Wir wissen, dass sie das Geheimnis der Bruderschaft der Freimaurer verband. Doch was ist das Geheimnis dieses »ältesten Geheimbundes« der Welt? Wann entstanden die Freimaurer? Woher kommen sie? Wer sind ihre Mitglieder? Welche Ziele verfolgen sie wirklich?

Die älteste Geheimgesellschaft der Welt

Von den Pyramiden von Gizeh bis zum Kölner Dom

»Oh, Ägypten! Oh, Ägypten! Es wird eine Zeit kommen, in der Du statt einer reinen Religion und eines reinen Glaubens, nichts anderes haben wirst als lächerliche Fabeln, unglaubwürdig für die Nachwelt. Und von Dir wird nichts anderes übrigbleiben als Worte, eingraviert in Stein; und sie werden die einzigen Überreste sein, die Deine Frömmigkeit bescheinigen.«

Thoth
ägyptischer Allgott und Künder geheimen Wissens[1]

Ein Freimaurer wird gefragt: »Wie viele Freimaurer braucht ihr eigentlich, um in Eurer Loge eine Glühbirne auszuwechseln?« Antwort: »Kann ich nicht sagen. Das ist streng geheim.« Spiegelt dies die Realität wider oder kann man es als simplen Witz abtun?

Der Nimbus der Geheimgesellschaft, der dunklen Machenschaften oder Verschwörungen lastet auf jener Bewegung von Männern, die sich »freie Maurer« nennen, und bringt ihnen immer wieder Anfeindungen, Verbote und Verfolgung ein. Die Nazis haben gegen sie Front gemacht, der spanische Diktator Franco hat sie massenhaft exekutieren lassen, Kommunisten haben sie ebenfalls rücksichtslos verfolgt und verboten, dabei aber gerne einen Teil ihrer Symbole für ihre Ideologie benutzt. Mit Ausnahme Marokkos und der Türkei sind Freimaurer in allen islamisch dominierten Staaten strengstens verboten. Die islamistischen Terror-Organisationen Hisbollah und Hamas möchten sie am liebsten alle »ausradieren«. Auch die erzkonservativen protestantischen amerikanischen *Evangelists* verbieten ihren Gläubigen immer noch, Freimaurer zu werden. Die Orthodoxen Kirchen Russlands und Griechenlands verurteilen die Mitgliedschaft in Freimaurerlogen ebenfalls.

Und dennoch haben kluge Geister wie Johann Wolfgang von Goethe einer Freimaurerloge angehört, ebenso Wolfgang Amadeus Mozart, Joseph Haydn, Jean Sibelius, Blücher, Gneisenau, Scharnhorst, Gustav Stresemann, Carl von Ossietzky, Lovis Corinth, Rudyard Kipling, Winston Churchill, Salvador Allende, der SOS-Kinderdorfbegründer Hermann Gmeiner, fünfzehn amerikanische Präsidenten und die Mehrheit der Astronauten.

Weltweit zählt die Freimaurerbewegung sechs Millionen Mitglieder, in Deutschland sind es nach eigenen Angaben derzeit nur 14 000, darunter in Deutschland lebende Amerikaner. Sie spenden weltweit rund drei Millionen Euro täglich (davon zwei Drittel allein die Freimaurer in den USA) für einen guten Zweck, unterhalten Krankenhäuser, Schulen für Behinderte, Armenküchen, kümmern sich um aidskranke Kinder. Und dennoch liegt in den meisten Ländern, darunter auch in Deutschland, ein Schatten über diesen Wohltätern. Hierzulande sind die Freimaurer an ihrem angeschlagenen Image nicht ganz unschuldig: Sie lassen es zu, in einer offenen, demokratischen Gesellschaft als Geheimorganisation bezeichnet zu werden. Dabei erfüllt beispielsweise die CDU mit ihrer Parteistruktur viel eher die Definition einer Geheimorganisation. Während man als einfaches CDU-Mitglied weder eine Mitgliederliste erhält noch an parteiinternen Entscheidungen teilhaben darf – die werden dort unter Ausschluss der Mitglieder und ohne Ankündigung von Ort und Zeit nur vom Ortsvorstand gefällt und dann »per ordre de mufti« verkündet – kann man über die Freimaurerlogen in der Regel das meiste bereits mittels einer öffentlichen Stadtbibliothek erfahren.

Hauptsächlich aber speist sich das Unbehagen in der breiten Öffentlichkeit hinsichtlich der Freimaurer aus einer Mischung aus jahrhundertelanger christlicher Anfeindung, eingängiger Nazi-Propaganda mit entsprechender, bis heute aufgelegter und selbst in deutschen Medien gerne wiedergegebener Verschwörungsliteratur und deren Verschwörungsthesen, sowie aus dem Verbot unter der SED-Diktatur in der DDR.

So sind Freimaurer wieder einmal als »Weltverschwörer« in aller Munde. Doch kaum jemand weiß, woher sie stammen, wer sie sind und was sie wirklich tun.

Dabei war das Image der Freimaurer besonders im protestantischen Preußen bis zum Ende der Weimarer Republik überwiegend positiv. Angefangen bei Friedrich dem Großen war eine Reihe preußischer

Wegen offener Opposition gegen Hitler ins KZ gesteckt: Carl von Ossietzky (3. v. l., stehend)

Könige und deutscher Kaiser Freimaurer sowie zahlreiche namhafte deutsche Adelige, Offiziere, Künstler, Dichter, Angehörige des Großbürgertums. Ein elitärer Club also?

Zweifellos, aber schon seit der Gründung der ersten Freimaurerloge in Deutschland grassierte der Slogan der Bewegung, »Freiheit, Gleichheit, Brüderlichkeit«. Denn darum ging es in der Freimaurerei von Beginn an. Freimaurer haben 1776 die amerikanische Revolution ausgerufen, maßgeblich das Gedankengut für die französische Revolution von 1789 geliefert, ebenso wie für jene gescheiterte deutsche Revolution von 1848. Und dennoch sind sie *per se* keine Revolutionäre, sondern aus der Tiefe der Geschichte kommende Aufklärer, deren Grundideen in der deutschen Nationalhymne prägnant zum Ausdruck kommen: »Einigkeit und Recht und Freiheit sind des Glückes Unterpfand«.

Waren es bis vor wenigen Jahrzehnten in erster Linie Faschisten und Kommunisten, die einhellig Freimaurer »ausmerzen« wollten, kommt heute die größte Gefahr für die Bruderschaft gerade aus jener

Weltgegend, aus der die Freimaurer ihre Ursprünge mythisch herleiten: aus dem Nahen Osten.

Zwar entstanden die Freimaurer in ihrer heutigen Form als geheime Demokratie-Bewegung erst zu Beginn des 18. Jahrhunderts in England, ihre Ursprünge lassen sich jedoch, teils historisch begründet, teils hergeleitet, auf die mittelalterlichen Bauhütten zurückführen, auf den Templerorden und sogar auf die Architekten der ägyptischen Pyramiden.

Geheimbünde gehören gewissermaßen zum Urgestein der Menschheitsgeschichte. Sie lassen sich bereits bei so genannten »prähistorischen« Völkern und Stämmen nachweisen. Schon die faszinierenden Wandbilder in den altsteinzeitlichen Höhlen von Altamira und Lascaux waren offensichtlich nicht für eine breite Öffentlichkeit bestimmt, sondern dienten einer kleinen, sich im Geheimen treffenden Gruppe für bestimmte Zwecke. Aber auch Ethnologen der Neuzeit sind im 19. und 20. Jahrhundert rund um den Globus bei den autochthonen Stämmen Papuas, Australiens, Polynesiens, in Afrika, Indonesien, bei Indianern Nord- und Südamerikas sowie bei den Schamanen Sibiriens auf Geheimbünde gestoßen. Das umfangreiche ethnologische Material darüber ist bis heute noch gar nicht recht ausgewertet worden. Was bisher bekannt ist, beweist indes, dass Geheimbünde so alt sind wie die Menschheit und offenkundig – zumindest zu bestimmten Zeiten und unter bestimmten Umständen – auch Sinn machen, sowohl für eine »primitive« als auch für eine »zivilisatorisch hochstehende« Gesellschaft.

Genau diese Aspekte sollen anhand der Freimaurerei im Weiteren an verschiedenen Stellen erörtert werden: Warum es nötig war, dass sich Freimaurer viele hundert Jahre lang nur geheim treffen konnten und in vielen Staaten sogar bis heute eine Geheimorganisation bleiben müssen. Freimaurer, die in Demokratien leben, könnten eigentlich genauso öffentlich auftreten wie in den USA. Doch nur eine Minderheit der 188 bei der UNO gemeldeten Staaten sind Demokratien. In der überwiegenden Mehrheit der Staaten dieser Welt ist es aus eingangs genannten Gründen lebensgefährlich, sich als Freimaurer zu erkennen zu geben.

Einer der ältesten bekannten Geheimbünde Europas waren die keltischen Druiden, die ihre Lehren nur mündlich und im Laufe mühseliger, langwieriger und umständlicher Lehrgänge an auserwählte Schüler weitergaben.[2] Diese Tradition findet sich auch bei Freimaurern wieder, wenngleich weltweit sehr unterschiedlich gehandhabt. Zum Beispiel ist es in den Logen der amerikanischen Hauptstadt Washington streng untersagt, das Logenwissen und den Wortlaut der Rituale schriftlich weiterzugeben. Nur »from mouth to ear« ist es gestattet, die Neumitglieder einzuweihen, was oft ein langwieriger und mühseliger Prozess sowohl für den Tutor als auch für den Neuling sein kann, da der Text rein vom Hören her auswendig gelernt werden muss. Auf diese Art werden ja auch unter orthodoxen Juden und vielerorts in der islamischen und hinduistischen Welt die alten Weisheiten weitergegeben. Und im Grunde genommen haben auch Buddha, Sokrates und Jesus keine Schriften hinterlassen, sondern lehrten »von Mund zu Ohr«.

Blicken wir auf die Antike, auf das vorchristliche Ägypten, auf Griechenland und Vorderasien, dann stoßen wir auch dort auf Geheimgesellschaften, die Priester- oder »Mysterienbünde« genannt werden. Diesen Bünden ging es der Überlieferung nach um bestimmte Götter und Heilsbringergestalten wie Orpheus, Dionysos, Astarte (babylonisch Ischtar), Demeter, die phrygische Magna Mater Kybele sowie die ägyptischen Götter Isis und Osiris.

In Memphis in Ägypten wurden Priesterorden gegründet, um Wissen an geeignete Kandidaten weiterzugeben. Die Inhalte sind uns im Einzelnen nicht mehr bekannt, wohl aber breiteten sich zumindest Teile des alt-ägyptischen Priesterwissens im Nahen Osten und nach Griechenland aus. Von dem griechischen Philosophen und Mathematiker Pythagoras wissen wir, dass er sich in ägyptische, babylonische, persische und einheimische Mysterien einweihen ließ. Dazu ging er zum Studium nach Ägypten. Und von Platon ist der Bericht überliefert, dass griechische Schüler nach Ägypten reisten, um dort initiiert zu werden, und sie würden von den Priestern in Sais mit den Worten empfangen: »Ihr Griechen seid nichts als Kinder.«

Später werden diese Kinder von den Römern als große Baumeister und Philosophen bewundert und nachgeahmt. Noch später, in der Renaissance, blüht der »Neo-Hellenismus« (und damit gewissermaßen auch Alt-Ägypten) wie nie zuvor, gefolgt von der Aufklärung und der Gründung der modernen Freimaurerei. Zufall?

Sein Wissen übereignete Pythagoras einem Geheimbund in Griechenland. Hätte nicht ein anderer aus diesem Bund, nämlich Empedokles, Pythagoras' Kenntnisse aufgeschrieben, wüssten wir noch nicht einmal, dass er gelebt hat. Allerdings sind uns nur Fragmente vom umfangreichen Wissen des Pythagoras bekannt, darunter sein geometrischer Lehrsatz, der für Maurer und Architekten, und damit auch für Freimaurer, bis heute Bedeutung hat: $a^2 + b^2 = c^2$.

Aus diesem Grund gibt es Freimaurerlogen, die Namen tragen wie »Pythagoras zum flammenden Stern« in Berlin, »Pythagoras zu den drei Strömen« in Münden, eine Pythagoras-Loge in der Schweiz (Pythagore, No. 69), die »Pythagoras Lodge No. 1« in New York, um nur ein paar Beispiele herauszugreifen. Was Freimaurer an Pythagoras fasziniert, ist die Verbindung von Mathematik und Geometrie mit der Philosophie und den Grundsatzfragen des Lebens.

Welche Anknüpfungspunkte gibt es eigentlich zu den alten Ägyptern? Es sind die Mythen und Legenden, deren Herkunft nach wie vor weder Freimaurer noch außenstehende distanzierte Wissenschaftler erklären können. Heinrich Schliemann, ebenfalls Freimaurer, hat im 19. Jahrhundert unter Gelächter der Gelehrten die griechische Heldenerzählung von Troja ernst genommen. Wie wir wissen, hat er Troja gefunden und ausgegraben.

Älteste Wurzeln: Hiram und Osiris

Zentraler Gründungsmythos der Freimaurer ist eine Legende um den in der Bibel erwähnten Hiram (Abiff), der um 988 v. Chr. den Tempel König Salomons auf dem Tempelberg Morija in Jerusalem errichtet haben soll. Im Alten Testament wird mehrfach ein »Hiram aus Tyrus« erwähnt, einmal als Erzgießer (1 Könige 7,13) und einmal als König von Tyrus (1 Könige 5,15 ff. und 9, 10–24, 2 Chronik 2 u. a.). Es darf deshalb zu Recht angenommen werden, dass es sich dabei um zwei verschiedene Personen gleichen Namens handelt. Fest steht, dass der phönikische König Hiram aus der Stadt Tyrus mit König Salomon eng befreundet war. Und so verwundert es keineswegs, dass sich Salomon zum Zwecke des Tempelbaus in Jerusalem an seinen Freund in Tyrus wendet. Salomon bestellte bei König Hiram »Zedern und Zypressen vom Libanon«. In diesem Zusammenhang erwähnt das Alte Testament auch zweimal 80 000 Steinhauer, die die Steine für den Tempelbau »herrichteten«. Im ersten Buch Könige, sechstes Kapitel, wird in aller Ausführlichkeit der Bau und die Ausstattung des Tempels beschrieben. In Kapitel 7,13 taucht dann erstmals jener Hiram auf, um den es im Weiteren geht: »Der König Salomon ließ den Hiram aus Tyrus kommen. Dieser war der Sohn einer Witwe aus dem Stamm Naphtali. Sein Vater war ein Erzschmied aus Tyrus, begabt mit Weisheit, Verstand und Geschick, Arbeiten in Erz auszuführen. Dieser kam zum König Salomon und führte alle seine Aufträge aus.«

In der 2. Chronik 2,12 kündigt der König von Tyrus seinen Künstler bei Salomon mit den Worten an: »Ich sende Dir nun einen fähigen und einsichtsvollen Mann, den Meister Hiram.« Und der König lobt ihn in den höchsten Tönen, er scheint wirklich ein außergewöhnlicher Künstler und Baumeister gewesen zu sein: »Er kann Arbeiten in Gold und Silber, Erz, Eisen, Stein und Holz [...] ausführen, allerlei Gravierungen herstellen und jeden Bauplan verstehen, der ihm aufgegeben wird.« Im Nachfolgenden werden seine Arbeitsschritte genauestens beschrieben, insbesondere, dass er zwei reich verzierte Schmucksäulen aus Erz goss, die er in der Vorhalle des Tempels aufstellte. Die rechte Säule nannte er Jachin, die linke Boas. Gemäß dieser Beschreibung haben später Freimaurer aller Länder zwei allein stehende Säulen in ihren Tempel-Logen aufgestellt und ihnen die Namen Jachin und Boas gegeben. Nicht mehr und nicht weniger also steht über Hiram, dem Erzschmied und Baumeister, in der Bibel. Historiker und Freimaurer haben sich mit dieser Person, die den Freimaurerlegenden zufolge den Nachnamen Abiff getragen haben soll, indes etwas eingehender auseinandergesetzt.

Tyrus, heute Sur genannt, liegt etwa 75 Kilometer südlich von Beirut. Wie wir aus anderen antiken Quellen wissen, war Tyrus die bedeutendste phönikische Stadt mit Seeverbindungen in den gesamten Mittelmeerraum. Phöniker aus Tyrus gründeten zum Beispiel Karthago. Im Altertum war Tyrus neben seinen Seefahrern vor allem für seine Künstler und Architekten bekannt. Und in Tyrus war einer der Hauptsitze der dionysischen Bruderschaft der Handwerker, die ausschließlich Gebäude errichteten und sich eine geheime Organisationsstruktur gaben, ähnlich jener der im Mittelalter auftretenden Maurer und Steinmetze. Es ist mit an Sicherheit grenzender Wahrscheinlichkeit anzunehmen, dass einer der besten Baumeister von Tyrus genau dieser Geheimbruderschaft angehörte. Der sektiererische, sehr privatindividuelle Dionysos-Kult übte übrigens auch auf die griechischen Philosophen Pythagoras und Platon einen bestimmenden Einfluss aus. Und in Dionysos, dem griechischen »Gott der Fruchtbarkeit und des Weines«, stoßen wir wieder – diesmal buchstäblich – auf eine

Verschmelzung Griechenlands mit Ägypten: denn Dionysos war – laut einer von mehreren griechischen Vorstellungen – ein Sohn des Zeus und der ägyptischen Königstochter Semele aus Theben.

Weiterhin nehmen Freimaurer in ihrem Gründungsmythos an, dass Hiram Abiff sein Bruderschaftswissen in Jerusalem angewandt und damit eingeführt hat, denn irgendwie muss er ja die 80 000 Steinhauer sowie tausende von anderen Hilfskräften organisiert haben. Ja, selbst die englischen Freimaurer, die 1717 die moderne Freimaurerei begründeten, glaubten daran, dass Hiram nicht nur ein herausragender Künstler und Handwerker, sondern der Chefarchitekt des Tempels war und als solcher in Jerusalem mit Zustimmung von König Salomon eine Maurer-Loge eingerichtet hatte. Darin weihte er jene in seine Geheimnisse ein, die er zur Verwirklichung dieser großen Herausforderung brauchte. Auf weitere Ausschmückungen sei hier verzichtet. Fest steht: die Freimaurer kennen – aus einer bis heute unbekannten, möglicherweise islamischen Quelle – die Fortsetzung der Geschichte aus der Bibel. Hiram Abiff gilt, zusammen mit König Salomon als seinem Auftraggeber und Schirmherrn der Loge von Jerusalem, als mythischer Gründer der »Frei«-Maurerei. Nach Vollendung seines Werkes nimmt Hiram Abiffs Schicksal gemäß der Freimaurer-Legende eine dramatische Wende. Er wird von drei Maurern bzw. Steinmetzen entführt, die von ihm das »Geheimnis des Tempels« zu erfahren suchen, das nur er als oberster Baumeister kannte. Da er es nicht preisgibt, ermorden sie ihn, und so wurde das »Tempel-Geheimnis«, was immer es auch sein mochte, nie enthüllt. Nach der Ermordung verstecken die drei Mörder die Leiche an einem abgelegenen Ort.

Ab hier gibt es Unterschiede in der Fortsetzung der Legende mit mehr oder weniger reichen Ausschmückungen, aber sie alle führen zum gleichen Ende: Als König Salomon von der Ermordung erfuhr, wunderte er sich, welches Geheimnis denn Meister Hiram wohl verborgen hatte, und schickte drei Steinhauer, die ihn gut gekannt hatten, aus, nach der Leiche zu suchen. Sie sollten festzustellen, ob Hiram sein ominöses Geheimnis wirklich mit ins Grab genommen hatte. Er trug den Maurern außerdem auf, sollten sie nicht hinter das Geheimnis Hirams kommen, dann sollte das erste, was sie bei der Leiche fänden, künftig als das Geheimnis des Tempels von Jerusalem gelten.

Als die drei Sucher am weitesten von zu Hause weg waren und völlig erschöpft zu Boden sanken, legten sie eine Rast ein, überzeugt, Hirams Leiche nie zu finden. Sie beschlossen, unverrichteter Dinge

König Salomon lässt den Tempel von Jerusalem erbauen (Holzschnitt von F. Obermann, Dresden 1909)

nach Jerusalem zurückzukehren. Einer von ihnen griff, um Halt beim Aufstehen zu finden, nach einem Akazienspross. Doch die Akazie gab nach, riss aus und unter ihrem Wurzelwerk kam eine halbverweste Hand zum Vorschein. Der Finder griff nach der Hand in einer besonderen Weise, um die Leiche mit einem Ruck zu bergen, und seither gilt – der Legende nach – dieser besondere Handgriff nicht nur als das »Tempelgeheimnis« König Salomons, sondern als geheimer Handschlag aller Maurer und Freimaurer.

An Hiram Abiffs Tod und die Bergung seiner Leiche wird in verschiedenen Freimaurerritualen erinnert. Die Hiram-Legende ist historisch jedenfalls bereits bei den Futuwwa-Bünden gesichert – vereinfacht ausgedrückt, waren dies islamische Zünfte und Männerbünde.[3] Das Wort *fituw'* oder *futuw* taucht in arabischen Quellen seit dem 9. Jahrhundert n. Chr. auf und leitet sich ab von *fityan*, das waren Jünglinge im Teenageralter, die in der vorislamischen orientalischen Welt ungeachtet ihrer sozialen Herkunft oder religiösen Zugehörigkeit Tugenden wie Selbstbeherrschung, Großmut, Freigebigkeit und Gastfreundschaft lebten. Sogar arabische Fürsten traten später dieser mystischen Futuwwa-Bewegung bei und verhalfen ihr im Mittelalter zu großem Ansehen in der nahöstlichen Welt. Allerdings taucht bei den Futuwwa-Bünden anstelle Hirams »Ali, der Kalif« auf, welcher von Charidschiten erschlagen wurde.[4]

Doch wir sind damit noch nicht bei der ältesten Form der Hiram-Legende angelangt. Sie findet sich in Ägypten. Dort heißt es: Der Erdgott Geb und die Himmelsgöttin Nut hatten vier Kinder: die beiden Jungs Osiris und Seth sowie die beiden Mädchen Isis und Nephthys. Der ältere Osiris heiratete seine Schwester Isis und der jüngere Seth die Nephthys. Osiris fiel alsbald die Herrschaft über Himmel und Erde zu und darüber wurde sein Bruder neidisch und trachtete danach, ihn gemeinsam mit Helfershelfern bei einer Zusammenkunft zu beseitigen: »Seth verfertigte eine schöne, reich geschmückte Lade und brachte sie zum Gastmahl. Als alle sich über den bewundernswerten Anblick freuten, versprach Seth, wie im Scherz, die Lade dem zum Geschenk, der darin liegend sie genau ausfüllen würde. Alle nach der Reihe versuchten es, aber keiner wollte passen, bis zuletzt Osiris selbst hineinstieg und sich niederlegte. Da liefen die Verschworenen hinzu, warfen den Deckel darauf, verschlossen die Lade von außen mit Nägeln, gossen heißes Blei darüber, trugen sie an den Fluss hinaus und entsandten sie durch die tanitische Mündung ins Meer.«[5] Isis floh in die Sümpfe und irrte umher, um die Lade mit dem Leichnam ihres Gatten Osiris zu suchen, geschützt und begleitet von dem schakalköpfigen Gott Anubis. Endlich fand sie, was sie suchte. Die Wellen des Meeres hatten die Lade an der phönikischen Küste, dort wo heute Beirut steht, ans Land gespült und ein Baum, neben dem die Lade gestrandet war, war zu ihrem Schutze so schnell gewachsen, dass er sie ganz umschlossen hatte. Der König des Landes aber, der den großen Baum bewunderte, hatte ihn gefällt und den Stamm mit dem darin verborgenen Sarge als Pfeiler unter sein Haus gesetzt. Dort fand ihn Isis, die als Amme in den Dienst jenes Königs getreten war; sie offenbarte sich als Göttin und zog den Sarg aus dem Pfeiler heraus. Per Schiff brachte sie ihn zurück nach Ägypten und verbarg ihn. Aber Seth kam ihr auf die Schliche, fand den versteckten Sarg und ließ seine Wut an dem Leichnam seines Gegners aus; er riss ihn in Stücke und streute diese umher. Da kam Anubis zu Hilfe. Er fügte alle Leichenteile wieder zusammen, wickelte sie in Binden und machte daraus die erste Mumie. Isis verwandelte sich daraufhin in ein Falkenweibchen und »ließ Luft entstehen mit ihren Flügeln«. Da begann der tote Gott aufzuleben und zwar so sehr, dass er Isis schwängerte. Sie empfing einen Sohn, dem sie den Namen Horus gab. Osiris, dem die Rückkehr auf den Thron verwehrt war, wurde zum König der Toten, während sein Sohn Horus den Vater rächte und von seinem Onkel den irdischen Thron zurückerlangte. Der auferstandene Osiris, von seinem Bruder ermordet und von Isis wieder zum Leben erweckt, verkörperte von nun an in der ägyptischen Glaubensvorstellung die Hoffnung auf eine Wiedergeburt und ewiges Leben, Horus steht für neues Leben aus Vergangenem.

Der Isis-Osiris-Mythos kennt zahlreiche Fassungen. Doch die Kernaussage bleibt immer gleich: Es ist die Ermordung der Hauptfigur durch Neider, die Auffindung des Leichnams unter einem Baum von Getreuen sowie eine Art Wiedergeburt oder Auferstehung, die ja vom Christentum viel später übernommen wurde. Auch die Jesus-Geschichte ist im Grunde nichts anderes als eine Abwandlung der Isis-Osiris-Legende oder der Hiram-Story: Jesus, die Hauptfigur, wird von Neidern ermordet, sein Leichnam wird ebenfalls insofern geschändet, als ihm von einem römischen Legionär mit einer Lanze in die Seite gestochen wird. Als seine getreuen Jünger nach ihm suchen, ist der von den Toten auferstanden. Was fehlt, ist der Baum (des Lebens), der aber in der mittelalterlichen Kunst zum Beispiel oft im Holzkreuz wiederzufinden ist.

Was das freimaurerische esoterische Brauchtum und allgemein-abendländische religiöse Anschauungen anbelangt, so lassen sich Teile davon also durchaus bis ins alte Ägypten zurückführen. Zumal in der Zeit des Hellenismus (ca. 300 v. bis 300 n. Chr.) vom ägyptischen Alexandria aus viel Wissen und damit auch Weisheitslehren über Griechenland, und von dort aus nach Rom und somit über ganz Europa verbreitet wurden. Wie schade, dass wir heute nicht mehr die große und großartige Bibliothek von Alexandria besuchen können, um selbst nachzusehen, welche Schriften Archimedes, Pythagoras und andere beeinflusst haben. Bezeichnenderweise haben frühe, fundamentalistische Christen im Streit untereinander im Jahr 391 die in der Antike berühmten Mouseion- und Sarapeum-Bibliotheken in Alexandria in Flammen aufgehen lassen. Danach konnte die Kirche ihre Dogmen wesentlich einfacher verbreiten und viele alt-ägyptische Weisheiten und Legenden für sich vereinnahmen. Die ursprünglichen Quellen waren ja vernichtet – ein Rückschritt, der die Menschheit möglicherweise mehr als tausend Jahre ihrer Entwicklungsgeschichte gekostet hat.

Der Baseler Ägyptologie-Professor Erik Hornung vermutet indes, dass damals weiterhin die auf alt-ägyptischem Wissen basierenden »späteren freimaurerischen Ideale [...] praktiziert und überliefert« wurden, nennt aber keine Gruppe, sondern vermutet, dass dies »in absoluter Individualität« geschehen sei, »um der kirchlichen Verfolgung zu entgehen«.[6]

Der britische Antiken-Experte Charles Freeman nannte die Entstehung des fundamentalistischen Christentums *»the closing of the Western mind* – das Ende des westlichen Verstandes«.[7] Er weist in einem Buch eindrucksvoll nach, wie der »Aufstieg des christlichen Glaubens« gleichzeitg den »Niedergang der Vernunft« bewirkte und wie sich die damalige nach-antike Welt, nicht nur in Europa, sondern auch in Kleinasien, im Nahen Osten und rund ums Mittelmeer rückwärts entwickelte. Dieses »Zuschließen des westlichen Verstandes« zwischen dem 4. und 6. Jahrhundert trug letztlich sogar zur Entstehung und dem raschen Aufstieg des Islam in rund der Hälfte des Gebietes des Altertums bei. Es ist keine gewagte These, dass es ohne den frühen christlichen Fundamentalismus und die damit verbundene extreme Intoleranz wohl keinen Islam gegeben hätte. Und – welche Ironie – ohne den Islam, der sich im 7. bis 9. Jahrhundert n. Chr. wie ein »Flächenbrand« beinahe bis nach Frankreich ausdehnte und sämtliche historischen Stätten des Christentums unterwarf, hätte es wiederum keiner christlichen Ritterorden bedurft, die genau diese »Heiligen Stätten« wieder aus der Hand der Muslime auf Geheiß des Papstes befreien sollten.

Geheimnisvolles Templer-Wissen

Unter allen christlichen Ritterorden hat keiner mehr Aufmerksamkeit auf sich gezogen als die »Fratres Militiae Templi« (Ritterbrüder vom Tempel) oder kurz »Templarii« (Templer) genannt. Sie erregen bis heute die Gemüter, weil ausgerechnet sie, die Hüter des Allerheiligsten der Christenheit, den Vorwurf der Häresie auf sich zogen und in den Jahren 1307 bis 1314 auf Geheiß des Papstes und des Königs von Frankreich ausgelöscht sowie ihrer Ordensgüter entledigt wurden. Wir wissen aber auch, dass sie in Portugal ungestört fortbestehen konnten, dass sie sich in Deutschland der Verfolgung entziehen konnten, dass sie im Deutschherrenorden aufgingen, und dass sie in Schottland Schutz- und Versteckmöglichkeiten gefunden haben. Und wir wissen, dass die moderne Freimaurerei ihre Wurzeln in Schottland und England hat. Um es aber gleich vorwegzusagen: Es gibt keinen historisch gesicherten oder wissenschaftlich haltbaren Beweis dafür, dass die Templer die Gründer der modernen Freimaurer waren. Deshalb wird dieser Zusammenhang seit langem auch unter Freimaurern nicht immer hergestellt oder vertreten. Es gibt aber in diesem Fall so viele Wahrscheinlichkeiten und Annahmen, die überzeugend sind, dass auch ohne »Beweise« der Zusammenhang von Freimaurerei und Templern durchaus nachvollziehbar ist.

Die Gründung des Templerordens fällt in die Zeit des »tiefen« christlichen Mittelalters und ist eng mit der Geschichte der Kreuzzüge verbunden. Am 15. Juli 1099 hat das erste christliche Ritterheer Jerusalem aus der Hand der »Mauren« (Muslime) zurückerobert und umgehend das »Königreich Jerusalem« gegründet. Nun strömten Pilger in so großen Scharen aus Europa ins »Heilige Land«, dass rasch ein Verpflegungs- und Betreuungsproblem entstand: von der Abreise aus Europa bis zur Ankunft in Jerusalem. Viele Pilger wurden krank oder starben, brauchten Orientierungshilfen, Nahrung, kurzum: all das, was auch heutige Touristen in fremden Ländern oft benötigen. In dieser Situation gründeten Ritter, die vor Ort weilten, Orden, um in organisierter und strukturierter Weise sich der Nöte der Pilger annehmen zu können. Es entstand das »Hospital zum Heiligen Johannes«, aus dem der Johanniterorden hervorging. Auch der Deutsche Ritterorden ist aus einer im Jahre 1190 vor Akkon gegründeten Hospitalitervereinigung entstanden.

Eine etwas andere Zielrichtung verfolgten indes die Gründer des Templerordens. 1118 oder 1121, das genaue Jahr lässt sich nicht mehr ermitteln, schufen die französischen Ritter Hugo de Payens und Gottfried von St. Omer gemeinsam mit sieben weiteren französischen Rittern in Jerusalem eine Bruderschaft, die sich zunächst die »armen Waffengefährten Christi« nannte. Sie setzten sich nicht zum Ziel, heruntergekommene Pilger zu pflegen und zu versorgen, sondern ihre selbst auferlegte Aufgabe war es, die Pilger auf ihren gefahrvollen und beschwerlichen Wegen zu den christlichen Stätten vor Überfällen zu beschützen. Ihre Aufgabe war also eine militärische, keine humanitäre. Der offiziellen, bis heute in zahlreichen Geschichtsbüchern übernommenen Fassung nach war König Balduin II. von Jerusalem von dieser Idee so begeistert, dass er der neuen Rittervereinigung sofort einen Teil des alten Tempelberges zur Wohnstätte anwies, ausgerechnet dort also, wo der Tempel Salomons gestanden hatte – dem bis heute spirituellen Mittelpunkt Jerusalems. Heute steht an dieser Stelle die Al-Aksa-Moschee. Jedenfalls nannten sich die »armen Waffengefährten« fortan nach ihrem Hauptsitz »Ritter des Tempels« oder eben Templer.

Der Ordenschef, Hugo de Payens, kehrte daraufhin nach Frankreich zurück, um für die neu gegründete Ritterbruderschaft die Bestätigung des Vatikans zu erlangen. 1128 wurde zu diesem Zweck eigens ein Konzil nach Troyes einberufen, wo schließlich Bernard de Clairvaux – der spätere Heilige Bernhard – mit der Formulierung der Ordensregeln beauftragt wurde. Bernhard schmiedete durch seine Regel eine straffe, bisher in der Christenheit nicht da gewesene Militärorganisation, die, würde sie heute noch existieren, jedem Staat Angst und Schrecken einjagen müsste. Die Ordensritter mussten sich alle dem Zölibat unterwerfen, bedingungslosen Gehorsam gegenüber den Ordensoberen geloben, ihr Beruf war einzig und allein auf den des »Kriegers« – oder wie es wörtlich heißt: des »Verteidigers der heiligen Kirche« – abgestellt. Was zählte, war der Sieg der Truppe im Kampf, nicht der Ruhm des Einzelnen. Bemerkenswert auch, wie der spätere Heilige den christlichen Begriff des »Märtyrers« pervertierte – und zwar genau in jene Richtung, wie ihn heute wieder islamistische Fanatiker hemmungslos missbrauchen:

Als 19 islamische Terroristen am 11. September 2001 drei Flugzeuge in das World Trade Center in New York und in das Pentagon in Washington lenkten, oder wenn junge Palästinenser sich selbst und einen voll besetzten Bus in Tel Aviv in die Luft sprengen, nannten und nennen die Drahtzieher sowie die meisten arabischen Medien diese Mörder »Märtyrer«. Doch diese Begriffsauslegung stimmt mit der der christlich-westlichen Welt überhaupt nicht überein. Unter einem Märtyrer versteht das christliche Abendland in der Regel eine Person, die lediglich aufgrund ihrer Standfestigkeit im Glauben gefoltert und ermordet wurde. Ein christlicher Märtyrer hat weder sich noch andere Menschen umgebracht, schon gar nicht jene, die er als Gegner ansehen könnte, sondern ist im Gegenteil meistens eine besonders friedfertige, wenn auch geistig unnachgiebige Person. Im heutigen islamistischen Verständnis ist jedoch derjenige der größte »Märtyrer«, der die meisten Christen oder Juden in den Tod reißt. Diese unterschiedliche Begriffsverwendung wird in westlichen Medien oftmals nicht beachtet, sehr zur Genugtuung der Attentäter.

Bevor jedoch islamistische Terroristen diese Begriffsverdrehung für sich entdeckten, hatte Bernard de Clairvaux bereits eine ähnliche Auslegung in der Templer-Ordensregel für die christlichen Streiter beschritten: »Vor allen Dingen mußt Du [...] mit reinem Fleiß und fester Beharrlichkeit Dich Deinem Beruf widmen, welcher so würdig und so heilig ist, dass, wenn er rein und mit Ausdauer erfüllt wird, Du verdienst, zu der Schar der Märtyrer gerechnet zu werden, welche für Jesus Christus ihr Leben hingaben.«[8]

Kurzum: mit den Templern entstand eine religiös-fanatisierte Kriegerelite, die sich über viele Jahre hinweg durch besondere Rücksichtslosigkeit und Brutalität im Kampf um das Heilige Land gegen die Moslems hervortat.

Allerdings war der Orden in sich – also hinter geschlossenen Tempelmauern – in vielerlei Hinsicht revolutionär, gemessen an seiner Zeit: »Es gibt unter ihnen keinen Vorzug der Person nach; geurteilt wird nach Verdienst, nicht nach Adel«, schreibt Bernard de Clairvaux. Und die Templer blieben in ihrer Entwicklung nicht stehen. Sie gingen intern sehr weit in ihrer Annährung an ihre Gegner: Der Ordens-Großmeister unterhielt in seinem ständigen Geleit einen »Sarazenen« – also einen Moslem; offiziell war dessen Rolle die eines Dolmetschers. Aber Dolmetscher übersetzen nicht nur, sie erklären auch und schaffen Verständnis. Und die Templer gewannen tatsächlich in der täglichen Auseinandersetzung immer mehr Achtung vor ihren muslimischen Gegnern und deren Religion und Kultur – ein absolut blasphemisches Verhalten in den Augen der Kirche, sobald diese davon erfahren würde. Mit solch einer Entwicklung des Ordens war der Weg zur »Götterdämmerung« geradezu vorgezeichnet. Außerdem beging der Orden einen weiteren folgenschweren Fehler: die »armen Waffengefährten Christi« begannen, reich zu werden. Sie beschränkten sich alsbald nicht mehr nur auf den Schutz der Pilgerwege in Palästina, sondern übernahmen die gesamte Organisation einer Pilgerreise, vom Einschiffen des Reisenden in einem europäischen Hafen bis zur Ankunft in Jerusalem und wieder zurück. Salopp gesagt konnte man bei den Templern als Pilger ein »all round ticket« buchen. Dafür bauten sie ein gigantisches Netzwerk an Niederlassungen im gesamten Abend- und in Teilen des Morgenlandes auf, unterhielten eine eigene Flotte, Hotels und Gaststätten (natürlich hieß das damals anders!) – echte »global players« also.

Wer reich wird, bekommt alsbald Neider, die dann Mut zum Angriff fassen, wenn der Reiche eine Schwäche zeigt. Diese kam für die Templer, als die Zwistigkeiten und der Streit christlicher Mächte untereinander dazu führte, dass das »Königreich Jerusalem« sukzessive wieder an die Mauren verloren ging. 1291 fällt die letzte Bastion in Akkon. Templer und Johanniter setzen nach Zypern über, um dort eine neue Basis zu gründen, von der aus sie erneut die Eroberung Jerusalems planen. Neun Jahre später, im Jahr 1300, gelingt den Templern und Johannitern tatsächlich die Rückeroberung der »heiligen Stadt« – zum letzten Mal. Die Stadt kann nur für fünf Monate gehalten werden, dann ist der Traum vom »Königreich Jerusalem« endgültig zu Ende. Die Schuld daran wird den Templern und Johannitern in die Schuhe geschoben, vor allem aber den Templern, denn sie sind ja unermesslich reich. Als besonderer Hetzer und habgieriger Neider entpuppt sich der französische König Philipp der Schöne. Er erwirkt heimlich bei Papst Clemens V. das Recht, die Templer auszuplündern. Am besten gelingt dies, wenn man den gesamten Orden der Ketzerei verdächtigen und schließlich brandmarken kann. Die Katastrophe für die Templer ereignet sich am 7. Oktober 1307. In einer höchst bemerkenswert organisierten Art und Weise greifen die Häscher der französischen Krone blitzartig zu und verhaften alle Templer, derer sie habhaft werden können. Zudem erteilt Papst Clemens V. den Befehl an die gesamte Christenheit, den Templer-Orden in allen Königreichen aufzulösen, ihr Vermögen für die Kirche einzuziehen und die Tempelritter einzukerkern. Vor allem in Frankreich erleiden die Templer die schlimmsten Qualen, da sich Philipp der Schöne persönlich an den Gütern der Templer bereichern will. Unter furchtbaren Foltern und mittels eines Scheinprozesses werden den Templern scheinbare Beweise für ihre Missetaten entlockt. Selbstverständlich beschreiben die »Geständnisse« die Phantasien und Erwartungen der Folterknechte: Templer gestehen Sodomie, Homosexualität, die Anbetung des Teufels, Herabwürdigung des christlichen Glaubens, einer sogar, dass er Moslem geworden sei, und vieles mehr. Sobald die Gefolterten wieder bei Sinnen sind, widerrufen sie. Was aber für die Franzosen und den Papst zählt, sind die erwarteten, erpressten Erstaussagen. Die meisten der eingekerkerten französischen Templer sterben nun den Flammentod. Am 11. April 1314 wird der letzte Großmeister der Templer, Jacques de Molay, der im Jahr 1300 noch einmal Jerusalem für die Christenheit zurückerobert hat, in Paris auf den Stufen von Nôtre Dame verbrannt. Bevor die Flammen an seinem Körper hochzüngeln, verflucht de Molay den französischen König und den Papst. Er soll ihnen prophezeit haben, dass sie das nächste Jahr nicht mehr erleben würden. Clemens V. starb neun Tage später, am 20. April, an einer Krankheit und Philipp IV. am 29. Dezember desselben Jahres an den Folgen eines Reitunfalls. Außerdem soll eine Reihe von maßgeblichen Denunzianten erdolcht oder erhängt aufgefunden worden sein. Hatten die Templer von der islamischen Assassinen-Sekte gelernt? Oder verfügten sie doch über geheime Kräfte?

Nicht überall fielen die hart gesottenen Kriegermönche den Häschern wie Schafe in die Hände. In Deutschland etwa spielte sich eine bühnenreife, nibelungenartige Szene ab. Als der Großmeister der deutschen Templer, Hugo von Gumbach, vor ein Gericht des Bischofs von Metz geladen wurde, platzte er zusammen mit zwanzig handverlesenen, kampferprobten Tempel-Rittern in voller Rüstung und bewaffnet bis an die Zähne in den Gerichtssaal, erklärte, dass der Papst des Teufels sei und abgesetzt werden müsse, dass die Anschuldigungen gegen die Templer barer Unfug seien und dass im Übrigen er und seine Kumpanen bereit wären, sich dem Gericht zu stellen, jetzt und sofort, im Kampf Mann gegen Mann. Das Gericht war entsetzt und entschloss sich, den Fall zu vertagen, wie sich herausstellte, auf den Sankt-Nimmerleins-Tag. Ein Großteil der deutschen Templer schloss sich nach 1314 den Deutschherren an, die die Ordensregel der Templer übernommen hatten, und focht fortan in Polen und im Baltikum.

Auch in den spanischen Königreichen Arragon und Kastilien wurden die Templer zwar vor Gericht geführt, aber für unschuldig erklärt. Um sicher zu gehen, tauchten die meisten danach ab. Interessant für die Geschichte der Freimaurer ist indes das Schicksal der Templer in Schottland und England. Zwei völlig unterschiedliche Forschungsansätze kamen in den letzten zwanzig Jahren am Ende zum gleichen Ergebnis: geheimes Templerwissen wurde mittels mehrerer Verbindungsstränge an die Freimaurer weitergegeben.[9]

Gesichert ist: die Templer konnten zumindest vorübergehend ihre Niederlassungen in Schottland halten und nach 1314 Mitbrüdern vom europäischen Kontinent, vielleicht sogar einem Teil der Templer-Flotte Zuflucht gewähren. Dies war möglich, weil zu jener Zeit der schottische König Robert the Bruce exkommuniziert worden war und damit der Papst in dem kleinen Hochlandreich keinen Einfluss hatte. Als der englische König den Renegaten mit einem riesigen Heer vernichten wollte, zwang Robert the Bruce die Engländer am 24. Juni 1314 zu einer historischen Begegnung. Der 24. Juni ist auch der Namenstag von Johannes dem Täufer, ein hoher Feiertag der Templer (und heutigen Freimaurer).

In der Schlacht von Bannockburn ereignete sich etwas Merkwürdiges. Die englischen Truppen erwiesen sich erwartungsgemäß als haushoch überlegen. Dennoch fochten die Schotten tapfer und unerschrocken und die Schlacht wogte über Stunden unentschieden hin und her. Bis auf einmal Robert the Bruce ein bestimmtes Signal gab und über einer Hügelkuppe erschien wie aus dem Nichts ein zweites schottisches Heer, fünfhundert Ritter mit ihren Knappen, darunter ein »Kontingent aus Tempelrittern«, die sich in ihrer bekannten und gefürchteten Weise auf die Engländer stürzten. Sie, so meinen einige Historiker, hätten die berühmte Schlacht von Bannockburn zugunsten der Schotten entschieden.[10]

Aus Dankbarkeit, so die Annahme der Historiker, habe Robert the Bruce, die Templer weiterhin gewähren lassen. Allerdings entschlossen sich diese, nachdem der Kirchenbann gegen den schottischen König wieder aufgehoben worden war, doch lieber abzutauchen, das heißt, ihr Vermögen in kleine Gruppen aufzuteilen und Verbindung zueinander nur noch im Geheimen zu halten.

Eine buchstäbliche, weil in Stein gemauerte Verbindung zwischen Templern und (Frei-)Maurern gibt es in Form der ungewöhnlichen Kapelle der Sinclairs im schottischen Rosslyn. Dort finden sich in der Innenausstattung genauso wie in der Gesamtanlage der Kirche hunderte von Templer- und Freimaurer-Hinweisen: angefangen bei dem Tempel Salomons, über Hiram Abiff bis zu heute noch ausgeübten Freimaurerriten und Freimaurersymbolen. Es ist unglaublich. Denn die kleine Kirche stammt, so wie wir sie heute sehen können, aus dem Jahr 1460. Das sind rund 150 Jahre nach der Verbrennung von Jacque de Molays und 50 Jahre vor dem frühest möglichen Datum, ab dem zum ersten Mal von »Freimaurern« gesprochen wird, sowie 267 Jahre vor der offiziellen Gründung der modernen Freimaurerei! Erbaut wurde die Kirche von dem Geschlecht der Sinclairs, das es bis heute gibt. Sie verhehlen nicht, dass sie sich als Überlebende der

Templer betrachten, denn immerhin war eine ihrer Vorfahren, Catharine St.Clair, die Gattin des Ordensgründers Hugo de Payens.[11]

Zwei Aspekte zu den Templern sind noch zu beleuchten. Zum einen stellt sich die Frage, warum Hugo de Payens und die sieben weiteren Gründungsritter ausgerechnet den Tempelberg in Jerusalem als Hauptquartier zugewiesen bekamen. Sie kann nur spekulativ beantwortet werden. Gerüchten zufolge[12] haben sich die besagten französischen Ritter nur deshalb dem Kreuzzug angeschlossen, um nach Jerusalem zu gelangen. Ihr eigentliches Anliegen aber sei von Anfang an gewesen, am und unter dem Tempelberg nach einem Schatz zu suchen. Diese Ritterschar und ihre Templer-Nachfolger haben jedenfalls umfangreiche Grabungen vorgenommen. Ob es sich um einen materiellen oder immateriellen Schatz gehandelt haben soll, ist unbekannt. Die späteren Verfolger der Templer glaubten jedenfalls, dass die Tempel-Ritter tatsächlich einen Schatz König Salomons gefunden hätten und über geheimes Wissen verfügten.

Eine andere Theorie über das mögliche »geheime Wissen« der Templer klingt rationaler: Aufgrund ihres islamischen Umfeldes und des täglichen Umgangs mit Muslimen hätten gerade die hart gesottenen Streiter Christi über die Jahrzehnte hinweg begonnen, über ihre eigene und die fremde Religion und Kultur zu reflektieren. Damals zumindest erwiesen sich Muslime oftmals als versöhnlicher und kultivierter als ihre abendländischen Gegner. Während zum Beispiel der durch die Robin-Hood-Legende verklärte englische König Löwenherz tausende von gefangenen Muslimen abschlachten ließ, zeigte sich sein Gegenspieler Saladin als großzügiger und gnädiger Sieger. Auch Juden gegenüber verhielten sich Muslime damals toleranter als die Christen. All dies mag nicht spurlos an den Templern vorübergegangen sein.[13] Zumal die Begegnung mit einer weiteren Religion sogar einen gewissen Ausweg aus dem Abwägen zwischen Christentum und Islam bot. Genau in der Gegend, wo die Templer ihre Hauptsitze unterhielten, siedelt bis heute das kleine Volk der Drusen. Sehr vereinfacht ausgedrückt glauben die 700 000 Drusen an eine Religionsmischform aus Islam, alt-ägyptischen beziehungsweise hellenistischen Weisheiten und christlichen Zusätzen. Genaueres weiß kein Außenstehender zu sagen, denn beim Drusentum handelt es sich um eine Geheimreligion.

Der Druse Amal Jamal, Professor für Politische Wissenschaften und im Drusendorf Yarka beheimatet, das in der Nähe der einstigen

Kreuzritterhochburg Akkon liegt, ist zum Beispiel überzeugt, dass sein Sohn die Wiedergeburt seines Bruders ist. Der Bruder Jamals war kurz vor der Geburt seines Sohnes im Dienst der israelischen Armee gefallen. Der eloquente Wissenschaftler Amal Jamal drückt damit aus, was ein Wesensmerkmal seiner Religion ist: Die Drusen glauben seit tausend Jahren an Seelenwanderung.[14]

Der drusische Glaube nennt sich übersetzt »Religion der göttlichen Einheit« und entstand im Jahr 1010 als Ableger des Islam. Drusen leben heute hauptsächlich in Syrien, im Libanon, in Israel und auf den von Israel annektierten Golanhöhen. Konvertierung zum Drusentum ist offiziell nicht möglich. Seit der Gründung vor tausend Jahren kann angeblich nur derjenige Druse sein, der Kind drusischer Eltern ist. Obwohl der Glaube der Drusen stark von der ismaelitischen Tradition geprägt ist, sind die Unterschiede zum Islam fundamental. Die Drusen akzeptieren Mohammed nicht als Propheten. Auch ist für sie der Koran keine absolute Offenbarung.

Die Lehre von der Seelenwanderung widerspricht wiederum den Prinzipien des Islam. Auf dem Weg von Mensch zu Mensch strebt die Seele in der Vorstellung der Drusen nach Perfektion und geht nach Erreichen dieser in eine Einheit mit dem höchsten Wesen *al-Hakim* ein. In diesen Lehren liegt die islamische Verfolgung der Drusen begründet, aufgrund derer sie sich in die entlegenen Gebirgsgegenden des Libanon und der heutigen nördlichen Gebiete Israels zurückzogen. Zeitweise politische Allianzen mit den maronitischen Christen wichen seit dem Osmanischen Reich und erneut seit dem libanesischen Bürgerkrieg einer offenen Feindschaft. Die Gläubigen werden in Unwissende und Eingeweihte unterteilt. Letztere, Männer wie Frauen, sind Hüter und Bewahrer der Religion und ihrer Geheimnisse, die den Unwissenden nicht bekannt sein dürfen. Sowohl diese Struktur als auch eine Abschottung gegenüber Außenstehenden aufgrund der Verfolgungen bedingen, dass die Praktiken und Einzelheiten der Religion der Drusen außerhalb der Gemeinschaft nicht wirklich bekannt sind.

Amal Jamal deutet aber an, dass in der Vergangenheit nicht alles Wissen der Drusen immer so geheim geblieben sei. Zum Beispiel erwähnt er eine These, die sich auch in älterer Literatur findet[15], derzufolge es während des christlichen »Königreichs Jerusalem« Kontakte zu Tempel-Rittern gegeben habe. Mit ihnen sei es zum Austausch von »geheimem Wissen« gekommen. Die Templer wiederum lernten von den Drusen, wie man solche Geheimnisse in einer geschlossenen Gemeinschaft vor der Außenwelt bewahren kann, so die Annahme. Der britische Colonel Charles Henry Spencer-Churchill schreibt Mitte des 19. Jahrhunderts in seinem Werk »Mount Lebanon: A Ten Years' Residence«, dass es unter den Drusen einen Orden gebe, »der viele Gemeinsamkeiten mit den Freimaurern hat«.[16]

Der Erforscher der Freimaurergeschichte, Albert Mackey, kommt deshalb zu dem Schluss, dass »all diese Fakten zu der Theorie geführt haben, dass die Drusen ein Spross der frühen Freimaurer sind und dass ihre Verbindung mit diesen von den Kreuzrittern herrührt, die wiederum gemäß der gleichen Theorie ihr Freimaurertum während ihres Aufenthaltes in Palästina angenommen haben.«[17]

Der 22. Grad beim Schottischen Ritus (AASR), der den Titel »Prinz vom Libanon« trägt, soll ebenfalls auf diese »Theorie« zurückgehen.

Sowohl Amal Jamal als auch andere heutige Drusen vertreten die Ansicht, dass nach dem Abzug der Templer aus Jerusalem und Akkon einige Tempel-Ritter, die als Gefangene zurückgeblieben waren oder sich freiwillig für das Verbleiben in Palästina entschieden, den Drusen beigetreten sind, da das Drusentum eher einem »reformierten« Templerglauben nahe kam als dem Islam. Zwar klingen diese Annahmen für den Außenstehenden recht spekulativ, aber eigentlich hatte weder im 19. Jahrhundert der britische Colonel Spencer-Churchill noch haben die Drusen von heute Grund, sich solche Überlieferungen auszudenken. Außerdem zählt das Thema Templer und ihre mögliche Rolle innerhalb des Drusentums zu jenen Bereichen, über die »Unwissende« nicht aufgeklärt werden (können). Bezüglich ihres Volkes und ihres Glaubens sind die Drusen sehr selbstbewusst. Und dennoch verweisen manche Drusen gerne darauf, dass gerade ihr kleines Volk so tapfere Kämpfer »wie die Templer« hervorbringt. Es stimmt zumindest, dass Drusen, die ihren Militärdienst in den Israelischen Streitkräften leisten, überdurchschnittlich häufig Eliteeinheiten angehören.

Neben der drusischen Geheimreligion gibt es weitere nahöstliche Verbindungen zur heutigen Freimaurerei. Im alten Europa wird – auch unter Freimaurern – dem Templer-Erbe als Träger orientalischen Wissens eine zu ausschließliche Bedeutung beigemessen. Außer Acht gelassen wird, was schon vor hundert Jahren der Freimaurer und Orientalist Sir Richard Francis Burton feststellte, dass der Sufismus der Derwischorden der östliche Elternteil der Freimaurerei sei.

Burton ist bis heute eine Kapazität auf dem Gebiet der Erforschung der orientalischen Wurzeln der Freimaurerei, wurde aber in den letzten Jahrzehnten gewissermaßen vergessen. Burton beherrschte eine Vielzahl von orientalischen Sprachen, reiste verbotenerweise als Pilger verkleidet alleine nach Mekka, übersetzte viele Werke, darunter die Märchensammlung »Tausendundeine Nacht« und das »Kamasutra« ins Englische. 1861 bestieg er gemeinsam mit dem deutschen Botaniker Gustav Mann als erster Europäer den Kamerunberg.

Burton, und später auch andere Forscher, stellten fest, dass die heute nicht mehr bestehenden *Futuwwa*-Bünde als ein Verbindungsglied zu den Derwischorden gesehen werden müssen. Außerdem gibt es einen noch älteren nachweisbaren Zweig der islamischen Männerbünde, die *al-Banna*, das war der Orden der Baumeister! Das arabische Wort für Maurer ist ebenfalls *banna*. Arabische Baumeister beziehungsweise Steinmetze waren bis 1492 in Spanien und Italien tätig. Es erscheint glaubwürdig, dass sie in Kontakt mit christlichen Steinmetzen kamen oder standen und ihr Wissen ebenso »brüderlich« teilten wie andere arabische Berufe, zum Beispiel Apotheker und Ärzte. Interessant auch, dass der Gründer des Al-Banna-Ordens, Maaruf Karkhi (gest. 815), von seinen Angehörigen als König Salomon verehrt wurde![18]

Es gibt also zwei gleichermaßen plausibel klingende Möglichkeiten, wie Geheimnisse oder geheimes Wissen aus dem Orient nach England und Schottland gelangen konnten, und von dort in die Freimaurerei. Warum dennoch von Geschichtswissenschaftlern und den meisten europäischen Freimaurern gleichermaßen die These vertreten wird, Freimaurer seien erst und am wahrscheinlichsten aus den mittelalterlichen Dombauhütten und ihren Steinmetzen hervorgegangen, lässt sich nur so erklären, dass das orientalische Erbe der Templer und Freimaurer sowie die orientalischen Geheimbünde des Mittelalters ungenügend oder gar nicht bekannt sind.

Passwörter und Handschlag: die Steinmetze

In England nannte man die Dombauhütten *Lodges*. Und daher stammt letztendlich der Begriff Loge, den die Freimaurer für ihren Versammlungsraum benutzen. Im Sinne einer Werkstatt und eines

Aufenthaltsraumes für die an den Kathedralen tätigen Bildhauer und Steinmetze taucht der Begriff Loge seit etwa 1250 in Texten auf, ab 1350 auch in Bildern. Das meiste über diese frühen Bauhütten wissen wir aus der Kunstgeschichte. So soll es schon eine Bauhütte der Maurer und Steinmetze zur Zeit des Neubaus der Klosterkirche von Cluny (1088–1225) in Burgund gegeben haben, in der die besten Kräfte des Landes zusammengezogen wurden. Diese wiederum bauten nicht unbedingt ihr ganzes Leben lang an einem einzigen Dom, Kloster oder Palast, sondern reisten nach Fertigstellung eines bestimmten Bauteils als Experten von Bauhütte zu Bauhütte, auch um sich weiterzubilden. Manche kamen auf diese Weise fast durch ganz Europa, und das zu einer Zeit, in der außer dem Adel alle anderen Menschen an einen festen Ort und einen Herrn gebunden waren.

Wie alleine die Stilkunde an den Domen und Kathedralen von Reims und Bamberg, von Chartre und Notre Dame, von York und London zeigt, muss der Austausch von architektonischen, bildhauerischen und maurerischen Kenntnissen zur Zeit der Gotik enorm gewesen sein.

Da auch unter den Steinmetzen und Maurern Lesen und Schreiben wohl eher nicht verbreitet war, wurden ihr Wissen, ihre Bräuche und Gesetze mündlich weitergegeben. Damit ein Maurer aus Frankreich einen anderen Maurer aus Deutschland oder England erkennen konnte, noch dazu ohne in einer Fremdsprache radebrechen zu müssen, führten die Steinmetze und Maurer Erkennungszeichen – wie etwa einen bestimmten Handschlag oder Passwörter – sowie Symbole ein, die landesunabhängig waren beziehungsweise wurden. Anhand dieser Kennzeichen konnte ein fremder Steinmetzmeister außerdem den »Reifegrad« des »auf der Walz« befindlichen Kollegen erkennen, also ob dieser ein Lehrling, Geselle oder Meister war.

Die englischen Maurer waren die ersten, die sich in diesem »Wanderchaos« eine Organisationsstruktur schufen. Bei der Kathedrale von York in Nord-Yorkshire ist erstmals um 1352 eine Loge erwähnt, die nicht nur als Werkstatt diente, sondern auch eine Organisation von Bauleuten war. Aus Deutschland ist davon erstmals um 1400 die Rede, von »Verwaltern uff unser hutten« am Freiburger und Straßburger Münster. Etwa um die gleiche Zeit bildeten sich in Deutschland überregionale Steinmetzbruderschaften. Den ersten Hinweis auf überregionale Versammlungen gibt das um 1410 verfasste englische Cooke-Manuskript, benannt nach dem Freimaurer Matthew Cooke.

Dieser »entdeckte« das Manuskript im Bestand des British Museum in London und veröffentlichte es im Jahr 1861. Seither gilt das »Cooke's Manuscript« anerkanntermaßen als eines der ältesten Dokumente über Freimaurerei. Es erwähnt Provinzial- oder Grafschaftsversammlungen der Meister und Gesellen, die in Abständen von einem oder drei Jahren stattfanden.[19]

Gemäß einer als »Regius-Manuskript« bezeichneten englischen Steinmetzordnung aus dem Jahr 1390 nahmen zusätzlich Ritter und Landedelleute als Vertreter der Behörden daran teil. Der Bürgermeister der Stadt, in der die Versammlung stattfand, unterstützte den vorsitzenden Meister oder nahm selbst daran teil. In diesen Versammlungen wurden die traditionellen Maurer-Gewohnheiten und Pflichten erläutert oder neue festgelegt und dafür gesorgt, dass sie im ganzen Land Geltung erhielten. Bedeutsam ist, dass beide Manuskripte schon Bestimmungen über die Verschwiegenheit enthalten. Sonst aber gehen die Pflichten nicht über die Verordnungen und Anordnungen städtischer Handwerksgilden hinaus. Besondere Zeremonien sind erst aus dem 17. Jahrhundert bekannt.

1459 kamen erstmals deutsche Steinmetze in Regensburg, Speyer und Straßburg zusammen und besiegelten die so genannte Straßburger Ordnung, die beispielsweise auch für die Kölner Dombauhütte galt. Wie in England stellt diese eine Erneuerung und Festlegung von »gutte Gewohnheit und alt herkommen« dar, von der aber nichts erhalten ist. Anders als in England wissen wir in Deutschland aufgrund verloren gegangener Schriften nichts über die weitere Entwicklung der Bauhütten. Teile ihrer Ordnungen und Regeln tauchen zwar bei den Handwerkszünften auf, doch eine unmittelbare Verbindung von den deutschen Dombauhütten zu den im 18. Jahrhundert in Deutschland gegründeten Freimaurerlogen kann nicht nachgewiesen werden.

Es war vielmehr in England und Schottland, wo sich die Werkmaurerei in mehreren Stufen zur Freimaurerei entwickelte und von dort aus auf den europäischen Kontinent ausstrahlte. Der Begriff *Freemason* erscheint das erste Mal in Dokumenten der Kathedrale von Exeter aus dem Jahr 1396. 1495 findet er sich in den Statuten des englischen Königs Heinrich VII. 1537 nennt die Gilde in London ihre Mitglieder *Freemasons*, abgeleitet von den *freestone-masons*. Als solche wurden die Steinbildhauer und Bauplaner (Architekten) bezeichnet, im Gegensatz zu den *roughstone-masons*, die für einfache und

Freimaurerischer Handschlag bei der Aufnahme eines Kandidaten in den Meistergrad (Radierung von L. Gabanon, 1745)

grobe Arbeiten zuständig waren. Aus dem Jahr 1598 ist uns die älteste Aufzeichnung aus den Protokollbüchern einer Loge erhalten, die der »Mary's Chapel Lodge« in Edinburgh.

Mit den abnehmenden Aufträgen für den Bau von Kirchen und Kathedralen spätestens ab dem 16. Jahrhundert schrumpften und verfielen geradezu buchstäblich die Dombauhütten herkömmlicher Art. Dennoch genossen die Baumeister und die Werkmaurer weiterhin sehr hohes gesellschaftliches Ansehen, weil sie offenkundig über ein (mathematisches und geometrisches) Wissen verfügten, das den damaligen Menschen, ob Bauer oder Adeliger, wie ein Geheimnis vorkam. Aber auch ihre mannigfaltige Symbolik, die sie in ihre Bauwerke einbrachten, hob sie deutlich von der gebildeten Gesellschaft ab. Schon seit Beginn des Baubooms der großen europäischen Kathedralen des Mittelalters umgab die Baumeister, Steinmetze und Maurer ein Geheimnis umwobener Mythos – man ahnte ihr Wissen, aber man fürchtete es auch.

Heutige Kunsthistoriker bezweifeln, dass die Erbauer der europäischen Kathedralen auf antikes oder orientalisches Wissen zurückgegriffen haben. Aber sie finden oft keine Erklärungen für in Stein gehauene Abbildungen, Zeichen und Symbole unbekannter Herkunft. An dieser Stelle sei eines der bekanntesten Symbole herausgenommen, das seit dem Mittelalter vielfach an romanischen und gotischen Kathedralen auftaucht und an dem sich der »Streit« um die Herkunft eines Symbols exemplarisch vorführen läßt: das »Auge Gottes«.

In der wiederaufgebauten, barocken, protestantischen Dresdener Frauenkirche thront das »Auge Gottes« prominent über dem Altar. Es findet sich in der katholischen Hedwigskathedrale in Berlin, im St. Eberhard-Dom in Stuttgart, im Siebengebirge bei Bonn, wo eine ganze Kapelle »Auge Gottes« genannt wird, in den christlich orthodoxen Kirchen Rußlands bis hin zur armenischen Kathedrale in Oblong, und so weit weg wie in Ben Luc, einem Kleinstädtchen in der Nähe Saigons, wo sich das Auge Gottes auf der Fassade des Tempels der süd-vietnamesichen Caodai-Sekte wieder findet. Und – es ziert auch Freimaurerlogen und ihre Siegel. Das »Auge Gottes« oder »Allessehende Auge« ist ein Dreieck mit einem Auge im Zentrum, meist umgeben von Sonnenstrahlen. Die Vermutung liegt nahe, dass dieses Symbol durch die Dombaumeister in die moderne Freimaurerei eingeführt wurde. Häufig ist – sogar in Freimaurerliteratur – zu lesen, dass die mittelalterlichen Steinmetze und Architekten dieses Symbol aus dem Christentum übernommen hätten. Diese Annahme sollte indes in Frage gestellt werden. Kommt nicht aller Wahrscheinlichkeit nach eher das Gegenteil in Frage, nämlich, dass die Steinbildhauer das »Allessehende Auge« aus ihrer tiefen Kenntnis alt-ägyptischer Mystik für die christlichen Kathedralen übernommen und geschickt umgedeutet haben? Denn diese Symbolik ist tausende von Jahren älter und tritt bereits in Altägypten als das »Horusauge« auf. Das Dreieck mit der Spitze nach oben als Lichtsymbol entstand vermutlich bereits vor sieben- bis zehntausend Jahren unter archaischen Astronomen, die es aus der Verbindung der Positionen der Sonne auf der Ekliptik zum Zeitpunkt der Sommersonnenwende und zu den Tagundnachtgleichen »entwickelten«. In Ägypten verkörperte das Dreieck die Macht des ägyptischen Sonnengottes Amun-Re und da-

THE

CONSTITUTIONS

OF THE

FREE-MASONS.

CONTAINING THE

Hiſtory, Charges, Regulations, &c.
of that moſt Ancient and Right
Worſhipful *FRATERNITY.*

For the Uſe of the LODGES.

Erste Seite der »Anderson's Constitution« von 1723, deren Regeln bis heute für reguläre Freimaurer gelten

mit des Lichtes. Das Symbol verbreitete sich von Ägypten aus im Vorderen Orient und gelangte schließlich nach Europa, wo es die Kirche relativ spät für sich vereinnahmt hat, nämlich erst im Mittelalter, als die Steinmetze auf dem Höhepunkt ihrer Berufsausübung angelangt waren. Vor allem in Ägypten spielte das Dreieck in vielerlei Hinsicht eine zentrale Rolle, wie alleine die Pyramiden bis heute belegen. Auch die christliche Dreifaltigkeit – Gott Vater, Gott Sohn und Gott Heiliger Geist – ist lediglich eine Umdeutung viel älterer Dreieinigkeitsgedanken: Im alten Ägypten wurde sie repräsentiert durch »Isis, Osiris und Horus«, die jüdische Kabbala hat diesen Gedanken ebenfalls übernommen: Weisheit (Sephirot II Chochmah), Stärke (V Geburah) und Schönheit (VI Tifereth). Aus eben dieser Kabbala haben Freimaurer schließlich wiederum *ihre* Dreifaltigkeit entwickelt: Die drei Säulen, welche eine jede Freimaurerloge tragen, heißen identisch zur Kabbala Weisheit, Stärke und Schönheit. Ein Kopf mit drei Gesichtern findet sich zudem bei den Kelten. Und selbst diese Symbolik hat das Christentum an anderem Ort vereinnahmt: Die älteste christliche Darstellung der Dreifaltigkeit in Gestalt eines dreiköpfigen Mannes stammt aus dem 8./9. Jahrhundert, zu sehen in einer Wandmalerei in einer Kirche in Abd el Gadir in Nubien.

Die Fülle an Symbolen und Bildersprache, die Dom-Baumeister, Maurer, Steinbildhauer und andere Künstler in den Kirchen hinterlassen haben, ist überwältigend. Es handelt sich zweifellos um eine eigene Sprache, die zudem nicht immer eindeutig ist, so wie ja auch unsere gesprochene Sprache meist Untertöne und Doppeldeutigkeiten zulässt. Wer beispielsweise mit den Augen eines Freimaurers durch den Kölner Dom geht, sieht Bezüge zur Bruderschaft in Hülle und Fülle, was aber nicht heißen muss, dass diese immer gegeben waren. Zwei Beispiele: Im Seitenschiff des südlichen Langhauses befinden sich Fußbodenmosaikbilder, die das wichtigste freimaurerische Zeichen zeigen: den Zirkel und das Winkelmaß. Am interessantesten ist vielleicht im nördlichen Seitenschiff das »Petrus- und Wurzel-Jesse-Fenster«. Man sieht aus einem männlichen Körper einen Baum wachsen, wie in der Osiris-Geschichte – der Baum, der an der phönikischen Küste aus dem Leichnam von Osiris sprießt – beziehungsweise wie die Legende von Hiram-Abiff, der unter einer Akazie begraben wurde. Aber wahrscheinlich ist es eben nur die »Wurzel Jesse, aus der die Art kam«, wie es in der Bibel heißt. Oder hat auch hier ein Bibelverfasser wieder nur ägyptische Mythen verarbeitet? Vieles daran muss Spekulation bleiben.

Der Kölner Dom erregt aber noch aus anderen Gründen Interesse. Nicht nur gab es dort einst die größte und mächtigste Bauhütte Europas, sondern der Kölner Gelehrte Albertus Magnus, seit 1931 ein Heiliger, hat nachweislich die Bauhütte geplant, die Berufsordnung der Bruderschaft der Steinmetze überarbeitet und einen neuen Gesetzes-Codex hinzugefügt. Außerdem wird ihm nachgesagt, er habe ein Buch geschrieben – nach ihm benannt »Liber Constructionum Alberti« –, das die Geheimnisse der Maurer beinhalte sowie genaue Anweisungen für das Legen des Fundamentes einer Kathedrale.[20]

Albertus Magnus, ein Theologe der Hochscholastik, lebte zwischen 1193 und 1280, war Lehrer des Thomas von Aquin und offenkundig universell gebildet. Neben Naturforschungen vertiefte er sich in antike Quellen und nahm als erste kirchliche Autorität die Schriften Aristoteles' in seinen theologischen Unterricht auf. Das hohe persönliche Interesse einer solchen Kapazität am Umgang mit den Steinmetzen und Maurern des Doms verblüfft, es sei denn, Albertus Magnus hat durch sein Studium der Antike verstanden, dass die Maurer eine ganz besondere, Jahrtausende alte Berufsgruppe waren. Höchstwahrscheinlich stimmt es auch, dass er in die Geheimnisse der Dombauer eingeweiht wurde, wie anders hätte er ihre Berufsordnung und Gesetze neu regeln können. Dann wäre er allerdings in gewisser Weise der erste »angenommene« Freimaurer gewesen.

Weil dies nicht gesichert ist, fällt diese »Ehre« einem Schotten zu. Denn im Laufe des 17. Jahrhunderts interessierten sich in England und Schottland immer mehr Gebildete für das esoterische beziehungsweise geheim gehaltene Wissen der Maurer- und Steinmetzlogen. Berufsfremde sahen es als Auszeichnung an, einer *Lodge* (Bauhütte) beizutreten. Das heißt also, jemand, der überhaupt nichts mit dem Mauern zu tun hatte, war stolz darauf, in eine Maurer-Loge überhaupt aufgenommen zu werden. Adelige, Bürger, Gelehrte traten als so genannte freie und angenommene Maurer den Logen bei; sie betrachteten das Bauen als eine neue, symbolisch-geistige, humanistische Arbeit. Die erste nachweisbare Erwähnung einer Aufnahme eines Nicht-Maurers in eine Loge stammt aus dem Jahr 1600 und ist im Protokoll der erwähnten »Mary's Chapel Lodge« festgehalten. John Boswell of Auchinleck wird hier als »non operative mason« bezeichnet. Er war ein Adeliger, der sich mit Bürgerlichen auf eine gleiche Ebene stellte. Seine Aufnahme markiert den Beginn dessen, wozu die Freimaurerei maßgeblich beigetragen hat: den Abbau der Standesunterschiede.

Dieser Trend einer rasant zunehmenden Zahl an »angenommenen Maurern« veranlasste schließlich am 24. Juni 1717 vier alte Londoner Werkmaurerlogen sich zur ersten »Großloge von England« zu vereinigen. Sie versammelten sich zur Wahl eines Vorsitzenden, den sie nach dem Vorbild des Tempel-Ritter-Ordens »Großmeister« nannten, und diskutierten die Neugestaltung ihres Brauchtums – ihres Ritus also. Die vier Logen beschlossen, den Namen Freimaurer beizubehalten, ebenso das Wappen der alten Maurer sowie die geheimen Zeichen, Griffe und Passwörter.

Zum ersten Großmeister wurde Antony Sayer gewählt. Ihm folgte im Jahr darauf der Altertumsforscher George Payne ins Amt. 1719 wird der als Physiker berühmte Theophilus Desaguliers als Großmeister gewählt. Er bleibt für mehrere Jahre im Amt und erarbeitet erste allgemeine Regeln für die modernen Freimaurerlogen. 1722 entschließt sich die Großloge von England jedoch, den »angenommenen Maurer« und Prediger James Anderson, mit der Ausarbeitung einer Verfassung für die neue Freimaurerei zu beauftragen, die dieser ein Jahr später, 1723, vorlegte. Im Englischen heißt diese Verfassung »Anderson's Constitution«, auf Deutsch wird sie die »Alten Pflichten« genannt. Denn genau darum geht es in diesem Regelwerk: Die »Alten Pflichten« regeln das Verhältnis der Logenmitglieder untereinander und zu ihrer nicht-maurerischen Umgebung, ferner die Verhältnisse zu Religion und Politik. Außerdem entschied der Prediger Anderson, dass Frauen – in England – keinen Zutritt zur Freimaurerei haben sollten. Durch die Schaffung dieser »Pflichten« und dem gleichzeitigen Anspruch, Logen nur dann als Freimaurerlogen anzuerkennen, wenn sie die Regeln dieser Konstitution der Großloge befolgen, sorgte zwar allgemein für Proteste anderer Logen in England, setzte sich aber nicht nur dort, sondern letztlich weltweit durch. Die »Anderson's Constitution« gilt weltweit bis heute.

Im gleichen Jahr, 1723, übernahm erstmals ein Mitglied des englischen Hochadels die Leitung der Großloge von England: der zweite Herzog von Montagu. Er wurde allerdings von Philipp, Herzog von Wharton und Anhänger der Stuarts, herausgefordert und dieser setzte sich als neuer Großmeister durch. Woran zu erkennen ist, wie rasch dies Freimaureramt an Prestige gewonnen hatte. 1725 folgen die Freimaurer von Irland mit der Gründung einer eigenen Großloge auf der Grundlage der »Anderson's Constitution«.

Der etwas hitzköpfige und renitente Herzog von Wharton gründet 1728 eigenmächtig eine Loge in Madrid. Sie wird damit die erste Freimaurer-Loge außerhalb des Britischen Königreiches. Die Saat ist gelegt. Von nun an geht es Schlag auf Schlag: 1730 wird die erste englische Kolonialloge im indischen Port William, Kalkutta, eröffnet. Im gleichen Jahr erfolgt die Gründung einer amerikanischen Loge. 1731 erwärmt sich kein geringerer als Herzog Franz Stephan von Lothringen, der spätere deutsche Kaiser Franz I. und Gatte von Maria Theresia, für die Freimaurerei und wird in den nun international werdenden Bruderbund aufgenommen. Er ist der erste deutsche Kaiser, der Freimaurer wurde; weitere folgten.

1731, das ist auch das Jahr, in dem Benjamin Franklin, einer der namhaftesten Gründerväter der Vereinigten Staaten von Amerika, in Philadelphia als Freimaurer aufgenommen wird. Franklin bleibt zeit seines Lebens ein sehr überzeugter Freimaurer, der die Einsichten und Grundsätze, die er durch den Bruderbund gewonnen hatte, bis in die hohe Politik trägt. Er gibt zudem 1734 die erste amerikanische Ausgabe der »Anderson's Constitution« heraus.

Freimaurerlogen entstehen nun überall, zumeist von reisenden Engländern gegründet: 1732 in Paris, 1733 in Boston, 1735 in Lissabon und Stockholm, während in den Niederlanden erstmals von Regierungsseite ein Verbot der Freimaurer ausgesprochen wird, mit der Begründung, es bedürfe keiner geheimen Logen, um über architektonische und maurerische Fragen zu diskutieren. Schottland, das Refugium der Templer und Heimat der geheimnisvollen Rosslyn Chapel, reiht sich erst 1736 in die Gründungswelle der Großlogen ein. Im gleichen Jahr folgt schon Frankreich mit einer eigenen Großloge. Der rasante Aufstieg der Freimaurer hält ungebrochen an.

1737 wird zu einem ereignisreichen Schlüsseljahr der modernen Freimaurerei: Damals lässt sich das erste Mitglied des englischen Königshauses, Prinz Friedrich von Wales, zum Freimaurer »erheben«, wie es im Bruder-Jargon heißt, während Gaston de Medici nach dem Beispiel der Niederlande die Freimaurerei in der Toskana unter Strafe verbietet. Dies geschieht aber weniger in Anlehnung an das Vorbild der Niederlande als vielmehr angestiftet durch den Vatikan, der in der Freimaurerei eine Konkurrenz und die Infragestellung der »göttlichen Ordnung der Monarchie« sieht. Aus dem gleichen Grund verbietet der französische König Ludwig XV. seinen Untertanen, Freimaurer zu werden – was viele Adelige des Versailler Hofes jedoch nicht im Geringsten daran hindert, Logen beizutreten oder selbst welche zu gründen. Die weltoffene Hafen- und Hansestadt Hamburg reiht sich ebenfalls in die »Bruderkette« der europäischen Gründungsmitglieder ein. Am 6. Dezember 1737 wird dort die erste deutsche Loge »Absalom« aus der Taufe gehoben. Sie wird von dem Engländer Charles Sarry geleitet, der sich zudem »Provinzialgroßmeister von Preußen und Brandenburg« nennt. Dies hat weitreichende Folgen, wie wir im nächsten Kapitel erfahren werden.

Der Alte Fritz und die »Drei Weltkugeln«

Wie das Geheimnis König Salomons nach Deutschland kam

»Vom Alten Fritz, dem Preußenkönig,
weiß man zwar viel, doch viel zu wenig.«[1]
Heinz Erhardt

Wer nach Potsdam kommt und dort die Hauptattraktion »Sanssouci« besucht, jenes Einmann-Schloss des »Alten Fritz«, kommt an einer Windmühle vorbei, bevor er den Rokoko-Glanz der Anlage besichtigen kann. Mit dieser Mühle hat es eine besondere Bewandtnis, oder vielmehr mit einem legendären Müller. Ein Jahr nach dem Tod des preußischen Königs Friedrichs II. – auch »Friedrich der Große« und später der »Alte Fritz« genannt – erschien 1787 in Frankreich eine Biographie über den berühmtesten Preußen aller Zeiten: »La vie de Frédéric II.«. Darin wird auch die »Legende des Müllers von Sanssouci« erzählt. Der Preußenkönig soll sich durch das Geklapper der Flügel der nahen Windmühle gestört gefühlt und dem Müller Johann Wilhelm Grävenitz den Kauf der Mühle angeboten habe. Doch dieser lehnte ab. Daraufhin soll Friedrich gedroht haben: »Weiß Er denn nicht, daß ich Ihm kraft meiner königlichen Macht die Mühle wegnehmen kann, ohne auch nur einen Groschen dafür zu bezahlen?« Worauf der Müller geantwortet haben soll: »Gewiß, Euer Majestät, das könnten Euer Majestät wohl tun, wenn es – mit Verlaub gesagt – nicht das Kammergericht in Berlin gäbe.«

Was diese Legende, wahr oder nicht, hervorheben will, ist der zu seiner Zeit ungewöhnliche Gerechtigkeitssinn eines europäischen Monarchen gegenüber seinen Untertanen. Friedrich II. bezeichnete sich stets als ersten Diener des Staates, dem das Wohl seiner Untertanen vor dem eigenen zu kommen habe. Die Bemühungen des preußischen Königs, ein »gerechtes Rechtssystem« in seinem Staat einzuführen, gehörten zu seiner Zeit zu den umwälzendsten Rechtsreformen in

Europa. Sie führten (aber erst nach seinem Tod) zur Befreiung der Bauern aus der Leibeigenschaft. Das freimaurerfeindliche russische Zarenregime brauchte für den gleichen Schritt mehr als ein Jahrhundert länger und zudem eine blutige Revolution im Jahr 1917.

Bereits in der von Friedrich dem Großen durchgeführten preußischen Justizreform von 1779/80 heißt es: »Dass der geringste Bauer, ja was noch mehr ist, der Bettler ebenso wohl ein Mensch ist wie seine Majestät sind, und dem alle Justiz widerfahren muss; indem vor der Justiz alle Leute gleich sind, es mag sein ein Prinz, der gegen einen Bauern klagt oder umgekehrt, so ist der Prinz vor der Justiz dem Bauern gleich, und bei solchen Gelegenheiten muss nach der Gerechtigkeit widerfahren werden, ohne Ansehen der Person.«

Auch was die Abschaffung der Folter angeht, war Friedrich der Große seiner Zeit um Jahrhunderte voraus.[2] Diese Gesinnung kommt nicht von ungefähr. Sie liegt zum einen in der Kindheit Friedrichs begründet, zum anderen in seinem Schritt, erster Freimaurer Preußens zu werden. Obwohl er der Kronprinz war, musste Friedrich II. als Kind, Jugendlicher und als junger Erwachsener unter den extrem harten Erziehungsmaßnahmen seines Vaters Friedrich Wilhelm I., der den Beinamen »Soldatenkönig« trägt, leiden. Er erfuhr am eigenen Leib, was Folter und Willkür bedeuten. Deshalb unternahm er als Achtzehnjähriger mit seinem Freund Katte im Jahr 1730 einen Fluchtversuch, der kläglich scheiterte. Friedrich und Katte wurden daraufhin als »Deserteure« zum Tode verurteilt. Das Todesurteil wurde allerdings in letzter Minute nur an Katte vollstreckt. Friedrich wurde indes von seinem Vater gezwungen, der Enthauptung seines Freundes zuzusehen.

Im Sommer 1738 nahm der »Soldatenkönig« den Kronprinzen mit auf eine Reise nach Holland. Dort wurde Friedrich bei einem illustren Abendessen in Den Haag mit dem Grafen von der Lippe-Bückeburg bekannt. Dieser erzählte im abendlichen Kreis von der neuen philosophischen Bewegung der Freimaurer. Der »Soldatenkönig« machte sofort Front gegen diesen »Unsinn«, während Graf Lippe die tiefere Bedeutung der Freimaurerei zu erläutern suchte. Die Unterhaltung spitzte sich zu, als auch der junge Kronprinz Friedrich, dem die Argumente des Grafen einleuchteten, wohlwollende Worte für die Freimaurer fand. Der cholerische »Soldatenkönig« brach daraufhin die Konversation wütend ab. Später indes ging Friedrich, unbemerkt von seinem Vater, auf Graf Lippe zu, bat ihn um strikte

Verschwiegenheit, und fragte, ob und wie er selbst Freimaurer werden könnte, ohne dass sein Vater davon Kenntnis erhalte. Graf Lippe schlug daraufhin vor, die Aufnahme des Prinzen als Freimaurer in Braunschweig vorzunehmen, einer Stadt, in der die preußische Delegation auf ihrer Rückreise nach Berlin übernachten werde. Der Graf organisierte die für das Aufnahmeritual nötigen freimaurerischen Utensilien und in der Nacht vom 14. auf den 15. August 1738 eröffnete Graf Lippe gemeinsam mit einigen hastig herbeigeholten Brüdern aus der erst acht Monaten zuvor in Hamburg gegründeten Loge »Absalom« in einem Gasthaus zu Braunschweig eine »Loge«. Um sicher zu sein, von den übrigen Gästen des Hotels nicht gestört zu werden, luden Graf Lippes Freimaurer-Brüder in der Annahme, die Herrschaften würden dann früher einschlafen, die übrigen Gäste des Hotels großzügig ein. Allerdings erwies sich einer der Gäste als besonders standfest und forderte die Trinkfestigkeit der Freimaurer heraus. Als endlich auch dieser Gast entschlummerte, wurde nach Friedrich geschickt. Dieser erschien zusammen mit seinem Freund Hauptmann Wartensleben, dem er sich anvertraut hatte, und bestand darauf, dass keiner der beschwerlichen Initiationsriten aus Rücksicht auf seine soziale Position abgekürzt oder vereinfacht werde. Gemeinsam mit Wartensleben, der ebenfalls der geheimen Bruderschaft beitreten wollte, stand der Kronprinz das Aufnahmeritual durch.

Der »Soldatenkönig« erfuhr tatsächlich nie, dass sein Sohn ein Freimaurer geworden war. Obwohl Friedrich den erzprotestantischen Vater hätte darauf hinweisen können, dass sich Widerstand gegen die Freimaurerei meist in katholischen Staaten formierte und ein Protestant gerade deshalb allen Grund haben könnte, Sympathie für die Freimaurerei zu zeigen. Denn im Jahr der Aufnahme Friedrichs verboten Venedig und das Königreich Polen die Freimaurerei, ganz offenkundig beeinflusst durch den Vatikan. Von dort wehte inzwischen der schärfste Wind: Papst Clemens XII. erließ die erste von insgesamt 15 päpstlichen Bullen (Bannflüche) zwischen 1738 und 1902 gegen die Freimaurerei. Der Papst brachte als Argument: Wenn die Freimaurer nichts zu verbergen hätten, dann würden sie sich nicht im Geheimen treffen. Gemeint war aber etwas anderes. Vereinfacht ausgedrückt passte der katholischen Kirche nicht, dass in den Freimaurerlogen Katholiken mit Protestanten verkehrten und dass außerdem die auch für die katholische Kirche damals wichtige hierarchische Ständeordnung unter Freimaurern aufgehoben wurde. Aus diesem Grund zog auch der französische König Ludwig XV. gegen die Freimaurer zu Felde. Die wahren Gründe der päpstlichen Bannflüche kamen deutlicher in der nächsten Bulle zum Ausdruck, die Papst Benedikt XIV. im Jahr 1751 erließ. Dort klagt der Papst, dass er durch die Freimaurer die »Reinheit der katholischen Religion« gefährdet sah, da in der Freimaurerei »Menschen jeder Religion« Aufnahme fänden. Die nachfolgenden Päpste erneuerten diesen Bann in diversen Enzykliken.

Inzwischen ging die Kirche mit ihren altgewohnten Folterwerkzeugen gegen Ketzer vor: Sie veranlasste 1739 die Schließung der von jakobinischen Exil-Engländern (Katholiken) gegründeten Loge in Florenz. Der Sekretär der Loge hatte das Pech, Italiener zu sein. Er wurde für zwei Jahre eingekerkert und wiederholt der Inquisition vorgeführt. In Lissabon wurden von der Inquisition mehrere Freimaurer zu Galeerenstrafen verurteilt. Das katholische Spanien verbot die Freimaurerei ebenfalls.

In Preußen kümmerte der Beginn der katholischen Hetzjagd gegen die Freimaurer den Prinzen Friedrich nicht. Er veranlasste vielmehr 1739 die geheime Gründung einer Hofloge in Rheinsberg. Nach dem Tod seines Vaters leitete er als König Friedrich II. von Preußen 1740 zum ersten Mal selbst eine Loge in Charlottenburg. Außerdem machte Friedrich seine Zugehörigkeit zu den Freimaurern öffentlich; ein unter deutschen Politikern auch heute noch ungeheurer Vorgang.

Unmittelbar vor und nach seinem Antritt als neuer preußischer König war Friedrich II. als Freimaurer außerordentlich aktiv. Er gründete am 13. September 1740 in Berlin die Loge »Aux Trois Globes« (Zu den Drei Weltkugeln), die vier Jahre später ihren Namen in »Große königliche Mutterloge zu den Drei Weltkugeln« änderte. Sie hielt ihre Logenversammlungen abwechselnd in Deutsch und Französisch ab. Ab 1772 wurde sie die Große National-Mutterloge der Preußischen Staaten, zwei Jahre später explizit unter den Schutz des »Alten Fritz« gestellt. Außerdem erklärte sich Friedrich II. 1740 zum »Großmeister der Freimaurer in Preußen«. Damit hatte er als zwar aufgeklärter, aber immer noch absolutistisch regierender Monarch in seinem Königreich die Kontrolle über eine der »ältesten Geheimgesellschaften der Welt«. Zu dieser Weitsicht waren die katholischen Könige Polens, Frankreichs, Spaniens und Portugals nicht in der Lage; zu groß war ihre Abhängigkeit vom Papst.

Der Name »Weltkugel« deutet nach Auskunft der heute noch in Berlin existierenden Loge »das Ziel der Freimaurerei an, eine weltweite Menschheitsfamilie zu schaffen, die in Frieden miteinander lebt. Die Zahl Drei fand in den Namen sehr vieler Logen Eingang, sie wurde oft willkürlich und ohne Bezug zum Gegenstand, der sich mit der Drei verband, eingefügt. Die Freimaurer verehren diese Zahl als eine ›heilige‹ Zahl: Alles Sein manifestiert sich in der Dreiheit von Werden, Sein und Vergehen.« In einer Untersuchung zum 250-jährigen Jubiläum der Großen National-Mutterloge »Zu den drei Weltkugeln« über diesen Namen heißt es weiter: »Die Herkunft des Namens ist nicht eindeutig nachweisbar.« Nach Gründung der Loge »Aux trois Globes« regte Friedrich II. an, rasch weitere so genannte Tochterlogen zu stiften, so in Meiningen, Frankfurt/Oder, Breslau, Dresden, Neuchâtel.

Im Jahr 1765 geriet die Große Königliche Mutterloge unter den Einfluss der »Strikten Observanz« (unbedingter Gehorsam), einer Denkrichtung, die 1751 von einem gewissen Freiherrn Karl Gotthelf von Hund und Altengrotkau, kurz von Hund genannt, begründet worden war: Er zog mit der Behauptung durch die Lande, seine neue Ordensregel mit dem Namen »Strikte Observanz« stamme direkt von den Tempelrittern. Er knüpfte damit an einige Templer-Legenden an, die um 1737 aufgekommen und sehr populär waren. Außerdem entwickelte er neben den drei herkömmlichen Graden – Lehrling, Geselle und Meister – zahlreiche weitere Grade. Man spricht im Deutschen dabei von einem Hochgradsystem. Freiherr von Hund behauptete des Weiteren, sein System enthalte ein streng gehütetes Exklusivwissen, das nur so genannte »Geheime Obere« Grade kennen und hüten dürften und er stünde mit diesen »Geheimen Oberen« in Kontakt. Von diesen sei er auch eingeweiht worden. Von Hund hatte mit seinem Templer-Märchen großen Zulauf unter den Freimaurern. Die Mehrheit der deutschen Logen übernahm die scheinbar authentische Templer-Ordensregel der »strikten Observanz«. Als von Hund 1776 verstarb, wurde der spätere König der Schweden, Karl XIII., zu seinem Nachfolger gewählt. Und man wartete gespannt ab. Als sich aber nach von Hunds Tod keine »Geheimen Oberen« meldeten, war die Ratlosigkeit in den Logen groß und man berief einen Freimaurer-Konvent nach Lyon ein. Dort wurde die Echtheit der Abstammung von den Templern erstmals heftig debattiert und viele Logen in Frankreich und Deutschland, dem Hauptverbreitungsgebiet der Idee der »Strikten Observanz«, begannen vom Glauben an die Templer-Herkunft wieder abzulassen. Die Lücke wurde jedoch sofort gefüllt von zahlreichen neuen freimaurerischen »Glaubensrichtungen«: den »Chevaliers«, den »Rosenkreuzern« und »Illuminaten«; hinzu kamen die Spinnereien des Hochstaplers Cagliostro über ägyptische Riten. Die zweite Hälfte des 18. Jahrhunderts war eine recht bewegte Zeit.

Nach dem Freimaurer-Treffen in Lyon gelang es vor allem in Frankreich den »Chevaliers bienfaisants de la Cité Sainte« (Strenggläubige Ritter der Heiligen Stadt), an die Stelle der »Strikten Observanz« zu treten. Deutschland hingegen war noch nicht ganz so weit. Auf einem weiteren Konvent der observanztreuen Logen in Wolfenbüttel im Jahr 1778 erhob die Berliner National-Mutterloge dann politische Bedenken und zog sich von der »Strikten Observanz« zurück. Am 16. Juli 1782 trat die »Strikte Observanz« ein letztes Mal beim Konvent in Wilhelmsbad zusammen. Er sollte immerhin fünfzig Tage dauern. Man ließ die Legende der Abstammung vom Templer-Orden am Ende schweren Herzens fallen, insbesondere nachdem Johann Christoph Bode die »Unbekannten Oberen« als Erfindung eines Johann Christian Schubart entlarvte. Daraufhin distanzierten sich alle Freimaurer-Logen von dieser Legende. Alles in allem aber hatte Freiherr von Hund mit seiner Erfindung dem Ansehen der Freimaurer nachhaltig geschadet. Die Regeln der »Strikten Observanz« wurden viele Jahre später von den Nazis aus der Versenkung geholt. Es störte sie 1933 überhaupt nicht, dass seit mehr als 150 Jahren keine einzige Loge mehr an diesen Unfug glaubte. Vielmehr passte ihnen die Vorstellung von den »Geheimen Oberen«. Und so griffen sie sich genau diesen Punkt dreist als Grundlage für ihren Kampf gegen den deutschen Freimaurerbund heraus. Noch heute kursieren die erdichteten Nazi-Anschuldigungen auf rechtsradikalen und islamistischen Websites und in den entsprechenden Schriften weiter.

Das Geheimnis der Rosenkreuzer

Als die »Strikte Observanz« auf ihrem Höhepunkt war, zogen weitere Scharlatane durch Europa. Sie stießen nahezu überall auf unkritische Ohren, ob in England, Frankreich oder Deutschland. So waren zahlreiche Freimaurerlogen, darunter auch die »Drei Weltkugeln«, von den so genannten Gold- und Rosenkreuzern unterwandert, die bereits seit 1614 aktiv waren, ja die Loge »Drei Weltkugeln« wurde vorübergehend sogar zu einer Hochburg der Rosenkreuzer in Deutschland.

Wie immer, so gibt es auch hier mehrere Legenden über den Ursprung dieser Vereinigung. Einer englischen Quelle zufolge sind die Rosenkreuzer durch ägyptische »Ormusse« oder »Licht-Weise« in Schottland unter dem Namen »Bauleute des Ostens« gegründet worden. Dieser Orden sei verschwunden und später durch Oliver Cromwell als »Freimaurerei« wiedergeboren worden. Während des Wilhemsbader Konvents forderte die rosenkreuzerische »Alte schottische Loge Friedrich zum goldenen Löwen« aus Berlin deshalb alle anwesenden Freimaurer auf, sich den Rosenkreuzern zu unterwerfen. Der Versuch schlug jedoch fehl.

Da es diese zeitweise Vermengung mit der traditionellen Freimaurerei gab, sei hier auf das Wesentliche der Rosenkreuzer kurz eingegangen. Rosenkreuzer waren Mitglieder einer geheimen Gesellschaft, deren Anfänge im 17. Jahrhundert liegen. Nach einer anderen Gründungslegende ist ein gewisser Christiani Rosencreutz Begründer dieser Bewegung und richtig müssten die Rosenkreuzer deshalb mit »tz« geschrieben werden; aber die Version ohne »t« hat sich allgemein durchgesetzt. Im Grunde genommen sind die Rosenkreuzer aber eine reine Erfindung von protestantischen Adeligen und Gelehrten, die sich freimaurerische Strukturen und Kenntnisse angeeignet und nach ihren Vorstellungen angepasst haben. Ihr Unmut richtete sich gegen die Entwicklung der Reformationsbewegung seit Martin Luther. Gesucht wurde nach neuen Wegen der Naturbetrachtung und einer anderen Auffassung von Gott. Neben Prag galt Kassel als eines der Rosenkreuzer-Zentren. Der Landgraf Moritz von Hessen-Kassel duldete um 1614 die Verbreitung der ersten Rosenkreuzerschrift mit dem Titel »Fama Fraternitatis«. Ingesamt haben die Rosenkreuzer drei Schriften veröffentlicht, die in der heutigen Literatur allgemein als »gesellschaftskritisch« bezeichnet werden. Die »Fama« beschreibt die angebliche Lebensgeschichte des Christian Rosenkreutz, der im Nahen Osten und in Afrika geheimes Wissen gesammelt habe, aber an der Borniertheit der europäischen Gelehrten gescheitert sei. Er habe daraufhin eine Bruderschaft gegründet, die sein Wissen bewahren soll, bis die Zeit dafür reif ist. Aus Gründen, die die »Fama« nicht erklärt, findet diese Bruderschaft erst im Jahre 1604 den Leichnam des Gründers; eine klare Anleihe bei der Hiram-Abiff-Legende der Freimaurer.

Das Echo auf diese und die beiden weiteren Veröffentlichungen, so phantastisch sie auch klingen mögen, war unter den Gelehrten Europas bemerkenswert: Zwischen 1614 und 1625 erschienen mehr als vierhundert Drucke zum Thema. Die jeweiligen Verfasser wollten mit der Bruderschaft Kontakt aufnehmen, Kritik oder Zustimmung äußern oder feststellen, dass ihrer Meinung nach die Gesellschaft nicht existiere. Des Weiteren wird vermutet, dass der Kasseler Hof Versammlungsort der europäischen Rosenkreuzerbewegung war. Hier kamen aufgeklärte und reformwillige Künstler und Wissenschaftler zusammen, darunter John Dowland und der Londoner Arzt Robert Fludd, der eng mit dem Leibarzt von Landgraf Moritz zusammenarbeitete. Die Verbindung zwischen protestantischen Fürsten in Deutschland und englischer Monarchie kann letztendlich darauf zurückgeführt werden, dass man sich bewusst gegen die katholischen Habsburger verbünden wollte. Doch erst mit der Annäherung beziehungsweise teilweisen Unterwanderung der Freimaurer während der »Strikten Observanz« gewannen die Rosenkreuzer einen gewissen Einfluss, der indes, wie im Falle des Preußen-Königs Friedrich Wilhelm II., von den Gegnern der Rosenkreuzer übertrieben dargestellt wurde. Zugriffsmöglichkeiten hatten sie lediglich auf die deutschen Freimaurer; Einfluss politischer Art ist nicht nachweisbar. Als ein maßgeblicher Gegner der Rosenkreuzer entpuppte sich Adolph Freiherr von Knigge, der mit seinen Benimm-Regeln bis heute einen gewissen Bekanntheitsgrad hat. Er war 1780 enthusiastisch dem Illuminatenorden beigetreten und hetzte bald mit einem Traktat »Ueber Jesuiten, Freymaurer und deutsche Rosencreutzer«. Seine polemische Schrift diente später ebenfalls den Nazis als Grundlage für ihre Agitation gegen die Freimaurer.

Die Weltverschwörung der Illuminaten

Die Illuminaten, von lateinisch »illuminati« (die Erleuchteten), sind eine deutsche Erfindung, die bis heute weltweit die Gemüter von Verschwörungsliteraten erhitzt. Dabei handelte es sich eigentlich nur um einen kurzlebigen, naiven Versuch, sich der Epoche der Aufklärung anzuschließen. Gegründet hat die Illuminaten der unbedeutende und damals völlig unbekannte Kirchenrechtler Adam Weishaupt am 1. Mai 1776 in dem bayerischen Provinzstädtchen Ingolstadt. Mit dabei waren zwei seiner Studenten. Das Ziel des vom Judentum zum Katholizismus übergetretenen Lehrers war die Schaffung einer »aufklärerischen Geheimgesellschaft«, die sich in erster Linie gegen die

Eine der vielen literarischen Adaptionen des Illuminaten-Stoffes, hier die deutsche Ausgabe von »Illuminatus«

Ingolstadt beherrschenden Jesuiten richtete, obwohl der Orden 1773 vom Papst aus Panik vor den vermeintlichen Intrigen der Societas Jesu (SJ) aufgehoben worden war. So mancher, darunter Weishaupt, interpretierte die Jesuitenabkürzung SJ als »*Superiores Incogniti* – Unerkannte Obere«. Damals wie heute kann man dazu nur sagen: Wer partout eine abstruse Interpretation finden will, der findet sie auch. Acht Jahre später allerdings war es mit Weishaupts Illuminaten-Spuk vorbei. Bayern verbot die Illuminaten und Weishaupt floh nach Gotha.

Wahrscheinlich hat Weishaupt unter Verfolgungswahn gelitten. Angeblich fühlte er sich unter den Lehrenden der Universität Ingolstadt isoliert und vermutete dahinter die omnipräsenten Jesuiten. Sein »Geheimbund« war zu Beginn nichts anderes als ein anti-klerikaler Lesezirkel von einigen seiner Studenten. Für diesen Lesezirkel schrieb er – unter dem Pseudonym »Spartakus« – anti-klerikale und aufklärerische Artikel in einer von ihm herausgegebenen Illuminaten-Zeitschrift. Spartakus, das war der römische Gladiator, der im ersten Jahrhundert vor Christus einen Sklavenaufstand gegen die römische Obrigkeit geführt hatte. Dieses Pseudonym leitet bis heute manchen Verschwörungsspekulanten in die Irre, wie später noch zu zeigen sein wird. Jedenfalls verhalfen diese Artikel sowie einer von Weishaupts Studenten, der spätere Regierungspräsident der Pfalz, Franz Xaver von Zwack, der Geheimgesellschaft namens »Illuminati« über Ingolstadt hinaus zu einiger Bekanntheit. Mit Knigges Beitritt gewann Weishaupts Lesezirkel noch größere Bedeutung. Knigge baute eine Organisationsstruktur nach dem Vorbild der Freimaurerlogen auf und übernahm in kürzester Zeit de facto die Leitung des »Ordens der Illuminaten«. Nur mit ihm und seiner neuen Organisationstruktur gelang es den Illuminaten, zahlreiche Freimaurer anzuwerben und ganze Logen zu unterwandern.

Hintergrund war die oben erwähnte Krise, in die die deutsche Freimaurerei mit dem Zusammenbruch der »Strikten Observanz« nach 1776 geraten war. Auf der Tagung in Wilhelmsbad konnte Knigge und der zweite illuminatische Vertreter, Franz Dietrich von Ditfurth, überraschend viele Freimaurer für die Illuminaten gewinnen, aber nicht die Freimaurerei an sich. Man schätzt einen Anteil von 20 bis 25 Prozent an Übertritten von Freimaurern zu Illuminaten. Dieser Erfolg war gleichzeitig jedoch der Anfang vom Ende: Der wohl etwas größenwahnsinnig gewordene Knigge sah seine Leistungen von den Illuminaten nicht genügend honoriert und drohte in Briefen an verschiedene Mitglieder, er werde die Geheimnisse an Jesuiten und Rosenkreuzer verraten. Damit verstärkte er aber nur das Misstrauen Weishaupts, dem Knigge inzwischen über den Kopf gewachsen war. Dem mehr aufklärerisch als pomp- und prunksüchtig orientierten Weishaupt missfiel, dass der Freiherr Knigge so viele Prinzen und Fürsten in den Orden geholt hatte, darunter Prinz Carl von Hessen, Ferdinand von Braunschweig sowie die Herzöge Ernst von Sachsen-Coburg-Gotha und Carl August von Sachsen-Weimar – alles Vertreter der absolutistischen Obrigkeit.

Der Konflikt zwischen Weishaupt und Knigge führte schließlich 1784 zu einem »Congress« in Weimar, der als Schiedsgericht tagte. Gastgeber war Herzog Carl August von Sachsen-Weimar; mit zugegen sein Geheimrat Johann Wolfgang von Goethe sowie Johann Gottfried Herder. Um es kurz zu machen: Sowohl Knigge als auch Weishaupt wurden aufgefordert, von der Leitung der Illuminaten zurückzutreten. An ihre Stelle wurde ein neutraler Unbekannter gewählt. Knigge verließ grollend die Illuminaten und wetterte fortan gegen die »Mode-Thorheit«, die Welt durch geheime Gesellschaften verbessern zu wollen. Inzwischen war jedoch das Verbot des bayerischen Kurfürsten Karl Theodor bekannt geworden, der explizit Illuminaten und Freimaurer als »landesverräterisch und religionsfeindlich« verbot. Die bei einer Hausdurchsuchung bei Weishaupt gefundenen Illuminaten-Papiere, aus denen hervorging, dass das Ziel der Illuminaten eine »Welt ohne Fürsten, Kirchen und Despoten« war, reizten den Landesfürsten zum Äußersten. Er stellte ab 1787 die Mitgliedschaft in Freimaurerlogen oder bei Illuminaten sogar unter Todesstrafe. Es gibt zahlreiche Quellen, die vermuten lassen, dass letztlich Illuminaten und Freimaurer gemeinsam Opfer eines kleinlichen innenpolitischen Zwistes in Bayern wurden.[3]

Die in der Folgezeit erscheinenden Veröffentlichungen über die Ingolstädter Geheimgesellschaft löste eine erste Illuminatenhysterie aus, die bis heute immer wieder Resonanz findet. An einer Berliner Autobahnbrücke steht zum Beispiel in übergroßen Graffiti-Buchstaben »Stopt Illuminaten«. Damals wie heute wurde zudem von Autoren lieber das Publikumsinteresse bedient als das Interesse an den wahren Hintergründen. In hastiger Folge erschien eine Fülle an Romanen zum Thema, darunter Schillers »Geisterseher« (1787/89), der »Groß-Kophta« (1792) von Goethe, der es ja eigentlich besser wusste, Jean Pauls »Unsichtbare Loge« (1793) und »Wilhelm Meisters Lehrjahre« (1796), um nur die bekanntesten zu nennen.

Obwohl es Unterschiede zwischen Rosenkreuzern, Illuminaten und Freimaurern gab, bleibt festzuhalten, dass diese nicht immer und nicht überall klar zum Vorschein traten, dass zumindest zeitweilig Mischformen bestanden und dass alle drei aufklärerischen Richtungen sich gegenseitig beeinflusst haben – in manchen Ländern, wie zum Beispiel in den USA, gar nicht, in anderen, wie in Deutschland, jedoch beträchtlich. Streng genommen haben alle drei Richtungen das Verdienst, die Epoche der Aufklärung vorbereitet beziehungsweise mitgeprägt zu haben.

Während jedoch das Rosenkreuzertum spätestens gegen Ende seiner Verbreitung in Spuk- und Geisterglauben abdriftete und die Illuminaten als Geheimgesellschaft mit einem explizit radikalen »Partei«-Programm die Weltrevolution zum Ziel hatten, blieben die Freimaurer naturwissenschaftlich orientiert, politisch moderat, religiös tolerant und gesellschaftlich individualistisch, was ihnen letztlich das Überleben bis heute gesichert hat, während Rosenkreuzer und Illuminaten im Rückblick wie aufklärerische Eintagsfliegen wirken.

Doch die bisher behandelten »Seitentriebe« der Freimaurerei des 18. Jahrhunderts sind beileibe noch nicht alles. Kein Buch über Freimaurerei ohne den Hochstapler und Alchemisten Alessandro Cagliostro, der eigentlich Giuseppe Balsamo hieß und aus Palermo stammte.[4] Nach dem Tod seines Vaters wurde er mit dreizehn Jahren von Verwandten in ein nahes Kloster gesteckt, wo er als Novize unter die Aufsicht des Kloster-Apothekers kam und von diesem Grundlagen in Chemie, Medizin und Alchemie erlernte. Allerdings zeichnete sich nach geraumer Zeit ab, was aus dem Jungen einmal werden sollte. Da er gegen zahlreiche Regeln des Klosterlebens verstieß, wurde er wegen »Fehlverhaltens« ausgeschlossen. Danach geriet er wegen verschiedener Betrügereien mit der Obrigkeit in Konflikt und floh – nach eigenen Angaben – nach Griechenland, Ägypten, Arabien, Persien und Rhodos, wo er Studien in Alchemie und deren verwandten »Wissenschaften« unternahm.

Auch auf Malta weilte er, wo sein Aufenthalt tatsächlich belegt ist. Dort stellte er sich beim Großmeister des Malteserordens erstmals als Graf Cagliostro vor. Der Großmeister Manuel Pinto de Fonseca, der sich ebenfalls für Alchemie begeistere, verhalf dem vermeintlichen Grafen entscheidend zum Durchbruch auf gesellschaftlicher Ebene. Er stellte Graf Cagliostro Empfehlungen für berühmte Häuser in Rom und Neapel aus, wohin unser Freund sich eiligst empfahl. Er besuchte zudem 1771 London und Paris, verkaufte dort Liebestränke, Jugendelixiere, Schönheitsmixturen, alchimistische Pulver, alles was die damalige Hofwelt begehrte, und schlug aus diesem Schwindel hohe Profite. Nach weiteren Reisen auf dem Kontinent kehrte er nach London zurück, wo er 1776 in der Freimaurerloge »Esperance Lodge No. 289« aufgenommen wurde. Kaum Bruder geworden, gründete er im darauf folgenden Jahr selbst ein neues Freimaurer-System – ganz im Trend seiner Zeit – mit ägyptischem Bezug. Cagliostro streute Gerüchte über sein angeblich biblisches Alter. So ist von einem seiner Diener die Anekdote überliefert, dass sein Herr, als er eines Abends an einem Kruzifix vorbeikam, gesagt habe: »Ich hatte es ihm doch gesagt, diesem Juden, dass er aufpassen sollte an jenem Abend damals. Aber er wollte ja nicht hören.«

Nachdem der Hochstapler eine Reihe von Logen gegründet hatte und glaubte, seinen »Ritus Hoch-Ägyptischer Freimaurerei«, auch

»Misraïm-Ritus« genannt, erfolgreich in England etabliert zu haben, trachtete er danach, diese »Bewegung« auch auf dem europäischen Kontinent zu verbreiten. Er wurde nach wie vor in den besten Kreisen der europäischen Gesellschaften empfangen und von den Hofdamen von Paris bis Warschau bewundert. Bis er 1785 in Paris in einen politischen Skandal verwickelt und eingekerkert wurde. Nach seiner Freilassung begab er sich abermals nach England, wo er zunächst seine bekannten Erfolge fortsetzen konnte. Schließlich wurde sein Treiben aber auch den Engländern zu bunt. Sie schickten ihn ebenfalls vorübergehend ins Gefängnis und wiesen ihn dann aus. Cagliostro reiste nach Rom, wo er eine Freimaurerloge gründete, sein folgenschwerster Fehler. Denn die Inquisition nahm diese »Provokation« im Schatten des Vatikans nicht hin, verhaftete ihn 1789 als Häretiker, verbrannte sein Ritus-Manuskript »Maçonnerie Egyptienne« und verurteilte ihn zum Tode. Cagliostro starb aber, ohne hingerichtet zu werden, 1795 im Kerker.

Er hinterließ tausende von Freimaurern, die sich zu seinem »Ägyptischen Misraïm-Ritus« bekannten. Der bekanntest Anhänger dieser Richtung sollte dereinst im 19. Jahrhundert der Gründer des modernen Italiens, Giuseppe Garibaldi, sein. Cagliostros Ritus blühte vor allem in seinem Heimatland, in Mailand, Genua und Neapel. Später zog dieser Freimaurerritus Bonapartisten und Republikaner an, bis hin zu den revolutionären Carbonari, was beweist, dass das Wesensmerkmal der Freimaurerei auch dort zum Tragen kam, obwohl ein Hochstapler der Initiator dazu war. Doch um 1890 war es damit vorbei. Die letzte Cagliostro-Loge »Arc-en-Ciel« schloss ihre Pforten. Das Schicksal der Misraïm-Ritus-Logen verlief unterschiedlich. Manche wurden einfach aufgelöst, manche schlossen sich mit dem Memphis-Ritus zusammen, der sich ebenfalls auf Cagliostro berief. Völlig neue Richtungen gleichen Namens entstanden; sie alle aber sind von der offiziellen Freimaurerei nicht anerkannt. Wie am Anfang des Buches erläutert, gelten nur jene Freimaurerlogen als rechtmäßig, die die »Anderson's Constitution« der Englischen Großloge anerkennen. Dies ist bei all den »ägyptischen« Richtungen nicht der Fall.

Cagliostro war indes im bewegten 18. Jahrhundert nicht der einzige Freimaurer, der mit vermeintlichen ägyptischen Ursprüngen hantierte und experimentierte. Auch ein Berliner Freimaurer trachtete danach, den Zauber des alten Ägyptens wieder zu beleben. Aus den Reihen der uns bereits bekannten Friedrichschen Großloge »Zu den

Drei Weltkugeln« gingen nicht nur Rosenkreuzer hervor, sondern auch eine »Africanische Loge«, auch »Africanische Bauherren« genannt, die sich bereits 1766 unter der Führung eines gewissen Carl Friedrich Köppen unter heftigen Auseinandersetzung von der Großloge abspaltete. Von den »Africanischen Bauleuten« ist ein 32-seitiges Heftchen überliefert, betitelt »Crata Repoa – oder: Einweihungen in der alten geheimen Gesellschaft der egyptischen [sic!] Priester«, die im Jahr 1770 anonym erschien. Mit »Crata Repoa« war die geheime Priesterschaft der alten Ägypter gemeint.

Beim Verfassen orientierte sich Köppen offenbar an antiken Quellen über ägyptische Priester und deren Speiseverbote und anderen Vorschriften. Auf dieser Grundlage konstruierte er einen komplizierten Initiationsritus mit insgesamt sieben Erkenntnisstufen beziehungsweise Graden. Durch das »Tor der Profanen« gelangte der »Neophyt« zum ersten Grad, dem des »Pastphoris« oder Lehrlings. Nach einer Befragung durch den so genannten Hyrophantes musste er eine Probe bestehen sowie Treue und Verschwiegenheit geloben.[5]

Der Neuling wurde Köppens Schrift zufolge zudem in die Naturlehre und in die »gewöhnliche hieroglyphische Schrift« eingeweiht (die damals noch nicht entziffert war!), dann »ägyptisch« eingekleidet: mit pyramidenförmiger Mütze, Schurz oder Halskragen. Eine Fastenzeit bereitete auf den zweiten Grad als »Neocoris« vor. Dazu gehörten eine »Liebesprobe« und eine Schlangenprobe und als äußeres Zeichen ein Schlangenstab, während der Neuling »wie Osiris die Arme kreuzweise über der Brust« hielt. Als Vorbild für den Ritus dienten offenbar außerdem diverse Reiseberichte des 18. Jahrhunderts. Es sei auf weitere Schilderungen aus dem Berliner Ritus-Heftchen »Crata Repoa« verzichtet, da es sich um eine reine Erfindung handelt. 1775 zog sich Köppen – des endlosen Streites unter den Berliner Freimaurern müde – von den »Africanischen Bauherren« zurück, die 1781 formell aufgelöst wurden. Aber wie so oft blieb etwas hängen. Die Schrift »Crata Repoa« wird bis heute als Basisliteratur von Esoterikern verschlungen.

Dass auch Friedrich der Große Wert auf eine Verbindung zum alten Ägyptern legte, beweisen mehrere Fakten: Er holte den Franzosen Antoine Joseph Perteny, der 1766 in Avignon einen »ägyptischen« Freimaurerritus gegründet hatte, zwei Jahre danach als Bibliothekar nach Sanssouci. Und dort, am östlichen Ausgang des Schlossparks, markiert ein Obelisk aus Sandstein das Ende einer herrlichen Allee. Korrekt ist es ein »Obelisk in ägyptischem Stil«, im Auftrag Friedrichs II. 1748 vom Architekten und Freimaurer Georg Wenzeslaus von Knobelsdorff entworfen. Die Hieroglyphen sind willkürlich als Zierelemente angebracht.

Zu den vermeintlich ägyptischen Riten in der Freimaurerei des 18. Jahrhunderts bleibt festzuhalten: sie haben nichts von dem Spirituellen oder Philosophischen der Alt-Ägypter vermittelt, weil ihnen dies offenbar auch gar nicht bekannt war, sondern sie haben sich an Äußerlichkeiten ergötzt, die letztlich zu ihrer Kurzlebigkeit beitrugen.

Noch ein letztes Wort zu der von Friedrich II. gegründeten Loge »Zu den Drei Weltkugeln«. Diese löste sich noch zu Lebzeiten Friedrichs II. im Jahr 1780 von dem Irrweg der »Strikten Observanz« und arbeitet seit dieser Zeit auch nicht mehr offiziell in Hochgraden, sondern nennt sie »rituell festgelegte Erkenntnisstufen, die das freimaurerische Geschehen vertiefen sollen«. Das 19. Jahrhundert war in Deutschland von der Gründung weiterer Großlogen und Logen geprägt, wobei die meisten Logen, im Gegensatz zu anderen Freimaurerländern, auf der Zugehörigkeit zu einer christlichen Religionsgemeinschaft bestanden – was grundsätzlich gegen die Philosophie der in England gegründeten Freimaurerei verstößt. Welche Ironie, dass ausgerechnet die von Friedrich dem Großen gegründeten »Drei Weltkugeln« diese Forderung bis 1964 beibehielten.

Denn Friedrichs II. Toleranz gegenüber Katholiken, Juden und Moslems sucht selbst heutzutage ihresgleichen, offenbart aber auch, wie tief er vom klassischen freimaurerischen Toleranzgedanken durchdrungen war. Auf eine Anfrage der Stadt Frankfurt an der Oder, ob ein Katholik das Bürgerrecht in einer evangelischen Stadt erwerben dürfe, antwortete er: »Alle Religionen sind gleich und gut, wenn nur die Leute, die sich zu ihnen bekennen, ehrliche Leute sind und wenn die Türken kämen und wollten hier im Lande wohnen, dann würden wir ihnen Moscheen bauen.«[6]

»We the people ...«

Revolution in Amerika und Frankreich

»Die Tugenden, die den Menschen veredeln, werden in der Freimaurerei gelehrt, geehrt und gepflegt; sie fördern das häusliche Leben und sind die Normen für die höchsten Pflichten des Staatsmannes.«

George Washington

»MDCCLXXVI – Annuit coeptis novus ordo seclorum: 1776 – Er (Gott) begünstigt die Anfänge, die neue Weltordnung«. So steht es vielsagend auf der Ein-Dollar-Note zu lesen. Kaum ein lateinischer Satz bewegt die Gemüter der Weltverschwörungsspekulanten mehr als dieser. Dabei könnte er nicht treffender sein. Er beinhaltet zunächst nichts anderes als das Jahr der Unabhängigkeitserklärung von dreizehn englischen Kolonien in Nordamerika und der Gründung der ersten modernen Demokratie seit der Antike. Ja, damals war das revolutionär, weshalb die Amerikaner auch von »American Revolution« sprechen, während die unterlegenen Engländer lieber von »Unabhängigkeitskrieg« reden.

Unabhängigkeitskriege gab es viele. Die amerikanische Revolution hingegen war einzigartig und blieb in ihrer Art einzigartig. Sie war die erste, die darauf abzielte, den Bürgern der Neuen Welt Selbstbestimmung in Form von Demokratie zu erstreiten. Dazu zählte Freiheit, Gleichheit, Gerechtigkeit – und, was einmalig ist in der Welt – der in der Unabhängigkeitserklärung erhobene Anspruch auf das »Recht auf Glück«.[1] In einer Zeit, in der auf dem gesamten Globus keine anderen Staatsformen vorstellbar waren als Monarchien und autoritäre Regime, haben am 4. Juli 1776 sechsundfünfzig Männer das Undenkbare gewagt und König Georg III. von England herausgefordert. Nur neun der 56 Unterzeichner waren Freimaurer. Dennoch wird gerne von Gegnern und Freunden der Freimaurerei gleichermaßen die Amerikanische Revolution als eine von Freimaurern »angezettelte« Bewegung dargestellt. Dabei hat die internationale Forschungsgesellschaft der Freimaurer, »Philalethes«, festgestellt, dass zahlenmäßig mindestens genauso viele amerikanische Freimaurer loyal zum englischen König standen wie jene, die für die Unabhängigkeit kämpften.

Unbestritten ist, dass es einige Freimaurer gab, allen voran Benjamin Franklin und George Washington, die großen Einfluss ausübten, und damit die amerikanische Unabhängigkeit zum Erfolg führten. Gleiches aber taten auch herausragende Gründerväter der USA, die keine Freimaurer waren, wie Thomas Jefferson, Alexander Hamilton oder der zweite und vierte Präsident, John Adams und James Madison. Dass die amerikanische Revolution dennoch zu Recht als eine von Freimaurern direkt beeinflusste Bewegung bezeichnet werden kann, liegt eher an der herausragenden Qualität der (wenigen) Einzelnen als an ihrer vermeintlich großen Zahl. Sie nahmen Schlüsselpositionen ein und ihr Geist hat andere, die nicht Freimaurer waren oder wurden, mitgerissen. Dies hatte nachhaltige Auswirkungen auf die gesamte amerikanische Nation, so stark, dass die amerikanische Hauptstadt Washington und ihr Vorort Alexandria im benachbarten Virginia auch »Welthauptstadt der Freimaurer« genannt werden kann, geistig wie architektonisch.

In Deutschland wird die Unabhängigkeit der USA oft und falsch mit dem »Gründungsjahr« der Illuminaten in Verbindung gebracht, weil beides 1776 erfolgte. Daraus ziehen manche den Schluss, dies könne »kein Zufall sein«, sondern die Gründung der amerikanischen Nation sei von Illuminaten veranlasst worden. Als ob irgendeiner der amerikanischen Vordenker je etwas von Ingolstadt oder dem paranoiden Weishaupt gehört hätte. Darüber hinaus hatte die Abspaltung von England handfeste wirtschaftliche Gründe, die wenig philosophisch begründet waren und schon seit 1763 zutage traten.

Denn die eigentliche Krise begann, als eine andere schwere Krise, der Siebenjährige Krieg (1756–1763), gerade zu Ende war. England hatte in den Kämpfen, die auf amerikanischem Boden gegen Frankreich geführt wurden, militärisch und finanziell die Hauptlast getragen. Es hatte den Siebenjährigen Krieg an allen Fronten in Europa, Asien und Amerika gewonnen, doch die Staatsverschuldung hatte sich darüber verdoppelt. Daraufhin beschloss das englische Parlament, die Kolonien zu besteuern, sogar auf die Einfuhr von Spielkar-

Emblem mit Reverenz an die Freimaurer auf der Rückseite des Ein-Dollar-Scheins

ten wurde über Nacht Steuer erhoben. Zudem beließ es ein großes stehendes Heer in Amerika, damit es jederzeit über diese Truppen verfügen konnte. Für die Kosten mussten die Kolonisten aufkommen. Es kam zu Gewalttaten, besonders in Boston, wo Samuel Adams, der Cousin des späteren zweiten Präsidenten John Adams, eine Volksbewegung namens »Sons of Liberty« – Söhne der Freiheit – gründete. Sie überfielen Steuereintreiber und schürten über Jahre den Unmut gegen die englische Krone. In der Nacht des 5. März 1770 eskalierte dann eine dieser Auseinandersetzungen. Angefangen hatte es damit, dass einige Jungen die britischen Schildwachen im Stadtzentrum von Boston mit Schneebällen und Eiszapfen bewarfen. Erwachsene kamen hinzu, die versuchten, den Soldaten ihre Gewehre zu entreißen. Diese feuerten in die Menge. Drei Männer waren sofort tot, zwei weitere starben später. Die »Sons of Liberty« stilisierten diesen Vorfall sofort zum »Massaker von Boston« und ließen von einem der ihren, dem Buchdrucker Paul Revere, tausende von polemischen Drucken als antibritische Propaganda verbreiten. Hier nun trat die Verbindung zwischen den »Sons of Liberty« und den Bostoner Freimaurern zutage, denn der Drucker Paul Revere war auch ein prominenter Freimaurer, dessen große Stunde noch kommen sollte.

Obwohl London auf die Bluttat mit der Rücknahme einiger Gesetze und Steuern reagierte, zeigte sich der englische König mit der Beibehaltung der Teesteuer bemerkenswert unsensibel gegenüber der Stimmung in den Kolonien. Man gestattete sich sogar noch Experimente. Als 1773 die englische East India Company vor dem Bankrott stand, erließ das Parlament zu ihrer Rettung den »Tea Act«, welcher der Gesellschaft das Verkaufsmonopol für Nordamerika übertrug. Der Preis für den Tee wurde dabei so niedrig wie möglich angesetzt, so dass er trotz Teesteuer noch den der holländischen Ostindien-Kompanie unterbot. Denn den Holländern wurde nachgesagt, im großen Stil Tee nach Amerika zu schmuggeln. Die Kolonialführung in London bezweckte damit aber noch etwas anderes: Sie ging davon aus, dass die Amerikaner nun auf jeden Fall den billigeren englischen Tee kaufen – und damit die Teesteuer anerkennen würden. Doch die amerikanischen Kolonisten durchschauten diese Taktik. In New York, Philadelphia und Portsmouth blieb der Tee unverkauft liegen. In Boston gar wurde die Entladung des Tee-Schiffes »Dartmouth« verhindert. Es lag mehr als zwei Wochen im Hafen fest. In Boston war der Widerstand am größten.

Die Schenke zum Grünen Drachen (Green Dragon Tavern) gehörte seit 1764 der »St. Andrews Lodge« von Boston. Unten befand sich der Schankraum, oben die Loge. Historiker haben diese Taverne inzwischen zum »Hauptquartier der Amerikanischen Revolution« erhoben. Denn hier trafen sich offenbar alle Freigeister der Stadt, auch die »Sons of Liberty«. Später fand man ein Bild eines unbekannten Künstlers, der diese Schenke gemalt und mit dem Kommentar versehen hatte: »Hier haben wir uns getroffen, um die Rücksendung von ein paar Schiffsladungen Tee zu planen.« Auf dem Bild ist zudem das Freimaurerzeichen Zirkel und Winkelmaß angebracht.[2]

Aufzeichnungen der »St. Andrews Lodge« offenbaren mehrfach einen Zusammenhang zu den Schiffsladungen mit Tee im Hafen. Im Logenprotokoll des 30. Novembers 1773 ist zu lesen, das Logentreffen sei aufgrund einer geringen Teilnehmerzahl verschoben worden. Wörtlich: »Die Teeladungen haben die Zeit der Brüder in Anspruch genommen.« Paul Revere, der Senior Diakon der St. Andrews Lodge, hatte seit Ankunft der Schiffe eine Art Wache organisiert, die dafür sorgte, dass die Tee-Ladungen nicht gelöscht werden konnten. Zwei Wochen später, am Abend des 16. Dezember 1773, traf sich die »St. Andrews Lodge« erneut, nur um zu entscheiden, die Loge umgehend wieder zu schließen. Außerdem findet sich in der Logen-Aufzeichnung ein »T«, wenn man es ausspricht, klingt es auf Englisch und Deutsch phonetisch wie das Getränk »Tee«.

Obwohl bis heute kein eindeutiger Beweis vorliegt, dass die »St. Andrews Lodge« die Ereignisse dieser Nacht alleine geplant hat, ist inzwischen unstrittig, dass die Bostoner Freimaurer mindestens gemeinsam mit den »Sons of Liberty« als Mohawk-Indianer verkleidet die britischen Schiffe im Hafen gestürmt und die Teeladung ins Wasser geworfen haben.[3] Diese öffentlichkeitswirksame Aktion ging als »Boston Tea Party« in die Geschichte ein. Die Leitung der »St. Andrews Lodge« hatte zu dieser Zeit John Hancock, der drei Jahre später als erster die Unabhängigkeitserklärung unterzeichnete.

Dieser Akt des Widerstands markiert den Beginn der Revolution, auch wenn der eigentliche Bruch erst zweieinhalb Jahre später erfolgte. Nach der Boston Tea Party waren die Weichen gestellt: Am 4. September 1774 trafen sich in Philadelphia erstmals Delegierte von zwölf der dreizehn Kolonien, um über die Zukunft zu beraten. Sie verabschiedeten die »Declaration of Rights« – einen Forderungskatalog an Rechten und Freiheiten für die Kolonien. In England wurde das als Kriegserklärung angesehen. England schloss alle Häfen des besonders rebellischen Neu-England und entsandte zehntausend weitere Soldaten nach Boston. In der Nacht vom 18. April 1775 setzen sich siebenhundert Mann von Boston aus nach Concord in Bewegung, um dort die zwei »Rädelsführer« Samuel Adams und John Hancock zu verhaften. Paul Revere bekam Wind von der geplanten Aktion. Mit einigen Getreuen hatte er schon des Längeren vereinbart, dass von der Kirchturmspitze der »Old North Church« Signal gegeben werden sollte, sobald britische Truppen Boston verlassen. In dieser Nacht war es soweit. Eine Laterne brannte und Paul Revere schwang sich auf ein Pferd, um die Gefährten in Lexington und Concord zu warnen. Er erinnerte sich zwanzig Jahre später: »Ich machte unterwegs jedes Haus wach, bis ich Lexington erreichte.« Als er dort ankam, war es schon weit nach Mitternacht und so erhielt der berühmt gewordene Ritt des Freimaurers Paul Revere den Namen »Mitternachtsritt«. Am darauf folgenden Tag kam es in Lexington zum Gefecht zwischen amerikanischen Rebellen und Briten. Die überlegenen Briten verloren ein Drittel ihrer Soldaten, zogen sich nach Boston zurück und wurden dort am 17. Juni in der »Battle of Bunker Hill« erneut geschlagen und aus der Stadt vertrieben.

Die Geschichte nahm eine Eigendynamik an, die interessanterweise nun eine Freimaurergröße nach der anderen in die Ereignisse einbezog. Aus England kehrte Benjamin Franklin zurück, der namhafteste Philosoph der Neuen Welt. 1706 in Boston geboren und später wohnhaft in Philadelphia, Pennsylvania, war er dort 1731 der »St.

John's Lodge« beigetreten und blieb zeitlebens ein begeisterter Freimaurer.

1757–62 und 1764–75 lebte Franklin wieder überwiegend in England, zunächst als Repräsentant für Pennsylvania und später auch für Georgia, New Jersey und Massachusetts. Im Mai 1775 kehrte er nach Pennsylvania zurück und wurde Mitglied des zweiten Kongresses der dreizehn Kolonien. Wenig später saß er bereits im Komitee, das die Unabhängigkeitserklärung der USA konzipierte. Auch wenn der Nicht-Freimaurer Thomas Jefferson die Unabhängigkeitserklärung verfasste, war es doch Benjamin Franklin, der ein paar Passagen zu den Bürgerrechten mit kleinen Federstrichen wesentlich änderte. Jefferson hatte beispielsweise die Formulierung vorgeschlagen: »Wir halten diese Wahrheit, dass alle Menschen gleich geschaffen sind, für ein heiliges und unablehnbares Recht«. Franklin machte daraus die Verschärfung: dass alle Menschen gleich geschaffen sind, ist ein »selbstverständliches Recht«.[4]

Aus Virginia wurde vom amerikanischen Kongress ein Held des Siebenjährigen Krieges herbeigeholt, George Washington, seit 1752 Freimaurer in Fredericksburg. Er wurde mit dem Oberkommando der amerikanischen Truppen betraut und führte über sieben Jahre einen erfolgreichen Zermürbungskrieg gegen die Briten.

1777 schickte der amerikanische Kongress seinen Top-Diplomaten Benjamin Franklin als Gesandten zum britischen Erzfeind Frankreich. Dort, in Paris, blühte er als Freimaurer förmlich auf. Franklin schloss sich der Loge »Les Neufs Sœrs« (auf Deutsch: Die neun Musen) an. Zu dieser erst 1776 gegründeten Loge gehörten zahlreiche führende Persönlichkeiten, darunter Marquis de Lafayette und der Medizinprofessor und Erfinder der Guillotine, Joseph Ignace Guillotin. Von Franklin ist bekannt, dass er den deutschen Naturforscher und Wegbegleiter von James Cook, Georg Forster, in die Loge einführte, ebenso wie am 5. April 1778 den greisen Voltaire. Von 1779 bis 1782 wurde er zudem Stuhlmeister dieser Loge.[5]

Vor allem aber gelang es Franklin, eine kriegsentscheidende Allianz mit Frankreich herbeizuführen,[6] die zudem von Berichten eines jungen Adeligen unterstützt wurde. Der Franzose Marie-Joseph Marquis de Lafayette brannte als Zwanzigjähriger am Versailler Hof durch, um Abenteuer in Amerika zu erleben. Gemeinsam mit anderen jungen Franzosen meldete er sich bei General Washington als Freiwilliger. Zwischen dem reifen Washington und dem französischen Heißsporn

Freimaurer werfen 1773 aus Protest gegen englische Steuern Tee in den Hafen von Boston

entstand alsbald eine Vater-Sohn-Beziehung, auch, weil Lafayette Freimaurer war. Begeistert von Washington und voller Mitleid für dessen »Lumpenarmee« kehrte Lafayette nach Frankreich zurück, um der bunten Truppe Schuhe zu besorgen. Denn ein Teil der Amerikaner erfror mit nackten Füßen im kalten Winterlager von Valley Forge.

Und noch ein Freimaurer aus Übersee schloss sich der amerikanischen Revolution an: Wilhelm »Baron« von Steuben. Den Baron hatte er erfunden, wohl auch das Gerücht, dass er einer von Friedrichs des Großen Generälen gewesen sei. Aber er bewies George Washington in Valley Forge eindrucksvoll, wie man in drei Monaten aus Waldläufern eine Armee schmieden kann. Steuben wird zum Gründervater der US Army, sein Exerzier- und Übungsstil zur Basis für die Marines. Und in noch einem weiteren Punkt wird Steuben zum Erfinder: Da die amerikanische Armee inklusive ihrer Offiziere mit Lumpen und zerrissenen Hosen bekleidet war, sprach der französisch parlierende General Steuben von seinen »Sansculotten«, Leuten »ohne Kniebundhosen«, und führte diesen Begriff in Amerika ein. Später übernahmen die französischen Revolutionäre Marat und Robespierre die Steubensche Wortschöpfung – und zahlreiche weitere amerikanische Revolutionsideen und Symbole, wie zum Beispiel die drei Farben der amerikanischen Flagge Blau, Weiß, Rot – um sie der europäischen Öffentlichkeit erfolgreich als französische Originale zu verkaufen.[7]

Alles in allem dienten 74 Generäle in der amerikanischen Revolution unter Washingtons Oberkommando. Laut Philalethes-Gesellschaft waren davon 33 Freimaurer; ihr Anteil betrug also 46 Prozent. Das ist eine stattliche Zahl und lässt zweifellos den Schluss zu, dass zumindest die amerikanische Armee während der Revolution weitgehend in der Hand von Freimaurern war. Der entscheidende Beitrag zum Sieg allerdings kam aus Frankreich. Während Washington 1781 den britischen Befehlshaber Lord Charles Cornwallis von Land her in das Provinznest Yorktown, Virginia, drängte, blockierte die französische Marine den Hafen der Stadt, so dass die eingeschlossenen Briten nicht evakuiert werden konnten und auch keine Hilfe zu ihnen durchdrang. Die »Falle Yorktown« war zugeschnappt. Lord Cornwallis musste mit einer ganzen Armee kapitulieren, das »Stalingrad der Briten« sozusagen. Der Krieg war aus. Die Kolonien wurden zwar erst zwei Jahre später von England als »unabhängig« anerkannt, Kampfhandlungen nennenswerter Art fanden indes keine mehr statt.

Es dauerte allerdings auch nach 1783 noch einige Jahre, bis die unabhängigen dreizehn Ex-Kolonien selbst die Dimension ihrer Freiheit begriffen und für sich formulieren konnten. Benjamin Franklin kam in der Zwischenzeit aus Frankreich nach Hause und unterzeichnete 1786 die Verfassung der Vereinigten Staaten von Amerika als einer der wenigen, der seine Unterschrift auch unter die Unabhängigkeitserklärung gesetzt hatte. Die amerikanische Verfassung, die mit den Worten beginnt »We the people …« – »Wir, das Volk …« wurde von insgesamt 39 Gründungsvätern unterzeichnet, davon waren nur 13 Freimaurer, allerdings mit Benjamin Franklin und George Washington zwei der einflussreichsten Mitglieder sowohl des Bruderbundes als auch des amerikanischen Kongresses.

Washington zum Beispiel ließ sich ein Jahr vor seiner Präsidentschaft, 1788, zum »Meister vom Stuhl« einer Loge in Alexandria wählen und behielt dieses Amt bei, als er Präsident der Vereinigten Staaten geworden war. Den Eid des Präsidenten leistete er übrigens auf die Bibel der »St. John's Lodge No. 1« von New York. Und auch bei der Grundsteinlegung des Kapitols, die der Großmeister von Maryland im freimaurerischen Ritus vollzog, war Washington in einem von Madame Marquis de Lafayette genähten und bestickten Freimaurerschurz in aller Öffentlichkeit zugegen. Tausende von Schaulustigen waren gekommen und sahen, wie Freimaurer die amerikanische Hauptstadt gründeten.

George Washington legt den Grundstein zum Capitol (Gemälde von Allyn Cox, 1952)

Die erste moderne Demokratie, von Freimaurern erdacht und erkämpft – die Vereinigten Staaten von Amerika – war Wirklichkeit geworden. Mit dramatischen Folgen für Europa. Im gleichen Jahr, in dem George Washington zum ersten Präsidenten der USA gewählt wurde und sein Amt antrat, brach in Versailles die alte Weltordnung zusammen.

Wer stand hinter der Französischen Revolution?

Die französischen Rückkehrer, die an der Seite Washingtons fochten, trugen den Geist der Freiheit und Demokratie zurück in ihre Heimat. Nach dem Sturm auf die Bastille, dem verhassten Gefängnis von Paris, am 14. Juli 1789 schickte der begeisterte Marquis de Lafayette seinem amerikanischen Tutor Washington einen der Gefängnisschlüssel als Symbol dafür, dass nun auch in Frankreich die »Ketten der Sklaverei« gebrochen worden waren. Heute kann man diesen Bastille-Schlüssel, den einzigen, den es noch gibt, in »Mount Vernon«, dem Gutshaus Washingtons besichtigen.

Die Französische Revolution von 1789 dürfte die nachhaltigste Auswirkung der erfolgreichen Amerikanischen Revolution auf internationaler Bühne gewesen sein. Sie fegte die glänzendste Monarchie der Alten Welt mit einem Donnerschlag hinweg. Der Marquis de Lafayette, der seinen König Ludwig XVI. verhaftete, war zwar keiner jener blutrünstigen Revolutionäre auf den Barrikaden in Paris, aber er stand nicht nur in Frankreich, sondern in ganz Europa als Symbolfigur für den amerikanischen Erfolg. Er galt als verlängerter europäischer Arm seines *spiritus rector* George Washington.

Merkwürdigerweise wird die Auswirkung der amerikanischen auf die französische Revolution in deutschen Geschichtsbüchern oft überhaupt nicht oder nur beiläufig erwähnt. Dabei lebte in Lafayettes Person sozusagen der Geist Washingtons noch lange über dessen Tod hinaus fort. Einer der Wenigen, der dies erkannt hatte, war der Freimaurer und Dichter Heinrich Heine, der anlässlich der Unruhen in Paris im Jahr 1830 von Helgoland aus voller Hoffnung schrieb: »Der Name Lafayette klingt mir wie eine Sage aus der frühesten Kindheit. Sitzt er wirklich jetzt wieder zu Pferde, kommandiert die Nationalgarde? [...] Es muss prächtig aussehen, wenn er dort durch die Straßen reitet, der Bürger beider Welten. [...] Es sind jetzt sechzig Jahr, dass er aus Amerika zurückgekehrt mit der Erklärung der Menschenrechte, den zehn Geboten des neuen Weltglaubens, die ihm dort offenbart wurden unter Kanonendonner und Blitz. [...] Lafayette, die dreifarbige Fahne, die Marseillaise [...] Ich bin wie berauscht.«[8]

Fatal für die deutsche Geschichte bleibt, dass außer von Heinrich Heine und einigen (sehr) wenigen Gleichgesinnten die Bedeutung der Amerikanischen Revolution – im Gegensatz zu Frankreich – noch nicht einmal von der Masse der deutschen Freimaurer erkannt wurde. So bedurfte es erst der größten Invasion in der Geschichte der Menschheit, der Landung zigtausender amerikanischer Soldaten im Morgengrauen des 6. Juni 1944 in der Normandie, um »das geistige Erbe der Freiheitsrechte des Einzelnen«, die wir »von Franklin, von Jefferson, von Washington« haben, auch hierzulande nachhaltig zu etablieren, wie der legendäre und wohl klügste deutsche Bundeskanzler, Helmut Schmidt, 1982 in Bonn vor Diplomaten unterstrich.[9]

Doch zurück ins Frankreich des 18. Jahrhunderts. Die französische Revolution hatte viele Ursachen. Sie richtete sich vor allem gegen den Absolutismus und die Verwaltung, die so auf den König zugeschnitten war, dass sie handlungsunfähig wurde. Die Unterstützung der amerikanischen Revolution hatte zusammen mit dem teuren Hofstaat die Staatsverschuldung in die Höhe getrieben. Die Bauern verelendeten.

Es kam zu Hungersnöten. Das staatstragende Bürgertum hatte keine Mitspracherechte, jedoch der Adel verweigerte jegliche Reformen. Hochrangige Adelige mit Weitsicht, wie Marquis de Lafayette, waren kaum auszumachen. Eine vom König einberufene Versammlung aller drei Stände endete ergebnislos. Daraufhin ernannte sich am 17. Juni 1789 der dritte Stand zur Nationalversammlung und forderte im so genannten Ballhausschwur gegen die Autorität des Königs die Schaffung einer konstitutionellen Verfassung, die dem Monarchen nur noch parlamentarische Mitsprache einräumen sollte. Der König zauderte. Da griffen am 14. Juli 1789 einfache Leute zu den Waffen und belagerten die Bastille. Die Revolution hatte begonnen. Am 26. August 1789 wurde die Menschen- und Bürgerrechtserklärung verkündet. Die berühmte Devise der Französischen Revolution »Liberté, Égalité, Fraternité« – Freiheit, Gleichheit, Brüderlichkeit – ist unbestritten der geistige Anteil der Freimaurer an dem Aufstand. Die Freiheit braucht die Brüderlichkeit, da nur so jeder freie Mensch die Freiheit des anderen anerkennen kann.

Zu dieser Anerkennung war der französische König Ludwig XVI. jedoch nicht bereit. In seiner »Not« hoffte er, insbesondere aber seine intrigante Frau Marie Antoinette, dass die europäischen Fürsten in Frankreich militärisch zu seinen Gunsten eingreifen würden, um die Revolution rückgängig zu machen. Gleichzeitig aber spekulierte ein Teil der Nationalversammlung, nämlich die Girondisten, darauf, durch einen solchen Krieg die Revolution in die Nachbarländer exportieren zu können. Am 20. April 1792 erklärt deshalb Frankreich Österreich, dem Heimatland von Marie Antoinette, den Krieg. Preußen ging in die Falle und trat ausgerechnet auf Seiten seines Erzfeindes Österreich dem Kampfgeschehen bei. Zunächst sah es so aus, als würden Preußen und Österreich die Oberhand gewinnen. Der König und die Königin konnten den erhofften Erfolg nicht abwarten und versuchten zu fliehen. Nur wenige Kilometer vor den rettenden preußischen Linien wurden sie abgefangen und nach Paris zurückgeschickt. Preußen und Österreich machten weiterhin Druck. Am Vorabend der Schlacht von Valmy, am 20. September 1790, besuchte der deutsche Dichter und Freimaurer Johann Wolfgang von Goethe die preußische Armee, die voll Zuversicht auf die kommende Schlacht blickte. Goethe orakelte an diesem Abend viel sagend: »Hier beginnt heute eine neue Epoche der Weltgeschichte.« Wie wahr. Die französische »Lumpenarmee« fegte die arroganten Preußen hinweg.

Um vollendete Tatsachen zu schaffen, entschlossen sich die radikalen Revolutionäre in Paris zudem, das Königspaar endgültig zu beseitigen. Der naive Ludwig XVI. wurde im Januar 1793 geköpft, die verhasste Königin Marie Antoinette im Oktober 1793. Danach trat das revolutionäre Frankreich auf europäischer Ebene zum Gegenschlag an. Zwischen 1793 und 1797 gewann Frankreich sämtliche Kriege und erschütterte die alten Monarchien Europas bis ins Mark.

An dieser Stelle kamen erneut »Illuminaten und Freimaurer« ins Spiel. Seit Ausbruch der Französischen Revolution setzte an den europäischen Fürstenhöfen eine Hysterie ein, die die Furcht vor den Jakobinern mit der älteren Furcht vor den Illuminaten und Freimaurern zu einer einzigen Angstphantasie verschmolz. Geschürt wurde sie von der katholischen Kirche, die in Frankreich plötzlich sämtlicher Mittel beraubt war und in den Jakobinern sogar Nachfahren und späte Rächer der Templer zu erkennen glaubte. Da spielte wohl das schlechte Gewissen der katholischen Kirche einen üblen Streich.

Bis heute dauert die Verbreitung von Verschwörungstheorien zur französischen Revolution an. Hauptursprung der Legenden sind zwei unabhängig voneinander unternommene Versuche zu Beginn des 19. Jahrhunderts, Zusammenhänge zwischen Illuminaten/Freimaurern und Revolutionären zu beweisen. Sowohl der französische ehemalige Jesuit Abbé Barruel als auch der schottische Gelehrte John Robison behaupteten, dass nicht etwa die andauernde Unterdrückung des Dritten Standes die Revolution ausgelöst hätte, sondern Illuminaten, die sie willkürlich mit Freimaurern in einen Topf warfen. Ihre angeblichen Belege sind reine Behauptungen: »Fast alle bedeutenden Führer der Revolution sind Freimaurer«, genauso wie auch »fast alle übrigen Anhänger der gebildeten Stände in Europa« – wenn sie nicht gerade sehr kirchentreu waren. Zweitens existierte in Frankreich kurz vor der Revolution tatsächlich eine Freimaurerloge, die sich – ganz ähnlich wie Weishaupts Orden – »Les Illuminés« nannte, »die Erleuchteten«. Dass diese Gruppe aber sehr klein und wenig einflussreich war, stört die Verschwörungstheoretiker ebenso wenig wie die Tatsache, dass die französischen »Illuminés« als Freimaurer eher einer rosenkreuzerisch-mystischen Richtung anhingen und mit den Ingolstädter »Aufklärern« Weishaupt und Knigge nichts gemeinsam hatten, ja sie wohl überhaupt nicht kannten.

Drittens war bekannt geworden, dass der Illuminat Bode 1787 nach Paris gereist war. Zweck seines Aufenthalts, der nur vom 24. Juni bis zum 17. August währte, war aber keineswegs die Auslösung der Revolution (die ja auch erst zwei Jahre später stattfand), sondern die Teilnahme an einem Freimaurerkonvent, der jedoch bei seiner Ankunft schon beendet war.

Der These, hinter der französischen Revolution stünden Illuminaten und/oder Freimaurer, fehlt jede Grundlage. Dennoch wurden Barruels und Robisons Werke große Erfolge. Ihre Verschwörungstheorien faszinieren bis heute rechts- und linksradikale Publizisten sowie seit neuerem radikale Islamisten.

Und noch andere »Theorien« kommen hinzu. Um einmal ein paar Namen von Revolutionären zu nennen, die immer wieder fälschlicherweise den Freimaurern zugerechnet werden, so als ob durch ständige Wiederholung aus einer Erfindung eine Tatsache würde: weder Abbé Joseph Emmanuel Sieyès, der sich mit kritischen Schriften für den Dritten Stand einsetzte, war ein Freimaurer, noch der gleich gesinnte Graf Mirabeau, oder Camille Desmoulins, der den Angriff auf die Bastille leitete. Auch die führenden Revolutionäre Georges Jacques Danton und Maximilien de Robespierre waren keine Freimaurer, wohl aber der Extremist Jean-Paul Marat, demgegenüber Lafayette größtes Missfallen zum Ausdruck brachte. Lafayette fand, dass Marat die Philosophie der Freimaurer verriet. Schwarze Schafe gibt es eben immer und überall.

In Frankreich selbst wird indes auf andere Verbindungen verwiesen, um einen Zusammenhang zwischen Freimaurern und Revolution herzustellen. Als »Beweis« gilt das Verhalten des Großmeisters des »Groß-Orients von Frankreich«, wie sich die französische Großloge nennt. Nach englischem Vorbild waren die französischen Freimaurer tatsächlich ehrgeizig bemüht, ebenfalls ein Mitglied der Königsfamilie in ihre Reihen aufzunehmen. Der Cousin des Königs, Philippe, Herzog von Chartres und Herzog von Orléans, ließ sich endlich erweichen, die Position des Großmeisters anzunehmen. Nach Ausbruch der Revolution war er einer jener Adeligen, die sich den Jakobinern anschlossen. Er legte seinen Herzogstitel ab, nannte sich »Philippe Egalité« und zog als Deputierter in die Nationalversammlung ein. Philippe, immer noch Großmeister der französischen Freimaurer, wurde natürlich vom konservativen Adel und der Kirche als Verräter und gefährlicher Revolutionär betrachtet. Um so mehr, als im Januar 1793 der französische Konvent als Nachfolger der Nationalversammlung mehrheitlich dafür stimmte, König Ludwig XVI.

hinzurichten, und »Philippe Egalité« einer jener 387 Abgeordneten war, der für den Tod seines Cousins votierte. Die Gegner der französischen Revolution verriefen diese Tatsache als Legende. Sie unterschlugen, dass gegen die Todesstrafe 314 Abgeordnete stimmten, also 73 weniger als dafür. Ihre Legende besagt vielmehr, allein die Stimme des Freimaurer-Großmeisters »Philippe Egalité« habe den Ausschlag für die Hinrichtung gegeben. Danach überschlagen sich die Anschuldigungen gegen die Freimaurer (von Illuminaten ist hier in Frankreich bezeichnenderweise nicht die Rede): Philippe, so die Verschwörungstheorie weiter, habe schon als Herzog von Orléans die Beseitigung seines Cousins vorbereitet. Deshalb sei er oberster Freimaurer Frankreichs geworden, um die französischen Freimaurer zur Revolution anstiften und am Ende selbst König werden zu können. Diejenigen, die solchen Unfug verbreiten, lassen dann gerne weg, wie die Geschichte weitergeht, nämlich dass Philippe Egalité am 6. November 1793 selbst hingerichtet wurde, weil die Revolution an Radikalität bis hin zur Schreckensherrschaft zunahm.

Am Ende noch einmal ein Wort zu einer echten Schlüsselfigur unter den französischen Freimaurern: Marquis de Lafayette. Er versuchte George Washington davon zu überzeugen, nach gewonnener eigener Freiheit auch die Sklaverei in den USA abzuschaffen. Bei seinem letzten Gespräch mit Washington im Jahr 1784 drang er in den Virginier, »das Experiment zu versuchen, die Neger freizulassen und sie als Pächter einzusetzen«.[10]

Zwei Jahre später ging der Marquis mit gutem Beispiel voran und kaufte sich in der französischen Kolonie Cayenne eine Plantage, innerhalb deren Gebiet er die Sklaven frei wirtschaften ließ. Doch das Experiment des Idealisten Lafayette scheiterte. Es scheiterte an den irrsinnigen Auswüchsen der französischen Revolution. Vergeblich setzte sich der Marquis während der Revolution für die Gleichstellung der Schwarzen und Farbigen als französische Bürger ein. Er, der »vorbildliche Revolutionär«, musste 1793 sogar vor den »Verrückten« in Paris in das österreichische Flandern fliehen. Seine Güter wurden konfisziert und seine »emanzipierten« Sklaven in Cayenne von den Pariser Revolutionären verkauft. Die Österreicher verhafteten ihn mit der expliziten Begründung, er sei Freimaurer und Revolutionär. Beides zusammen war nämlich dem österreichischen König und deutschen Kaiser in Wien, Franz II., doch etwas zuviel.

Freimaurer am Wiener Hof

Werben um Sympathie mit einer Zauberflöte

»Brüder, reicht die Hand zum Bunde!«
W. A. Mozart, 1791

Im österreichisch-ungarischen Kaiserreich hielt sich die glorreiche Kaiserin Maria Theresia an die Verbote der päpstlichen Bullen. Dennoch wagten Freimaurer am 14. September 1742 eine erste Loge mit dem militanten Namen »Zu den drei Kanonen« (im Original »Aux Trois Canons«) zu eröffnen. Sechs Monate später aber wurde die Wiener Loge durch Militär ausgehoben und verboten. Dies mutet insofern merkwürdig an, als der Ehemann Maria Theresias, Kaiser Franz I. von Lothringen, ein Freimaurer war. In Österreich versuchte man offenbar sowohl den Wünschen der allmächtigen katholischen Kirche als auch der Realität gerecht zu werden. Tatsächlich verfolgte die Kaiserin offiziell die Freimaurerei, aber inoffiziell drückte ihre Polizei des Öfteren beide Augen zu. Nach dem Tod ihres Franz führte Kaiserin Maria Theresia dann 1766 offiziell das Verbot der Freimaurerei in Österreich ein. Aber unter dem Einfluss ihres Sohns – und ab 1765 Mitregenten – Joseph war das höchstoffizielle Verbot wiederum eher von symbolischer Bedeutung. Auch unterstützte Maria Theresia tatkräftig ein von Freimaurern gegründetes Heim für Waisenkinder.

Dennoch blieb Österreich erzkonservativ und weit hinter dem progressiven Preußen zurück. Das wollte der Sohn und Erbe Maria Theresias nach deren Tod ändern. Kaiser Joseph II. führte ab 1780 Reformen durch und zeigte sich als liberaler Herrscher. Unter ihm blühte die Freimaurerei in Wien förmlich auf, gewann an Einfluss unter Intellektuellen wie unter Höflingen. Freimaurerschurze fanden sogar als Schmuck Eingang in die Mode der Frauen und das Tragen von weißen Handschuhen setzte sich unter den Herren durch, egal ob sie Freimaurer waren oder nicht.

Die Freimaurerei erfasste besonders die Musiker am Hofe des Kaisers. Der führende Komponist, Franz Joseph Haydn, war Freimaurer geworden und gehörte der kleinen Loge »Zur Wahren Eintracht« an. Es war Haydn, der seinen jungen Kollegen Wolfgang Amadeus Mozart auf die Freimaurer aufmerksam machte und für seine Loge gewann. Mozart kam 1783 nach Wien und wurde bereits ein Jahr später in Haydns Loge aufgenommen. Mozart war, genau wie Haydn, von der Freimaurerei offenkundig schnell und tief beeindruckt. Acht seiner Kompositionen haben einen eindeutig direkten oder indirekten Bezug zur Bruderschaft. Drei davon schrieb er im Jahr 1785: das Lied »Die Gesellenreise«, das Stück »Die Eröffnung und Schließung einer Loge«, das er wahrscheinlich für die neu gegründete Loge »Zur Neugekrönten Hoffnung« komponierte, sowie die kurze Kantate »Maurerfreude« (KV 623) zu Ehren von Ignaz von Born, dem Herausgeber einer Freimaurer-Zeitung. Sechs Jahre später, 1791, komponierte er eine weitere kurze Kantate, deren Text von seinem Freund und Freimaurerbruder, dem Librettisten Johann Emanuel Schikaneder stammte. Sie diente der Konsekration eines Freimaurer-Tempels am 15. November 1791. Zur gleichen Zeit komponierte Mozart die Kantate »Die ihr des unermesslichen Weltalls Schöpfer ehrt« (KV 619) und die »Maurerische Trauermusik« (KV 477) anlässlich des Ablebens der Freimaurer Herzog Georg August von Mecklenburg-Strelitz und Graf Franz Esterhazy von Galanta.[1]

Doch am wichtigsten von allen freimaurerisch inspirierten Werken ist und bleibt die Oper »Die Zauberflöte«. Zur Zeit ihrer Entstehung im Jahr 1791 befand sich die Freimaurerei in Österreich nämlich wieder kurz vor dem Verbot, trotz des liberalen Joseph II. Ja, er hatte die harten Restriktionen seiner Mutter gegen die Juden aufgehoben, weitgehende Pressefreiheit eingeführt, eine Landreform angepackt und begonnen, die Allmacht der Kirche in Schranken zu weisen. All dies brachte ihm mächtige Feinde ein, die in der österreichischen Verwaltung seine Reformen sabotierten, wo sie nur konnten. So blieben viele weitsichtige Absichten Josephs II. nur auf dem Papier bestehen.

Was die Freimaurer anbelangt, so lehnte er zwar deren Ansinnen ab, ihn, den Kaiser, zum Großmeister der Freimaurer Österreichs zu erheben, aber er teilte ihnen ausdrücklich mit, dass er ihnen gegenüber wohl gesonnen sei. Zudem schaffte er das von Maria Theresia verhängte Verbot gegen die Freimaurer nun auch offiziell ab.[2] Aber andere, wie der Innenminister und der Chef der Polizei, blieben auf der Hut. Sie brachten bei Zusammenkünften mit dem Kaiser vor, dass die Illuminaten und Freimaurer im Nachbarland Bayern wegen umstürzlerischer Absichten verboten worden seien. Und sie schürten einen primitiven, religiös-verbrämten Nationalismus. Denn es war bekannt, dass die Freimaurer im protestantischen Preußen größte Freizügigkeit erfuhren, ja der Preußenkönig Friedrich II. sogar selbst Freimaurer war, ebenso wie sein Nachfolger Friedrich Wilhelm II. Sollte es nun wieder einmal zum Krieg zwischen dem katholischen Österreich und dem protestantischen Preußen kommen, wo würden dann die Freimaurer stehen, deren Verbindungen bis in höchste Adelskreise reichten? Würden nicht preußische Agenten ein leichtes Spiel haben, die internationale »Bruderkette« der Freimaurer für sich auszunutzen? Unter solcher Beeinflussung erließ Joseph II. folgende Einschränkung für die Freimaurer: In den drei Großstädten Wien, Budapest und Prag durften nur je drei Logen geführt werden, in den Provinzen nur je eine.

Auch wenn die Freimaurer über Joseph II. enttäuscht gewesen sein mögen, es kam schlimmer unter seinem Nachfolger. Denn Joseph II. starb 1790, auf dem Höhepunkt der Französischen Revolution, die allerorten die Anfeindungen gegen die Freimaurer schürte. Trotz Kirchengetöse gegen die Bruderschaft waren die Konservativen in den Monarchien Europas vor dem 14. Juli 1789 nicht wirklich überzeugt, dass die Freimaurer gefährlich sein könnten. Zu viele Adelige waren der Vereinigung beigetreten als dass man glaubte, diese könnten gegen ihren eigenen Stand und ihre eigenen Pfründe vorgehen. Mit Ausbruch der Revolution in Frankreich wurde diese Einschätzung revidiert, denn man sah, dass nicht nur Sensen schwingende, ausgemergelte Bauern und Stadtproletarier die Paläste stürmten, sondern namhafte Aristokraten sich in der Führungsriege der Revolution fanden. Da war dann schnell auch in Wien »eins und eins zusammengezählt«. Heraus kam: die Französische Revolution wurde in den Freimaurerlogen von langer Hand heimlich vorbereitet und von ihnen durchgeführt. Im Februar 1790 bestieg Leopold II. den habsburgischen Thron. Er war der Bruder Josephs II. und die österreichischen Freimaurer wussten nicht, was sie von ihm zu erwarten hatten.

Leopold II. war über die Freimaurerei im Bilde, auch wenn er selbst keiner war, denn sein Vater Franz I. und sein Bruder hatten sich mit den Freimaurern verbunden gefühlt. Obwohl er den Warnungen der katholischen Kirche sowie des Polizeichefs keine übermäßige Aufmerksamkeit schenkte, ging ihm ein Brief seiner gefangen gesetzten Tante Marie Antoinette aus Paris doch sehr nahe.

Diese jüngste Tochter Maria Theresias, die durch ihre maßlose Verschwendungssucht wesentlich zum Hass der französischen Bevölkerung auf König Ludwig XVI. beigetragen hatte, war bar jeglicher Fähigkeit zur Selbstkritik. Sie fühlte sich am Aufstand der Massen nicht nur völlig unschuldig, sondern glaubte an »böse Kräfte« von außen. So warnte sie ihren Neffen Leopold II. in einem geheimen Schreiben vor dem Einfluss der Freimaurer. Sie war überzeugt, dass Freimaurer maßgeblich ihren Sturz herbeigeführt hätten; als Beweis führte sie unter anderem an, dass der Freimaurer Marquis de Lafayette sie in den Tuilerien bewachte. In ihrem an Leopold II. herausgeschmuggelten Brief vom 17. August 1790 heißt es: »Gib gut Acht auf jegliche Organisation der Freimaurer. Du müsstest nunmehr gewarnt genug sein, zu wissen, daß es auf diesem Wege ist, auf dem alle Ungeheuer hier versuchen, in allen Ländern zum gleichen Ziel zu gelangen. Oh Gott, schütze mein Land [gemeint ist hier Österreich] und Dich vor ähnlichem Unglück.«[3]

Die Freimaurer-Oper

Folgt man der maßgeblichen Mozart-Literatur, so sollen die österreichischen Freimaurer Wind von solcherart Propaganda gegen sie am Kaiserhof in Wien bekommen haben. Sie entschlossen sich daraufhin zu Gegenmaßnahmen. Nicht auf der niedrigen Ebene verbaler Auseinandersetzung, sondern subtil sollte es sein. Anlass für eine besondere Gegeninitiative bot die Krönung Kaiser Leopolds II. zum König von Böhmen, die ein Jahr später, am 6. September 1791, in Prag geplant war. Da ohnehin erwartet wurde, dass der Wiener Star-Musiker Mozart für das Fest eine Oper komponieren sollte, könnte es da nicht eine Oper sein, die ganz aktuell die Freimaurer zum Thema hatte, diese aber positiv darstellen würde? So zumindest soll gemäß einschlägiger Quellen der Librettist, Schauspieler und Theaterbesitzer Johann Emmanuel Schikaneder gedacht und seinem Logen-Bruder Mozart vorgeschlagen haben, er solle die Musik zu einer Freimaurer-Oper komponieren, die er, Schikaneder, schreiben werde.[4]

Der Wiener Librettist hatte auch schon eine Story zur Hand: Aus Christoph Martin Wielands Märchensammlung wählte er »Lulu, oder die Zauberflöte« von August Jacob Liebeskind aus. Mozart soll sich von dieser Art Kulturpolitik zunächst gar nicht begeistert gezeigt haben und konnte sich zudem keinen Reim darauf machen, wie er Musik über oder für »Zauberflöten« komponieren sollte. Aber Schikaneder gelang es letztlich doch, Mozart davon zu überzeugen, dass es als Freimaurer und berühmter Komponist seine »Pflicht sei«, sich für die Bruderschaft in schwerer Zeit einzusetzen.[5]

Jedoch hatte Mozart schon einen anderen Opernauftrag angenommen. Denn, nachdem sein großer Gegenspieler Antonio Salieri »aus Zeitgründen« das Angebot des Prager Impresarios Domenico Guardasoni ausgeschlagen hatte, eine Oper zur Krönung Kaiser Leopolds II. zum böhmischen König zu schreiben, erging der Auftrag an Mozart. Unter kaum vorstellbarem Zeitdruck schrieb dieser die Opera seria »La clemenza di Tito« (dt. Die Milde des römischen Kaiser Titus, KV 621) – eine Anspielung auf die erhoffte milde Regierung Leopolds II. Noch im Reisewagen auf der Fahrt von Wien nach Prag war er mit der Arbeit an der Oper beschäftigt. Sie wurde zum Krönungstag in Prag uraufgeführt.

Was die »Zauberflöte« anging, so ist indes sehr gut vorstellbar, dass der Librettist Schikaneder bei seinem Freund Mozart dennoch den richtigen Ton angeschlagen hatte, auch wenn sie nicht die »Krönungs-Oper« wurde. Das Letzte, was sich der begeisterte Freimaurer Mozart wohl vorwerfen lassen wollte, war, er lasse die Bruderschaft im Stich. Beide warfen sich nun mit aller Macht auf die Arbeit an der Oper, so dass zumindest der ohnehin bereits überlastete Mozart bis an die Grenzen seiner Kräfte ging. Im Juli 1791 war die Oper nahezu abgeschlossen. Mozart musste die weitere Arbeit für mehrere Wochen unterbrechen, um sich auf die Oper »La clemenza di Tito« zu konzentrieren. Erst als er aus Prag zurückgekehrt war, schloss Mozart seine Arbeiten an der »Zauberflöte« (KV 620) vollständig ab. Die Uraufführung fand am 30. September 1791 in Schikaneders Theater im Starhembergschen Freihaus auf der Wieden in Wien statt. Den Papageno spielte Schikaneder selbst.

Die »Zauberflöte« ist eine Oper in zwei Aufzügen und spielt – wie sollte es bei einem Freimaurer-Stoff anders sein – im alten Ägypten. Bis hin zu der Einweihung in die Mysterien der Isis in einer Pyramide, so die Szenenanweisung, tauchen freimaurerische Elemente auf. Die »Zauberflöte« zählt weltweit zu den am häufigsten inszenierten Opern. Viele ihrer Arien – »Der Vogelfänger bin ich ja«, »Dies Bildnis ist bezaubernd schön«, »Arie der Königin der Nacht« – sind weltberühmt. Der Mozart-Kenner Wolfgang Hildesheimer stellte jedoch fest, dass es sich »bei der ›Zauberflöte‹ nicht um eine Freimaurerkantate« handle, »so sehr auch die Hauptfabel von dem eigentümlichen geheimniskrämerischen maurerischen Ethos beseelt ist, sondern um ein deutsches Singspiel«.[6] Bei allem Respekt für Hildesheimer, aber die Formulierung von dem »eigentümlichen geheimniskrämerischen« Ethos der Freimaurer wirft zumindest den Verdacht auf, dass dem Mozart-Kenner bei der Analyse der Zauberflöte vielleicht doch etwas der Blick verstellt war, zumal er sich selbst wenige Sätze weiter widerspricht und zugibt: »Dennoch gelten in den ernsten Teilen Freimaurersymbolik und Freimaurermoral als *das* tragende Thema«.[7]

Es fällt insgesamt auf, dass sich Musikwissenschaftler und Musikhistoriker in der Regel schwer, um nicht zu sagen sehr schwer damit tun, Mozarts Mitgliedschaft bei den Freimaurern zu akzeptieren und gar zuzugeben, dass diese seine Musik beeinflusst haben könnte. Meistens wird dieser Umstand, wenn überhaupt, nur am Rande erwähnt, als eine der vielen privaten Spinnereien des exzentrischen Komponisten. Was seine hohe Kunst indes angeht, da hat die Freimaurerei für die Musikwissenschaftler nach Möglichkeit nichts zu suchen. Sie vor allem sind es auch, die den Freimaurern vorwerfen, die Oper »Die Zauberflöte« sozusagen »für sich zu vereinnahmen«, anstatt anzuerkennen, dass inzwischen eine Menge an neuerer Symbolanalyse vorgenommen und veröffentlicht wurde.[8]

Der Inhalt der Oper »Die Zauberflöte« stellt sich – wenn man nach Symbolen und Themen der Freimaurer sucht – folgendermaßen dar: Die böse Königin der Nacht, die den jungen Helden Tamino sowie ihre eigene Tochter Pamina verfolgt, ist eine Anspielung auf Kaiserin Maria Theresia. Sarastro, ein weiser Priester der Götter Isis und Osiris, hat Pamina in den Tempel gebracht, um sie vor dem Einfluss ihrer Mutter, der Königin der Nacht, zu schützen. Die böse Königin veranlasst den Prinzen Tamino, ihre Tochter zu finden und zu befreien. Tamino findet sie, wird aber dabei ein Jünger Sarastros, dessen Weisheit er zu bewundern lernt. Außerdem verlieben sich Tamino und Pamina natürlich ineinander. Der noch bösere Geist, der die Königin der Nacht zu ihren Untaten anstiftet, soll die katholische Kirche

Antike Darstellung aus Süditalien: Aufnahme eines Kandidaten in einen Mysterienbund

sein. Der all-weise, gerechte und gütige Priester Sarastro, der die Bösen bestraft und die Guten beschützt, soll den kürzlich verstorbenen Kaiser Joseph II. symbolisieren beziehungsweise auch Leopold II., sofern er sich als Protektor der Freimaurer verstand.

In der Oper stellt der »Bund der Eingeweihten« die Ziele der Freimaurerei dar: Humanität, sittliche Läuterung des Menschen, Wohltätigkeit. Der auf der Bühne verkörperte Kult der Götter »Isis und Osiris« entspricht im Prinzip den Ritualen der Freimaurer, der Inhalt des Kultes aber ist der Dienst an der Erziehung des Menschengeschlechts, ohne Unterschied des Standes oder der Hautfarbe, seine Heranbildung zu den höchsten Tugenden, zu Weisheit, Schönheit und Stärke. Die »Zauberflöte« unterschied sich von anderen Opern durch das klar zum Ausdruck kommende humanistische Gedankengut, das durch Sarastro und seinen Priesterrat vertreten wird. Die Priesterszenen mit ihrer Ernsthaftigkeit wurden vom Publikum anfangs nur zögerlich gewürdigt. Mozart berichtet in einem seiner Briefe an seine Ehefrau von einem Besucher, der bei allen feierlichen Szenen lachte. Dies geschah höchstwahrscheinlich mit Absicht, um Mozart und seine Freimaurerintention zu verhöhnen. Denn damals erkannten die Opernbesucher die kaum versteckte Freimaurersymbolik viel eher als heute, da die Freimaurerei im Jahr 1791 im Negativen wie im Positiven aufgrund der Französischen Revolution in aller Munde war.

Doch die ersten Vorstellungen wurden zunächst nur mäßig angenommen. Mozart war frustriert und enttäuscht. Erst im Laufe des Oktobers 1791 steigerte sich das Interesse an der »Zauberflöte«, steigerte sich der Zulauf bis hin zum Ausverkauf in zweiundzwanzig Vorführungen innerhalb eines Monats. Wolfgang Amadeus Mozart erlebte gerade noch den aufkeimenden Erfolg seiner letzten Oper. Wenige Wochen nach der Uraufführung, am 20. November 1791, wird er aus unerklärlichem Grund bettlägerig und stirbt am 5. Dezember um 1 Uhr früh. Er wurde nicht einmal 36 Jahre alt.

Die Todesursache ist bis heute nicht geklärt. Genannt werden »hitziges Frieselfieber«, so zumindest lautete die Diagnose des Leichenbeschauers, Rheuma, Syphilis und ihre Bekämpfung mit Quecksilber, Herzversagen und übermäßiger Aderlass. Er selbst war davon überzeugt, vergiftet zu werden, und äußerte sich gegenüber seiner Frau Constanze dazu wenige Wochen vor seinem Tod mehrfach: »Ich weiß, ich muß sterben, jemand hat mir acqua toffana gegeben.«[9] So zumindest erinnert sich Constanze noch Jahrzehnte später. Acqua Toffana ist ein langsam wirkendes, arsenhaltiges Gift, das im 17. und 18. Jahrhundert bei Giftmorden häufig Anwendung fand. Die ersten Legenden zirkulierten direkt nach seinem Tod. Die wohl berühmteste davon schreibt seinem vor Neid zerfressenen Kollegen Antonio Salieri die Täterschaft zu, der sich überdies kurz vor seinem eigenen Tod als Mörder Mozarts bezeichnet haben soll. Beigesetzt wurde der bislang größte (Freimaurer-)Komponist in einem anonymen Grab am Sankt Marxer Friedhof.

Die ursprüngliche Absicht Schikaneders, mit der »Zauberflöte« die Gunst Leopolds II. für die Freimaurer zu gewinnen, ging nicht auf. Denn unabhängig davon, ob die Mozart-Oper dies je erreicht hätte, starb der Herrscher selbst kurz nach dem Komponisten am 1. März 1792. Sein Sohn und Nachfolger Franz II. wurde der letzte Kaiser des »Heiligen Römischen Reiches« und ein ausgesprochener Gegner der

Freimaurer, denn er war zutiefst von seinem Gottesgnadentum überzeugt und lehnte alles ab, was auch nur in die Richtung von Volksrechten wies.

Die revolutionären Entwicklungen in Frankreich zogen immer wieder unmittelbare Folgen für die österreichischen Freimaurer nach sich. Im gleichen Jahr, in dem Franz II. den Kaiserthron bestieg, wurden der französische König Ludwig XVI. und seine Familie in Paris gefangen genommen. Obwohl auch die Jakobiner nun die Freimaurer verboten, spielte dies für die Entscheidungen in Wien keine Rolle mehr. Für Kaiser Franz II. bestätigte die Guillotinierung seiner königlichen Tante im Jahr 1793 nur sein Misstrauen gegen alle bürgerlichen Vereine und damit auch gegen die Freimaurer. So wurde ab Dezember 1793 die Freimaurerei in Österreich erneut, diesmal massiv verboten und im Zuge dessen Freimaurer gezielt verfolgt. Dieses strikte Verbot galt in Österreich bis zum Ende des Ersten Weltkriegs 1918, als auch das Ende für die 600-jährige katholische Habsburgermonarchie kam.

In einem Fall jedoch musste sich der Kaiser des »Heiligen Römischen Reiches Deutscher Nation« beugen und einen Freimaurer freilassen. Es war im Jahr 1797, als Napoleon ihn ultimativ aufforderte, seinen 1793 verhafteten Landsmann Marquis de Lafayette aus österreichischer Gefangenschaft zu entlassen. Lafayette dankte es Napoleon nicht, da er dessen Politik und Großmannssucht ablehnte. Erst ab 1815 trat er als liberaler Politiker wieder in Erscheinung. Von 1818 bis 1824 und von 1825 bis zu seinem Tod war Lafayette Mitglied der französischen Deputiertenkammer. Während der Julirevolution von 1830 befehligte er tatsächlich erneut die Nationalgarde. Er starb am 20. Mai 1834 in Paris.[10]

In den USA gilt Lafayette als »amerikanischer« Nationalheld und wurde mit zahlreichen Statuen und Plätzen, Brücken, Straßen und Schulen, die nach ihm benannt sind, geehrt. Der Platz direkt hinter dem Weißen Haus in Washington trägt seit 1824 den Namen *Lafayette Square*. Dort auch steht eine ihn abbildende Bronze-Statue neben dem in Bronze gegossenen Freimaurer und Mitkämpfer »Baron« Friedrich Wilhelm von Steuben. Die Franzosen hingegen haben Lafayettes Namen lediglich einem als »Galerie« bezeichneten Kaufhaus sowie einem Hotel gegeben.[11] Der Prophet hatte es im eigenen Land schon immer schwer.

Zwischen Aufklärung und Geisterglaube

Die Hohenzollern als Schutz- und Schirmherren

> *»Mein Neffe wird den Staatsschatz verschwenden, die Armee ausarten lassen. Die Weiber werden regieren, der Staat wird zugrunde gehen.«*
>
> Friedrich II.[1]

Mit den Prophezeiungen über seinen Neffen Friedrich Wilhelm II. sollte der »Alte Fritz« recht behalten, ausgenommen, dass der Staat zugrunde gehen werde. »Nova Spes Regni – des Königreichs neue Hoffnung« ließen zwar die preußischen Stände anlässlich der Thronbesteigung von König Friedrich Wilhelm II. im August 1786 kühn auf eine Münze prägen. Aber sie wussten, was auf sie zukam. Es war der »Dicke Lüderjahn«, wie er im Volksmund hieß, der aus falscher Begeisterung für Okkultisches sowie seiner doppelten Mitgliedschaft bei Freimaurern und bei ihren Gegnern, den Rosenkreuzern, dem Ansehen der Freimaurerei in Deutschland für lange Zeit Schaden zufügte. Von Feinden der Freimaurer wird deshalb seine Zugehörigkeit zu den Freimaurern betont, während die Rosenkreuzerverbindung in den Hintergrund geschoben wird.

Im Gegensatz zu seinem Vorgänger auf dem preußischen Thron zeigte Friedrich Wilhelm II. kein Interesse am aufklärerischen Element der Freimaurerei, sondern entwickelte einen stark ausgeprägten Hang zum Übersinnlichen und Mystischen und wurde dadurch anfällig für Scharlatanerien. Bis heute wird er unterschiedslos in manchen Biographien mal »Rosenkreuzer«, mal »Freimaurer« genannt, was schon für Theodor Fontane nur fünfzig Jahre später gleichbedeutend war. Deshalb sei im Folgenden der Versuch unternommen, ein wenig Licht ins Dunkel zu bringen. Es soll ergründet werden, ob tatsächlich »geheime Mächte« Einfluss auf den König gewannen und welcher Schaden möglicherweise für den Staat entstand.

Friedrich Wilhelm II., 1744 in Berlin geboren, war bei seinem Regierungsantritt bereits 42 Jahre alt. Sein Vater August Wilhelm war der Bruder Friedrichs des Großen. Da dieser kinderlos starb, fiel dem Neffen der Thron Preußens zu.[2] Friedrich Wilhelm II. wird allgemein als gutherzig und wohlwollend beschrieben. Aber auch als charakterschwach, sinnlich und zu mystischen Schwärmereien hingezogen. Er glaubte, im Besitz eines großen Staatsschatzes zu sein. Sein vom »Onkel Fritz« gestähltes Heer hielt er für unbesiegbar und beteiligte sich deshalb fast zehn Jahre lang an zahlreichen Kriegen. Für diese Kriege sowie für seine privaten Bedürfnisse und für den Hofstaat verpulverte er solche Unsummen, dass Preußen am Ende seiner Regierungszeit 1797 hoch verschuldet war. Außerdem gab er dem Land ein Beispiel an – wie es damals hieß – »zügellosem Sittenverfall«, man kann hinzufügen: unter der Maske religiöser Heuchelei. Korruption und Günstlingswirtschaft hatten Konjunktur, seinen Kammerdiener Rietz machte er zum Scheingemahl seiner Hauptmätresse und verlieh ihm den Titel »Schatzmeister«. Orden, Beförderungen, Adelstitel konnte man gegen gutes Geld beim neuen König kaufen.

An die Stelle der Alleinregierung eines absolutistischen Herrschers setzte der politisch träge Friedrich Wilhelm II. eine Kabinettsregierung, auf die wir gleich detailliert zu sprechen kommen. Diese drehte das Rad noch vor dem Ausbruch der Französischen Revolution wieder rückwärts. Der Feldzug gegen die Niederlande 1787 wegen der Beleidigung der Prinzessin von Oranien, einer Schwester des Königs, kostete Friedrich viele Millionen und steigerte den verhängnisvollen Dünkel und Übermut der Offiziere. Das 1790 begonnene Unternehmen, Friedrich Wilhelm an die Spitze der vereinigten Macht Mitteleuropas zu stellen, während Russland und Österreich in den türkischen Krieg verwickelt waren, und ihm so eine schiedsrichterliche Herrschaft zu verschaffen, scheiterte.

Nach Ausbruch der Französischen Revolution stellte er sich an die Seite Österreichs, um König Ludwig XVI. aus der Hand des Pariser Pöbels zu befreien. An diesem »Feldzug in die Champagne« genannten Krieg nahm er sogar selbst teil. Doch auch hier scheiterte er kläglich. Deshalb wandte er sein Augenmerk nach Osten und half 1793 dem Zaren, Polen aufzuteilen, wovon Preußen ein sattes Stück abbekam; zwei Jahre später dann verschwand Polen gänzlich von der

Landkarte, aufgeteilt zwischen Preußen, Russland und Österreich. Gleichzeitig kämpften preußische Truppen im Westen lustlos weiter an der Seite Österreichs gegen die französischen Revolutionstruppen, bis Friedrich Wilhelm II. sich im Frieden von Basel 1795 vom Krieg gegen Frankreich wegen gänzlicher Erschöpfung seiner Finanzen lossagte.

Zwar erfuhr Preußen unter seiner Regierung eine enorme Ausdehnung, zumal 1791 auch noch die hohenzollernschen Markgrafschaften Ansbach und Bayreuth wegen Aussterbens der Fürstenlinie an Friedrich Wilhelm II. fielen, doch das einst unter Friedrich dem Großen so hohe Ansehen Preußens war fast völlig ruiniert. Das legendäre friderizianische Heer galt als »verwahrlost«, das Beamtentum war unzufrieden und mit der ungeheuren Vergrößerung des Territoriums in der Verwaltung überfordert.

Oberst von Massenbach schreibt in seinen Memoiren im Sommer 1795 über Friedrich Wilhelm II., dass »der König große Ähnlichkeit mit einem orientalischen Fürsten hatte, der zurückgezogen im Inneren seines Serails dort mit seinem Harem und Sklavinnen lebte, während die Regierung den Veziren überlassen wurde.«

Friedrich Wilhelm II. pflegte tatsächlich nahezu unzählige Liebschaften. Seine bekannteste ist die zur bürgerlichen Wilhelmine Enke, der späteren Gräfin von Lichtenau, die 1764 zu Beginn der Affäre erst zwölf Jahre alt war. Er beendete die Liebschaft 1781 offiziell, als er den Rosenkreuzern beitrat, die manchen Beobachtern zufolge diese außereheliche Beziehung missbilligten. Andere Zeitgenossen verweisen hingegen darauf, dass sich der König zu dieser Zeit in eine neue Mätresse verliebt hatte, was wahrscheinlicher klingt. Spätestens im Jahr 1784 wird der Beweis mit der jungen Julie von Voss geliefert, die die »Schöne Wihelmine« als Nummer Eins unter den Geliebten des Königs ablöste. 1789 folgte die noch jüngere Gräfin Dönhoff als neue Gespielin. Wilhelmine blieb indes bis zum Tod des Monarchen eine treue Gefährtin.

Dennoch war der Einfluss der so genannten Gold- und Rosenkreuzer am preußischen Hof, vertreten durch zwei Minister, nicht zu unterschätzen: Johann Christoph von Wöllner, ein bigotter Theologe, nahm verschiedene Ministerämter wahr, darunter das des Justizministers, und General Hans Rudolf von Bischoffswerder war offiziell für die Außenpolitik zuständig, de facto aber regierte er Preußen von August 1786 bis 1797. Bischoffswerder, ursprünglich ein Freimaurer,

Friedrich III., der letzte Freimaurer auf dem deutschen Kaiserthron

wurde von Friedrich dem Großen als tapferer Offizier geschätzt und von ihm fatalerweise zum Adjutanten des Thronfolgers ernannt. Was Friedrich II. damals nicht ahnte, war, dass Bischoffswerder sich längst von der Freimaurerei gelöst hatte und ein Anhänger der Rosenkreuzer und der Geisterbeschwörung geworden war. Letztere führte er Friedrich Wilhelm des Öfteren vor. Außerdem stand Bischoffswerder in dem Ruf, sein Gut Marquardt zu einem Spukschloss umgebaut zu haben, wo heute noch eine »alte Gräfin« umgehen soll. »Was ihn bewog, den Aberglauben, dem er dienstbar war, sich zuweilen auch dienstbar zu machen, wird mutmaßlich unaufgeklärt bleiben«, bemerkte später Fontane in seinen »Wanderungen«. Der Dichter versuchte, diesem Geisterbeschwörer sogar in seiner Beurteilung gerecht zu werden: »Ein von Parteistreit unverwirrter Einblick in sein Leben spricht aber entschieden dafür, dass es [okkultische Handlungen] nicht zu selbstischen Zwecken geschah.«[3]

Wöllner ist in dieser Hinsicht anders zu beurteilen; er versuchte aus den okkultischen Neigungen seines Monarchen sehr wohl konkrete persönliche und finanzielle Vorteile zu ziehen. Wöllner war der Sohn eines Pastors, der zunächst in die Fußstapfen seines Vaters trat. 1754 berief man ihn als Pfarrer in die Gemeinde Großbehnitz bei Berlin. Zur gleichen Zeit bekam er eine Anstellung als Hauslehrer für die Tochter des Generals Friedrich von Itzenplitz. Als Graf Itzenplitz starb, legte Wöllner 1760 sein kirchliches Amt nieder, pachtete das Gut des Generals und heiratete später die einzige Tochter seines ehemaligen Dienstherrn, die immerhin den Titel Gräfin Itzenplitz trug. Eine solche Ehe galt damals als »Mesalliance«, die Friedrich II. nicht duldete. Er ließ »Frau Wöllner« enteignen und verbannte sie in die Berliner Hausvogtei. Friedrich II. lehnte es bis zu seinem Tod kategorisch ab, Wöllner in den Adelstand zu erheben, um die »Mesalliance« zu beenden. Denn der »Alte Fritz« hatte Pastor Wöllner durchschaut als das, was er wirklich war: ein »betriegerischer und intriganter Pfaffe«.[4]

Dennoch machte Wöllner Karriere. 1770 wurde er vom Bruder Friedrichs II., Prinz Heinrich, zu Rate gezogen und trat der angesehenen Freimaurerloge »Zu den Drei Weltkugeln« bei. Freimaurer war er schon seit 1766. Im Zuge der Wirren um die »Strikte Observanz« und der vorübergehenden Orientierungslosigkeit der deutschen Freimaurer fühlte sich Wöllner dann zu den mystischen Rosenkreuzern hingezogen. Er trat wohl nie aus der Freimaurerei aus, wohl aber aus der Loge »Zu den drei Weltkugeln«. Zudem gründete Wöllner eine eigene Rosenkreuzer-Loge, über die vieles geheim blieb. Fest steht: Wöllner bewog den Kronprinzen, am 8. August 1781 der Wöllnerschen Loge und damit den Rosenkreuzern offiziell beizutreten.

Vorausgegangen war eine fast zehnjährige Freimaurer-Zugehörigkeit Friedrich Wilhelms II., der als Prinz 1772 in die Hallesche Loge »Zu den Drei Degen« aufgenommen worden war. Am 1. Oktober des gleichen Jahres wurde er zudem Ehrenmitglied der Berliner Loge »Zu den Drei Goldenen Schlüsseln«.[5]

Während des Bayerischen Erbfolgekrieges hatte der Thronfolger im Lager von Schatzlar am 21. September 1778 indes seiner Meinung nach eine Vision. »Diese Vision ist keineswegs auf irgendwelche Machenschaften Bischoffswerders zurückzuführen, der sich damals etwa hundert Kilometer entfernt bei der Armee des Prinzen Heinrich in Sachsen aufhielt. Aber die Erscheinung hat auch nichts Geheimnisvolles an sich. Hätte der Prinz, als er die Berührung fühlte, sich umgedreht, so hätte er gesehen, dass der Herzog Friedrich August von Braunschweig-Oels hinter ihm stand, der Mitglied des Rosenkreuzerordens war. Aber der Comment über den Umgang mit Geistern verbot demjenigen, den sie von hinten berührten, sich nach ihnen umzudrehen. An dem besagten Tag und in dem besagten Zelt hörte der Prinz eine unbekannte Stimme, die ›Jesus‹ sagte, und gleichzeitig wurde er von einer unsichtbaren Hand von hinten berührt. Auf den Prinzen, leichtgläubig wie er war, machte dieser Vorgang einen tiefen Eindruck.«[6]

In dieser Lage gewann der Braunschweiger Herzog das Interesse Friedrich Wilhelms für die Rosenkreuzer. Zusammen mit Bischoffswerder und Wöllner bildete er das leitende Gremium der Berliner Rosenkreuzer. Und so hatten Wöllner wie auch sein Logenbruder Bischoffswerder wenig später leichtes Spiel, auf Friedrich Wilhelm bereits zu seiner Zeit als Kronprinz Einfluss auszuüben.

Sie machten ihre Loge zu einem politischen und persönlichen Machtinstrument sowohl gegen die lutherische Landeskirche als auch gegen die der Aufklärung verschriebenen Freimaurer und Illuminaten – eine seltsame, kontradiktorische Mischung an Gegnern.

Nach dem Logenbeitritt behielt Wöllner seinen »königlichen Bruder« unter seinen Fittichen. Und nach der Thronbesteigung Friedrich Wilhems II. wurde Wöllner dann endlich in den ersehnten Adelstand erhoben und seine Frau bekam die von Friedrich II. enteigneten Güter zurückerstattet. Natürlich sah der alteingesessene Adel dem Treiben eines solchen Emporkömmlings nicht tatenlos zu. Es entbrannte ein politischer Machtkampf am Hof, der 1788 seinen Höhepunkt erreichte, als Wöllner sich beim König durchsetzte und den Justizminister Freiherr von Zedlitz aus dem Amt drängte. Besonders Wöllner konzentriert sich auf die Bekämpfung der Aufklärung. Sein Religionsedikt von 1788 wird von Zeitgenossen als »kirchliche Polizeiordnung« bezeichnet. Durch dieses Edikt sollte hauptsächlich die lutherische Landeskirche unterdrückt und der Aufklärung Einhalt geboten werden. Erst nach über fünf Jahren wurde es am 27. Dezember 1793 wieder aufgehoben. Ein solcher Geist duldet keine freie Meinungsäußerung, und so führte Wöllner außerdem im Dezember 1789 noch die Zensur ein. Prominentestes Opfer dieser Maßnahme wurde Immanuel Kant, der sich »bei Vermeidung Unserer höchster Ungnade« verpflichten musste, keine öffentlichen Vorträge über Religion zu halten. All das, worauf Preußen innerhalb Europas fast ein Jahrhundert lang stolz sein konnte, schaffte der Eiferer Wöllner mit ein paar Federstrichen ab.

Den beiden Rosenkreuzern Wöllner und Bischoffswerder wird zudem von Historikern angelastet, den König bei seinen diversen Feldzügen schlecht beraten zu haben, denn sie endeten alle glücklos. Doch die Schlachten haben die preußischen Generäle vor Ort verloren, nicht die Rosenkreuzer in Potsdam.

Fest steht, dass König Friedrich Wilhelm II. bei aller »Rosenkreuzerei« auch seine einstige Freimaurer-Zugehörigkeit nicht vergessen hatte. Noch heute kann man im Schloß und Park des Marmorpalais in Potsdam allgemeine Symbole der Freimaurerei wiederfinden. So ließ er die Schlossküche 1788/90 als halbversunkenen Tempel errichten. Die kleine ägyptische Pyramide in der Nähe des Schlosses diente als »getarnter« Eiskeller beziehungsweise zum Frischhalten der Lebensmittel. Im Winter wurde dem nahen Heiligen See Eis entnommen und in der untersten Etage des etwa fünf Meter unter der Oberfläche liegenden Kellers eingelagert. Dazu passend wurde ein Obelisk aus blaugrünem Marmor errichtet und auch die Orangerie aus der gleichen Zeit, 1791–93, wurde mit ägyptischen Bezug gebaut: Das ägyptische Portal an der Ostseite des Gebäudes wird von einer Sphinx bewacht. In Wandnischen des halbrunden Eingangbereichs stehen zwei schwarz gefärbte Statuen ägyptischer Götter aus der Werkstatt des Bildhauers Johann Gottfried Schadow. In Verlängerung des Portals grüßt der holzgetäfelte Palmensaal. Hier fanden Konzerte statt, in denen der musische König selbst das Cello spielte.

Am 16. November 1797 stirbt König Friedrich Wilhelm II. nach langer Krankheit und es kommt zu einem letzten theatralischen Auftritt eines seiner Rosenkreuzer-Günstlinge: Bischoffwerder steigt pathetisch mit einer Fackel in der Hand gemeinsam mit dem Sarg seines Königs in die Gruft, während der Chor »Ich hab' mein Sach' auf Gott gestellt« intoniert und draußen die Kanonen Salut schießen. Den Anwesenden fährt ein letztes Mal ein gruseliger Schauer über den Rücken. Dann werden der Fackelträger Bischoffswerder und sein unseliger Kumpan Wöllner vom Nachfolger ohne Gewährung einer Pension hinausgeworfen. 1800 starb Wöllner auf seinem Gut Groß-Rietz, 1803 folgte Bischoffswerder in Potsdam. »Das Rosenkreuzertum ging mit ihnen zu Grabe«, bemerkte Fontane in seinen Wanderungen durchs Havelland.[7]

Noch lange nach dem Tod Friedrich Wilhelms II. indes beschäftigten sich die Intellektuellen Deutschlands mit dem Phänomen der Rosenkreuzer am Potsdamer Königshof. Ludwig Tieck zum Beispiel verfasste 1831 die Novelle »Die Wundersüchtigen«, in der er die Verwirrungen schildert, die zwei konspirativ agierende Geheimbund-Emissäre in zwei Städten, insbesondere aber in der Familie eines Geheimrats anrichten. Die Handlungszeit der Novelle ist ziemlich genau auf das Jahr 1781 gelegt, jenes Jahr, in dem Friedrich Wilhelm den Rosenkreuzern beitrat. Tiecks Novelle führt nachvollziehbar die Zerstörung der aufgeklärten Vernunft vor sowie den Übergang zur Restauration. Eine genaue Lektüre offenbart eine Fülle von Anspielungen und Verweisen auf die Praxis der Gold- und Rosenkreuzer und ihre Verführungen des preußischen Kronprinzen Friedrich Wilhelm.

Den Rosenkreuzern wird in der Literatur über Preußen immer wieder nachgesagt, dass sie großen Schaden angerichtet hätten. Doch der Mystizismus König Friedrich Wilhelms II. »ging nicht so weit, dass er sein Selbstverständnis als absoluter König vermindert hätte, der dazu berufen war, nach *seinem* Willen und *seiner* Erkenntnis zu regieren«.[8] Kritiker des Königs haben offenbar den Einfluss der Mätressen und Rosenkreuzer »auf das Handeln des Königs erheblich überschätzt«.[9] Bei eingehender Betrachtung der Politik Friedrich Wilhelms II. stellt man fest, dass »der König durchaus seine Unabhängigkeit zu wahren [wusste]. Das gilt auch für sein Verhältnis zu Wöllner. [...] Jedenfalls ist es nicht nachzuweisen, dass Wöllner einen dem Staat schädlichen Einfluß auf den König gehabt hat.«[10] Auch der angebliche Einfluss Bishoffswerders auf die Außenpolitik wird oft übertrieben.[11] »Der maßgebliche und berufene Berater des Königs in auswärtigen Angelegenheiten war der Kabinettsminister von Hertzberg, ein ausgesprochener Gegner Wöllners und Bischoffswerders.«[12]

Weil also der angebliche Schaden durch die Rosenkreuzer tatsächlich so groß nicht war, blieb das preußische Königshaus einer anderen Geheimgesellschaft weiterhin gewogen, den Freimaurern. So sehr sogar, dass die späteren neuen deutschen Kaiser aus preußischem Geblüt – Kaiser Wilhelm I. und sein Sohn Friedrich III. – den Freimaurern ihren Schutz gewährten, selbst Logen beitraten und sich sogar im Freimaurerschurz malen ließen. Erst Kaiser Wilhelm II. beendete die Freimaurer-Tradition der Hohenzollern. Er lehnte es ab, Freimaurer zu werden, allerdings agierte er auch nicht gegen sie.

Theodor Fontane, dessen beide Großväter Pierre Barthélemy Fontane und Jean François Labry Freimaurer waren, und der sich intensiv mit der Wöllner-Bischoffswerder-Ära beschäftigt hatte, hielt jedoch offenkundig nichts von jeglicher Form von – wie er es nannte – »Geheimbündelei«. Er glaubte, dass die meisten »dieser Gesellschaften« auf »Herrschsucht und Eitelkeit, auf Täuschung und unmittelbaren Betrug hinaus« liefen.

Mag sein, dass dies für das ausgehende 18. Jahrhundert in Deutschland zutraf. Seine weitere Einschätzung der damaligen Zeit, »die Welt hatte vielfach die Aufklärung satt; man sehnte sich wieder nach dem Dunkel, dem Rätselhaften«,[13] trifft bestenfalls auf Deutschland zu. Die »Welt« hingegen – die für Deutsche damals wie heute oftmals nur aus Deutschland bestand – diese Welt war gerade zur gleichen Zeit dabei, die Aufklärung der amerikanischen Revolutionäre und deren Ideale von Demokratie und Freiheit mit großer Vehemenz weiter zu tragen: in Lateinamerika, Italien, Griechenland – nur nicht in Deutschland.

Weltweites Streben nach Freiheit

Bolívar, Garibaldi, Atatürk

»Die Freimaurerei wird die Menschheit vorwärts bringen. Die stetige Anwendung ihrer heiligen Grundsätze muss zu einem brüderlichen Bündnis aller Nationen führen.« [1]

Guiseppe Garibaldi
Italienischer Freiheitskämpfer und Staatsmann

Zu Beginn des 19. Jahrhunderts erstreckte sich das Spanische Reich von Oregon in Nordamerika bis zum Kap Horn an der Südspitze Südamerikas. Die Spanier beherrschten einen Großteil Süd- und Mittelamerikas, den größten Teil der Karibikinseln, den gesamten Südwesten der USA sowie Florida. Ihr Kolonialreich gab es schon seit mehr als dreihundert Jahren und etwas anderes als diese Herrschaft schien undenkbar. Doch 1808 hatten Napoleons Truppen Spanien überrollt, den König zur Marionette degradiert, und das riesige Weltreich lag zum ersten Mal seit den Tagen Kolumbus' »führungslos« da. Zwar funktionierte die eingespielte Kolonialverwaltung weiter, aber der Respekt vor der Autorität der Zentralmacht im fernen Madrid war dahin. In den spanischen Gebieten Südamerikas wurde das Beispiel der einstigen englischen Kolonien Nordamerikas diskutiert und die Stunde schien günstig, jetzt, da die spanische Krone machtlos war. In Buenos Aires brach im Mai 1810 die Revolution aus. Ein General Belgrano erklärte Spanien den Krieg. Von da an begann der lange Weg des spanischen Südamerikas zur Unabhängigkeit.

Freiheit für Südamerika

Während die beiden Freimaurer Blücher und Wellington 1815 in Waterloo Napoleons Herrschaft über Europa brachen, aber gleichzeitig dazu beitrugen, die alten Königs- und Kaiserhäuser wieder zu etablieren, während deutsche Intellektuelle wie Heinrich Heine, Friedrich Rückert, Georg Herwegh und Ernst Moritz Arndt die Restauration bejammerten, während Marx und Engels verbal den Kapitalismus geißelten, aber alle diese »großen Deutschen« sich scheuten, über verbale Attacken gegen Könige und Fürsten hinauszugehen, kämpften in den Anden, den Sümpfen am Orinoco und den Llanos Argentiniens Rinderhirten, Bauern, bürgerliche Intellektuelle, Indianer und Mestizen Seite an Seite für ihr Recht auf Freiheit und Selbstbestimmung. Angesteckt von der Überzeugung Benjamin Franklins, dass dieses Recht »selbstverständlich« sei, und angeführt von Freimaurern. Allen voran stand der »Libertador« und Freimaurer Simón Bolívar, bis heute oft nachgeahmt, aber nie erreicht.[2] Der große und erfahrene Südamerika-Reisende Alexander von Humboldt, der ihn 1804 in den Pariser Salons traf, verkannte dessen Genie. Er sagte ausgerechnet zu Bolívar damals: »Ich glaube, dass Ihr Land schon reif ist für die Unabhängigkeit, aber ich sehe den Mann nicht, der es vollbringen wird.«[3] Später musste er einräumen: »Ich habe viel mit Bolívar verkehrt. Seine lebhafte Unterhaltung, seine Liebe für die Befreiung der Völker, seine Begeisterung für die Gebilde seiner glänzenden Einbildungskraft, ließen mich in ihm einen Träumer erblicken.«[4]

Während das spanische Herrscherhaus mit Hilfe britischer Truppen 1814 wieder installiert wurde, waren inzwischen fast zwangsläufig überall in den spanischen Überseekolonien Befreiungskriege ausgebrochen. Geistiger und militärischer Kopf war der von Humboldt als Träumer angesehene Simón Bolívar. Gemeinsam mit seinem wesentlich älteren Freimaurerfreund Francisco de Miranda rief er am 5. Juli 1811 die Unabhängigkeit Venezuelas aus. Miranda hatte mehr als dreißig Jahre zuvor während der amerikanischen Revolution im französischen Expeditionsheer gedient und für die amerikanische Unabhängigkeit gekämpft. Seither hatte er die Hoffnung gehegt, Gleiches für seine Heimat erstreiten zu können.

Auch in Argentinien waren die führenden Revolutionäre Freimaurer: Carlos Maria de Alvear, Miguel de Azcuenaga, Antonio Luis Berutti, Juan José Castelli, Vicente López y Planes, der den Text der argentinischen Nationalhymne schrieb, Juan José Paso, der die argentinische Unabhängigkeitserklärung öffentlich verlas, und natürlich General Manuel Belgrano, der zudem die Fahne der argentinischen Republik entwarf, sowie der Engländer William Brown, der

Admiral der revolutionären argentinischen Flotte wurde. All diese lateinamerikanischen Freiheitskämpfer gehörten der südamerikanischen Freimaurer-Loge »Lautaro« an, benannt nach einem Indianer, der im 16. Jahrhundert einen Aufstand gegen die Spanier führte. Wahrscheinlich war der Gründer dieser Loge Francisco de Miranda.[5]

In Mexico führte 1810 der katholische Priester Miguel Hidalgo die Revolution an; er sah keinen Widerspruch darin, gleichzeitig der Kirche anzugehören und Freimaurer zu sein. Er kämpfte nicht nur für die mexikanische Unabhängigkeit, sondern auch für soziale Gerechtigkeit. Er forderte die Enteignung der Großgrundbesitzer und focht mit aller Härte gegen das Kolonialregime. Sein Aufstand scheiterte. Bei seiner Exekution bedurfte es vierer Salven, um ihn hinzurichten. Bis heute gilt der freimaurerische Priester Hidalgo in Mexico als Nationalheld.

Die Jahre 1810 bis 1824 sind in Lateinamerika von zahlreichen Kriegszügen geprägt. Für Simón Bolívar, den »Haupträdelsführer«, sind diese Jahre gekennzeichnet von schier endlosen Kämpfen, Flucht, Exil, Rückkehr und Ehrungen. Im Oktober 1813 wird er in Caracas zum »Libertador«, zum »Befreier« erklärt – ein Titel, der ihm zeitlebens anhaftete. Am 7. September 1821 gründet Bolívar die Republik Großkolumbien, die die heutigen Staaten Venezuela, Ecuador, Kolumbien und Panama umfasste. Aber erst Ende 1824 war das ganze spanische Südamerika vom Kolonialjoch befreit. Maßgeblichen Anteil daran hatten im Süden die beiden Freimaurer José de San Martín, der Befreier von Argentinien, und Bernardo O'Higgins, der für Chile die Unabhängigkeit erstritt, sowie General Antonio José de Sucre – der Befreier Perus. Am 6. August 1825 benannte sich das so genannte »Alto Peru« – Ober-Peru – in »Bolivien« um, zu Ehren von Simón Bolívar.

Nach der hart erstrittenen Unabhängigkeit brachen sich indes nationale Strömungen in den Teilrepubliken ihre Bahn und Streitigkeiten innerhalb der Regierung ließen die Staatengemeinschaft Groß-Kolumbien zerbrechen. Andere junge Republiken schlossen sich ihr gar nicht erst an. Bolívars Position als Präsident und später als selbsternannter Diktator wurde zunehmend kritisch gesehen. Im September 1828 kam es sogar zu einem Attentat auf ihn. Als Konsequenz musste der »Libertador« am 27. April 1830 von allen seinen politischen Ämtern zurücktreten; zudem war er an Tuberkulose erkrankt. Am 17. Dezember 1830 starb er in Santa Marta, Kolumbien. Sein

Leichnam wurde nach Caracas überführt und dort beigesetzt. Kurz nach seinem Tod zerbrach die Republik Großkolumbien.

Obwohl er die Verwirklichung seines Traumes, die politische Unabhängigkeit Lateinamerikas gegenüber Europa und den USA, erreicht hatte, starb er doch voller Bitterkeit. Bolívars letzte Worte sollen gewesen sein: »Lateinamerika einigen, das ist, als wolle man das Meer pflügen. Jesus Christus, Don Quijote und ich waren die drei größten Dummköpfe der Geschichte!«[6]

Die Nachwelt urteilt anders über ihn. Von den vielen Beispielen an posthumen Ehrungen seien zwei herausgegriffen: Ein bronzenes Reiterstandbild Bolívars steht auf der Constitution Avenue in der amerikanischen Hauptstadt, unweit des Weißen Hauses, und selbst in Berlin gibt es eine Bolívarallee.

Und im spanischen Mutterland galt er gar als Vorbild. Aus ihm schöpften Freimaurer Mut, gegen die harte Hand der Obrigkeit aufzubegehren. Auf das Spanien des 19. Jahrhunderts trifft das zu, was Anti-Freimaurer-Literatur gerne über die ganze Bruderschaft verbreitet: dass sie konspirative Umsturzaktivitäten plane. Da die Freimaurer in Spanien offiziell verboten waren, organisierten sie sich dort als wahre Geheimorganisation. Und am 1. Januar 1820 putschte der Freimaurer und Offizier Rafael del Riego Nuñez in Cádiz gegen König Ferdinand – vergeblich. Riego wurde in Madrid öffentlich gehängt und hunderte von Freimaurern wurden exekutiert. Das spanische Volk dichtete indes das »Lied von Riego«, das noch im spanischen Bürgerkrieg (1936–1939) von den linksgerichteten Verteidigern der Republik gesungen wurde.

Internationaler Freiheitskampf

Seitdem nun auch das spanische Amerika unabhängig geworden war, brodelte es in den besonders unterdrückten Gebieten Süd-Europas, in Italien und in Griechenland.

Hier ragt vor allem eine Gestalt aus den Wirren des 19. Jahrhunderts hervor, der Italiener Giuseppe Garibaldi, der, genauso wie Marquis de Lafayette, ein »Bürger der Alten und der Neuen Welt« wurde, ein Streiter für die Freiheit, wo immer sie in Gefahr schien.[7]

Er trat schon früh dem italienischen Geheimbund »Carbonari« bei, der nichts mit den Freimaurern zu tun hatte. »Carbonari« heißt auf

Italienisch »Köhler«. Der Begriff leitet sich wohl aus dieser in den Wäldern beheimateten Berufsgruppe ab. 1814 organisierte diese Vereinigung einen kurzlebigen Aufstand in Neapel, der dazu beitrug, dass die Treffen der Carbonari mit der Todesstrafe belegt wurden. Das beeindruckte Giuseppe Garibaldi allerdings nicht. Gemeinsam mit seinem Landsmann Giuseppe Mazzini wurde er einer der Vordenker für ein geeintes Italien, ja sogar für ein einiges Europa. Von ihnen stammt der Begriff »Europa der Völker«, der in den letzten Jahren im Zuge der EU-Osterweiterung in Brüssel häufig zu hören war. Garibaldi nahm 1834 an einem Aufstand in Piemont teil. Als dieser scheiterte, wurde er zum Tode verurteilt und floh über Tunesien nach Brasilien. Dort beteiligte er sich gleich an einer Gaucho-Rebellion und musste nach deren Scheitern erneut fliehen. Garibaldi erreichte Montevideo in Uruguay, wo er in eine Lautaro-Loge eintrat und Freimaurer wurde. Die Bindung zur Bruderschaft ließ den rastlosen Garibaldi wohl vorübergehend etwas sesshafter werden. Allerdings beteiligte er sich wenig später an der Verteidigung seiner Exil-Heimat, indem er die Flotte Uruguays sowie eine »Italienische Legion« gegen einen Angriff aus Argentinien führte.

Als 1848 in Frankreich, Deutschland und Italien revolutionäre Unruhen ausbrachen, kehrte Garibaldi hoffnungsvoll nach Europa zurück. Revolution in Italien war anders als in Frankreich oder Deutschland primär ein Unabhängigkeitskrieg gegen Österreich, das weite Teile Italiens besetzt hatte. Seine südamerikanische Kampferfahrung, seine Tapferkeit und Umsicht bescherten ihm viele militärische Erfolge und machten ihn zum Nationalhelden, doch schließlich wurde er bei Rom von Österreichern geschlagen und nach seiner Niederlage gezwungen, als Anführer abzudanken und erneut außer Landes zu fliehen. Doch Garibaldi kehrte 1854 zurück, besetzte 1860 Sizilien und Neapel und unterstützte mit einem Freikorps andere Teile Italiens im Kampf gegen österreichische und französische Besatzer.

Als 1870 der Deutsch-Französische Krieg ausbrach, die letzten französischen Truppen Rom verließen, Italien weitgehend geeinigt war und Victor Emanuel II. von Sardinien als »König von Italien« die Regierung übernahm, entschloss sich der »arbeitslose« Revolutionär Garibaldi, auf französischer Seite gegen Preußen zu kämpfen, da er Frankreich als eine »Nation der Freiheit« ansah, nicht aber das entstehende deutsche Kaiserreich. Vorübergehend brachte ihm dieses Engagement einen Abgeordnetensitz in der französischen Nationalversammlung ein. Aus heutiger Sicht müsste man Garibaldi politisch als Linksextremisten einschätzen; der große Unterschied zu den zeitgenössischen Theoretikern Marx und Engels lag darin, dass Garibaldi stets ein Mann des Volkes und der Tat war; staatstheoretische Ausschweifungen waren ihm fern. Genau deshalb aber konnte er in Italien jene Massen bewegen, von denen andere Revolutionäre in Deutschland am Schreibtisch nur träumten.

Garibaldi galt deshalb im 19. Jahrhundert als Musterexemplar eines erfolgreichen Revolutionärs. Allerdings blieb auch einer seiner Träume unverwirklicht, der von einer »Republik Italien«. Anders als Bolívar jedoch konnte er an seinem Lebensende 1882 auf ein vereintes Italien zurückblicken, dem er seine republikanischen Prinzipien untergeordnet hatte.

Garibaldi war einer der wenigen Freimaurer, der wohl als Atheist einzuordnen ist, wie religionskritische Äußerungen belegen.[8] Zwar lebte er die Prinzipien der Freimaurerei und ließ sich für die Jahre 1862 bis 1868 sogar zum Großmeister der italienischen Großloge wählen, hielt aber nicht viel von Logen-Ritualen. Er sah in der Brudervereinigung vor allem einen kosmopolitischen Bund, der progressiv denkende Männer eines Landes und über die Landesgrenzen hinaus vereint.

Griechenlands Unabhängigkeit

Ähnlich dramatisch wie in Italien verlief die Entwicklung in Griechenland, das seit 1461 vollständig unter türkischer Herrschaft lebte. Ermutigt durch die lateinamerikanischen Befreiungskriege erwuchs auch unter den Griechen ein Nationalgefühl, das nach Eigenständigkeit strebte. Auch hier waren Freimaurer maßgeblich an der Unabhängigkeit im Jahr 1830 beteiligt. Die erste griechische Loge war heimlich 1814 auf Korfu gegründet worden. Von dort aus verbreitete sich die Freimaurerei in Griechenland. Aus der Loge »Filiki Eteria« (Freundliche Gesellschaft) rekrutierte sich die Mehrzahl der Revolutionäre des griechischen Freiheitskampfes. Angeführt von dem Freimaurer Alexandros Ypsilanti kämpften sie von 1821 bis 1828 gegen türkische und ägyptische Armeen. Vor allem durch das Eingreifen ägyptischer Streitkräfte entstand in Europa eine philhellenische Bewegung, die sich zum Beispiel in den Gedichten Lord Byrons widerspiegelt oder in einer Ode des französischen Freimaurers und obersten Scottish-Rite-Mitgliedes Jean Pierre Vinnet, der 1821 ein langes und schwärmerisches Gedicht zur griechischen Unabhängigkeit veröffentlichte, das breiten Zuspruch fand. Aus allen Ländern Europas strömten Freiwillige herbei, um an der Seite der Griechen gegen die Türken zu kämpfen, vergleichbar mit den Internationalen Brigaden im Spanischen Bürgerkrieg. Unter diesen Idealisten befanden sich hunderte von Freimaurern, zumeist aus Frankreich und England. Ein französischer Diplomat berichtet zum Beispiel darüber, dass nach der Schlacht von Peta, am 4. Juli 1822, die osmanischen Offiziere unter den toten »Griechen« zahlreiche Ausländer fanden, die Freimaurer-Insignien trugen.[9]

Der französische Historiker Pierre Chevallier macht darauf aufmerksam, dass die »griechische Sache« unter französischen Freimaurern eine »enthusiastische Unterstützung« hervorrief. Auch aus den Unterlagen der Loge »Trinosophes« vom 30. August 1824 geht hervor, dass bei der Schlacht um die Insel Psara in der Ägais, »mindestens siebzig französische Freimaurer« gefallen sind.[10]

Aber auch unter deutschen Freimaurern fand der Ruf der Griechen nach Unabhängigkeit Widerhall. Im Februar 1822 landete General Graf Karl von Normann mit vierzig Freiwilligen aus Deutschland, der Schweiz, Italien, Frankreich und Holland in Navarino, später in Korinth. Dort gründete Normann eine Feldloge namens »Brüder des Apollo«. Wie der preußische Hauptmann Karl Schrebian berichtet, gelang es dieser Freimaurerloge, deutsche und französische Freiwillige, die bis dahin ständig miteinander über ihre gegenseitigen nationalen Vorurteile in Streit lagen, einander näher zu bringen. Ein anderer, Rittmeister Eugen von Byern [sic], erinnert sich in seinen Memoiren, dass sich die Loge im Quartier Normanns versammelte, der zum Meister vom Stuhl gewählt worden war, und dass die Loge »Brüder des Apollo« beim »Großen Orient von Frankreich« als rechtmäßig angemeldet war.[11]

Und natürlich sammelten Freimaurer in ganz Europa auch Geld für den griechischen Befreiungskampf. Einzigartig in der Freimaurergeschichte dürfte indes sein, dass die begeisterten Franzosen eigens eine Loge gründeten, mit dem Ziel, Freimaurer militärisch für einen Krieg zu organisieren. Dies widerspricht jeglicher Freimaurer-Philosophie und jeglichem Ehren-Kodex innerhalb der Freimaurerei, auch damals schon. Doch die französischen Freimaurer haben seit 250 Jahren eigentlich ständig bewiesen, dass sie in vielerlei Hinsicht andere Ansichten vertreten als die übrigen Freimaurer; und sie haben sich oft genug einen eigenen Kodex geschaffen, bis hin zur atheistischen Freimaurerei. Diese Loge nun, im Januar 1826 in Marseille zur Unterstützung des griechischen Befreiungskampfs gegen die Türken gegründet, erhielt den Namen »Les Enfants Adoptifs de Sparte et d'Athènes« (Die Adoptivkinder von Sparta und Athen). Ihre Mitglieder fochten in Griechenland besonders unerschrocken und verzeichneten deshalb eine hohe Zahl an Opfern. Aber sie waren es, die als Elite schließlich in der Nacht vom 11. auf den 12. Dezember 1826 die Akropolis stürmten und dort ausharrten. Sie betrachteten es als besondere Ehre auf der Akropolis zu fallen und dort begraben zu werden.[12]

Doch bei allem freimaurerischen Heldentum muss doch auch angemerkt werden, dass es letztendlich das militärische und politische Eintreten der europäischen Mächte England, Frankreich und Russland für die Sache der griechischen Freiheitskämpfer war, das den entscheidenden Ausschlag für die Griechen brachte. Diese drei schlugen vereint eine türkisch-ägyptische Flotte in der Seeschlacht von Navarino. Und von da an waren die Türken auf dem Rückzug. 1828 war ein Großteil Griechenlands de facto unabhängig und 1830 setzten die Briten in London vertraglich diese Unabhängigkeit international durch.

Auf dem Weg zur modernen Türkei

Dieser enorme und bislang in der Geschichte einmalige Einsatz von »Freimaurern aller Länder« für die Freiheit eines Staates hatte weitreichende Folgen für das Osmanische Reich. Denn von Griechenland aus verbreitete sich der Freimaurergedanke auch dort erfolgreich. Es war sogar ein griechischer Freimaurer, der eine führende Rolle innerhalb der Bewegung der »Jung-Türken« spielte, die zu Beginn des 20. Jahrhunderts den despotischen Sultan stürzten und die Türkei an die Moderne heranführten.

Die erste Freimaurerloge auf türkischem Boden wurde bereits 1721 von englischen und französischen Händlern gegründet, hauptsächlich für Europäer, die in das Osmanische Reich reisten. Doch im Jahr 1740 verbot Sultan Mahmud I. Freimaurer-Treffen in seinem Territorium. Er fühlte sich durch das Exkommunikations-Edikt Papst

Clements XII. von 1738 ermutigt. Wenn schon der Papst Freimaurer als Atheisten verdammte, dann musste etwas Wahres dran sein, dachte der Sultan und folgte dem Beispiel des Vatikans. Seither ist das Wort Freimaurer im Türkischen synonym für Atheist.

Doch ähnlich wie in Österreich, so trafen sich auch im Vielvölkerreich des türkischen Sultans, trotz des offiziellen Verbots, Freimaurer weiterhin heimlich. Sicherlich teilweise mit Duldung der Obrigkeit, solange die Freimaurer keine Muslime waren oder Muslime zu Freimaurern »bekehrten«. Und so konnte es geschehen, dass Cleanti Scalieris, ein wohlhabender griechischer Bankkaufmann aus Konstantinopel (heute Istanbul), 1863 in seiner Heimatstadt einer griechischsprachigen Freimaurerloge beitrat. Es war eine Loge, die auf Betreiben des »Großen Orients von Frankreich« gegründet worden war.

Er freundete sich dort mit – man staune – Midhat Pascha an, einem hochrangigen türkischen Beamten, der heimlich Führer der so genannten »Jung-Türken« war. Diese politische Bewegung arbeitete im Untergrund auf liberale Reformen und eine konstitutionelle Staatsform hin. Ihr Ziel war die Stärkung des außen- und innenpolitisch vielfach bedrohten Reiches durch systematische Modernisierung. Midhat Pascha war während eines England-Aufenthaltes heimlich Freimaurer geworden. Nach seiner Rückkehr in die Türkei wurde er zunächst Gouverneur der Donau-Region. Dort gewährte er absolute Religionsfreiheit. 1872 wurde er vorübergehend Großwesir, also Chef der türkischen Regierung.

Gemeinsam mit Scalieris war Midhat in der Lage, Einfluss auf den Kronprinzen Murad auszuüben. Dieser begeisterte sich für die progressiven Ideen der beiden und ließ sich 1872 in die griechischsprachige Loge von Konstantinopel als Freimaurer aufnehmen.

Vier Jahre später, als ein bulgarischer Aufstand gegen die Türkenherrschaft losbrach und Russland sich anschickte, zugunsten der Bulgaren einzugreifen, stürzte Midhat Pascha den Sultan und rief stattdessen den Kronprinzen zum Sultan Murad V. aus. Ein liberaler Freimaurer als türkischer Sultan – zu schön, um wahr zu bleiben. Innerhalb weniger Monate setzten sich konservative Gegenkräfte durch, verhafteten Murad und inthronisierten den Tyrannen Abd-Ul Hamid II. Der neue Sultan leistete ganze Arbeit: Er ließ den Großwesir Midhat ermorden. Murad erhielt »Hausarrest« in einem der Paläste. Scalieris unternahm zumindest einen Versuch, Prinz Murad zur Flucht zu verhelfen; doch vergeblich.

Die despotische Herrschaft des Sultans erregte soviel Widerstand, dass die »Jung-Türken« 1908 unter Führung von Enver Pascha und dem Freimaurer Talaat Bey, der später den Namen Mehmet Talaat Pascha annahm, eine erfolgreiche Militärrevolte gegen den Despoten starteten. Sie erzwangen die Wiederinkraftsetzung der seit 1878 suspendierten Verfassung von 1876, führten also eine konstitutionelle Monarchie ein. Doch erneut reagierten fundamentalistische Islamisten gegen jedwede Neuerung und zettelten in Istanbul einen Aufstand zugunsten des widerwillig mit den Jung-Türken kooperierenden Sultans an. Eine so genannte »Aktions-Armee« der Progressiven schlug diesen Aufstand indes nieder und setzte Sultan Abd-Ul Hamid II. endgültig ab.

Die »Aktions-Armee« war von Revolutionären aufgestellt worden, die zum Großteil auch türkische Freimaurer waren. Es bleibt aber bis heute unklar, ob alle Mitglieder der »Aktions-Armee« über die Zugehörigkeit ihrer Mitstreiter zu Freimaurerlogen Bescheid wussten. Allerdings waren alle fünf Abgeordneten, die als Komitee den Mut aufbrachten, vor den Sultan zu treten und ihm mitzuteilen, dass er abgesetzt sei, Freimaurer.[13]

Des Sultans Nachfolger wurde sein Bruder Mehmed V., der bis 1918 allerdings ein machtloses Werkzeug der jung-türkischen Regierung war. Bis heute haben radikale Islamisten den (türkischen) Freimaurern diese Absetzung nicht verziehen, denn der Sultan war gleichzeitig der Kalif der islamischen Welt sowie der Beschützer der heiligen Stätten in Mekka und Medina. Was immer damals in der Türkei passierte, hatte unmittelbare Auswirkung auf die arabische Welt. Hauptziel der heutigen terroristischen Islamisten ist ja die Wiedererrichtung eines Kalifats, allerdings nicht mehr unter türkischer Herrschaft.

Doch zurück ins frühe 20. Jahrhundert. Der Jung-Türke Mehmet Talaat Pascha stieg zu höchsten Ämtern auf. Als Freimaurer avancierte er zum Großmeister der nun aufblühenden Großloge der Türkei. Politisch nahm er das Amt des Großwesirs, also Premierministers bis 1917 wahr. In seine Zeit und in seine Verantwortung fällt das dunkelste Kapitel, das je mit einem Freimaurer verbunden war: der Völkermord an den christlichen Armeniern.

Zum Hintergrund: Zunächst versuchten die Jung-Türken die parlamentarisch-konstitutionelle Regierung im Osmanischen Reich einzuführen. Sie sahen die Mitbestimmungs- und Autonomiebestrebungen christlicher und nichttürkischer islamischer Minderheiten im Vielvölkerstaat der Osmanen vor, insbesondere der Armenier und Albaner. Dieser Demokratie-Versuch scheiterte jedoch an den konservativen Widerständen einflussreicher islamischer Theologen und am Offizierskorps. Außerdem fürchtete die Türkei zunehmend, dass christliche Mächte wie Österreich-Ungarn und Russland die christlichen Minderheiten im osmanischen Reich zu Aufstandsbewegungen anstacheln könnten. Nach schweren militärischen Niederlagen der Osmanen während des Ersten Weltkrieges warf die türkische Führung 1915 den Armeniern vor, den christlichen Kriegsgegner Russland zu unterstützen und dadurch Hochverrat am Osmanischen Reich zu begehen.

Die jung-türkische Führung unter Mehmet Talaat Pascha ordnete deshalb zwischen 1915 und 1917 und die Nachfolgeregierung noch einmal zwischen 1919 und 1921 eine »ethnische Säuberung« an. Es kam zu Massakern an den Armeniern. Nach Schätzungen, die weit auseinander liegen, kamen zwischen 600 000 und 1,5 Millionen Armenier ums Leben. Die Aufarbeitung dieses Genozids wird bis heute von der Türkei verweigert, was ein Hindernis für ihren Beitritt zur Europäischen Union darstellt. Sofern der Völkermord an den Armeniern von Türken nicht bestritten wird, wird er zumeist als gerechtfertigte Reaktion auf armenische »Übergriffe« oder als unvermeidliche Folge des Krieges dargestellt. In jüngster Zeit bestreiten vermehrt türkische Islamisten die Tat, genauso wie von ihnen und den arabischen sowie iranischen Islamisten die Shoah an den Juden geleugnet und als »Erfindung von Zionisten und Freimaurern« hingestellt wird.

Festzuhalten bleibt: Der Großmeister der Großloge der Türkei aus den Jahren 1915 bis 1917, Mehmet Talaat Pascha, war unmittelbar politisch verantwortlich für den Mord an Hunderttausenden von Armeniern. Zudem waren viele der regierenden Jung-Türken Freimaurer. Weder das unumstößliche Toleranzprinzip der Freimaurer, das stets in jedweder Loge und zu allen Jahrhunderten gelehrt wurde, noch ihr Demokratiestreben hat sie daran gehindert, solch ein Unrecht anzuordnen. Dieses Verbrechen gegen die Menschenrechte ist in der Freimaurergeschichte einzigartig. Da die Türkei im Ersten Weltkrieg zu den Verlierern zählte, musste Mehmet Talaat Pascha im Oktober 1918 als Großwesir zurücktreten. Im Jahr darauf ging er ins Exil nach Berlin. 1921 hat ihn dort ein armenischer Student aufgespürt und ermordet.

Aus all diesen innertürkischen Wirren ging eine neue Führerfigur hervor, Gazi Mustafa Kemal, dem 1934 vom Parlament der Titel »Atatürk« (Vater der Türken) verliehen wurde. Er war ebenfalls Freimaurer, initiiert in einer von Italienern gegründeten Loge in Mazedonien. Über seine Logen-Aktivität gibt es keine Aufzeichnung oder Berichte. Zu den Jung-Türken hatte er ein gespanntes Verhältnis, nicht zuletzt wegen ihrer Verantwortung für den Völkermord an den Armeniern. Diesen bezeichnete er bereits 1924 vor dem türkischen Parlament ausdrücklich als »eine Schandtat«.[14]

1881 im heutigen Thessaloniki als Sohn eines türkischen Offiziers geboren, beschritt Kemal Atatürk die Militärlaufbahn, diente 1911/12 im italienisch-türkischen Krieg und 1912/13 in den »Balkan-Kriegen«. Im Ersten Weltkrieg tat er sich 1915 als Verteidiger der Halbinsel Gallipoli gegen englische Truppen hervor, die die Dardanellen unter Kontrolle bringen wollten, und wurde 1916 zum General befördert. In der Bevölkerung erwarb er sich in diesen und den folgenden Jahren den Nimbus des »Retters der türkischen Nation« vor den Kolonialgelüsten Englands und Frankreichs sowie den gierigen Expansionstrieben Griechenlands, das glaubte, sich vom »kranken Mann am Bosporus« eine dicke Scheibe abschneiden zu können. Kemal Atatürk hat nach dem Ersten Weltkrieg auf den Trümmern des mehr als vierhundertjährigen osmanischen Riesenreiches fast Übermenschliches vollbracht: Er hat einen modernen Staat gegründet, der seither seine Zukunft in Europa sieht, nicht in Asien oder in Arabien.

Als Machtpolitiker von eigener Art, der die Modernisierung seines Landes nach westlichem Vorbild unermüdlich vorantrieb, schaffte er 1926 das islamische Recht (Sharia) ab und führte ein an europäisches Recht angelehntes Justizsystem ein, das zum Beispiel Frauen gleiche Rechte wie Männern zusicherte; 1928 stellte er die türkische Sprache von arabischer Schrift auf lateinische Buchstaben um; er schaffte das Sultanat und Kalifat ab, führte eine Säkularisation durch und reformierte in diesem Zuge die »religiöse Kleiderordnung« der Türkei: Der Fez des Mannes und der Schleier der Frau wurden offiziell abgeschafft (der Fez bleibt weiterhin in der geschichtlichen Mottenkiste, der Schleier ist gerade wieder im Kommen). Alles in allem leitete Atatürk so weit reichende gesellschaftliche Reformen ein wie kein anderer Staatsführer in Europa oder Vorderasien. Daher ist die personenkultartige Verehrung, die ihm in der Türkei bis heute entgegengebracht wird, trotz mancher Schattenseiten seines Wirkens durchaus begreif-

Atatürk (4. v. r.) ließ die türkische Sprache von der arabischen Schrift auf die lateinische umstellen

lich. Ihm ist es auch zu verdanken, dass sich die Türkei aus dem Zweiten Weltkrieg heraushalten konnte. Bereits im Oktober 1933, beim Festakt zum zehnjährigen Jubiläum der Republik Türkei, sah Atatürk einen möglichen neuen Krieg in Europa voraus und legte sein Land für diesen Fall auf einen Kurs der Neutralität fest.[15]

Dem amerikanischen General und Freimaurer Douglas MacArthur, der zur Manöverbeobachtung Anfang der dreißiger Jahre die Türkei aufsuchte, soll er folgende Prophezeiung mit auf den Weg gegeben haben, die allerdings erst 1951 veröffentlicht wurde: »Meiner Meinung nach wird das Schicksal Europas wie gestern auch morgen von der Haltung Deutschlands abhängig sein [...] Deutschland wird in kürzester Zeit eine Armee aufstellen können, die imstande sein wird, ganz Europa, mit Ausnahme von England und Russland, zu besetzen [...], der Krieg wird in den Jahren 1940/45 ausbrechen [...], Amerika wird in diesem Krieg genau wie im Ersten Weltkrieg nicht neutral bleiben können. Und Deutschland wird wegen des amerikanischen Kriegseintritts diesen Krieg verlieren.«[16]

Für viele Deutsche wurde die Neutralität der Türkei zum Glücksfall. Tausende Regimegegner fanden dort während des Nazi-Terrors eine sichere Zuflucht. Ein Kapitel, über das man heute nicht mehr spricht. Dabei haben viele Deutsche der Weitsicht Atatürks ihr Leben zu verdanken, auch wenn dieser bereits 1938 starb.

Hinsichtlich der Freimaurerei war Atatürks Wirken gegen Ende seines Lebens nicht mehr so segensreich. Er ließ sie Anfang der dreißiger Jahre verbieten, da er fürchtete, seine »Brüder« könnten eine Bedrohung für die junge nationalistische Republik sein, die ja ganz auf seine diktatorische Präsidentschaft zugeschnitten war. Und Atatürk wusste ja aus der früheren Erfahrung mit seinen Brüdern, wozu türkische Freimaurer fähig sein konnten.

Da weder über Atatürks Logentätigkeit noch über seine Einstellung zur Freimaurerei oder eventuelle Beziehungen zu anderen Freimaurern gesicherte Informationen vorliegen, sei auf Versuche, das widersprüchliche Handeln des türkischen »Gründervaters« zu erklären, an dieser Stelle verzichtet.

In den sechziger Jahren wurden in der Türkei die ersten Freimaurerlogen wieder offiziell zugelassen. Türkische Freimaurer zählen seither zu den progressiven Kräften der Bruderschaft mit einer beeindruckenden Diskussionskultur auf hohem Niveau. Ihre gelegentlich ausgeprägte Tendenz zum Individualismus – eine Gemeinsamkeit mit deutschen Freimaurern – führte 1965 zur Spaltung der Großloge der Türkei. Ein so genannter »Großer Tempel der Freien und Angenommenen Maurer der Türkei« entstand, dem heute die meisten türkischen Freimaurer angehören. 1991 etablierte sich sogar eine Frauenloge. Die 14 000 türkischen Freimaurer – genauso viele wie in Deutschland – stehen seit geraumer Zeit an vorderster Front gegen den aggressiven Islamismus (siehe S. 199 ff.) und müssen sich täglich gegen übelste Anfeindungen und sogar Todesdrohungen behaupten. Insbesondere die populistische Tageszeitung »Hurriyet« hetzt gegen Freimaurer und berichtet gerne darüber, dass diese in der türkischen Gesellschaft als »verdächtige Personen« angesehen werden, die ein »subversives Potential« hätten.[17]

Die Protokolle der »Weisen von Zion«

Russischer und katholischer Verfolgungswahn

Das katholische Frankreich des 18. und 19. Jahrhunderts sowie das zaristische Russland wurden zur Wiege der haarsträubendsten Verschwörungstheorien über Freimaurer. Der damals begründete Rufmord – im wahrsten Sinne des Wortes – dauert bis heute an. Er ist unausrottbar, weil es Menschen gibt, die gerne an »dunkle Machenschaften« glauben, selbst wenn das Gegenteil bewiesen ist. Der Gegenwartsautor John J. Robinson nennt die Freimaurer »die erfolgreichste Geheimgesellschaft in der Weltgeschichte«.[1] Was ist dran an diesen Gerüchten? Woher stammen sie?

Die Affäre Dreyfus

Freimaurer sind nachweislich erstmals im Jahr 1698 öffentlich angefeindet worden. Es war in England, wo sie in den Verdacht gerieten, sowohl gegen die Kirche als auch gegen den Staat zu agieren. Heute ist es unmöglich festzustellen, ob diese ersten Anschuldigungen einen Kern von Wahrheit beinhalteten. Fest steht, dass Freimaurer sich dazu entschlossen haben, wegen dieser Anschuldigungen jedem Neuaufgenommenen den Eid abzunehmen, loyal zu seinem Land und der Regierung zu stehen. Solch ein Eid ist erstmals aus Frankreich nachgewiesen. Dort lautete die Formulierung bereits 1776: »Ich schwöre, an keinerlei Verschwörung gegen den Staat teilzunehmen«.[2]

In Frankreich scheint so ein explizites Bekenntnis zum Staat besonders wichtig gewesen zu sein, denn unter dem Einfluss der allmächtigen katholischen Kirche begann dort gegen den Bund ein zweihundertjähriger Propagandakrieg mit allen erdenklichen Mitteln. Die diversen Bannflüche der Päpste im 18. Jahrhundert sind ja bereits zur Sprache gekommen. Konzentrieren wir uns nun auf die anti-freimaurerische Propaganda der kirchlichen Basis.

In seinem 1747 erschienenen Buch »Les Francs-Maçons Ecrasés« (Die zermalmten Freimaurer) beschuldigt ein Mönch mit dem Pseudonym Abbé Larudan die »Führungsspitze der Freimaurer«, dass sie die unteren Grade in Unwissenheit über ihre eigentlichen Absichten hielten, um diese damit besser manipulieren zu können.[3] Das klingt eher nach den Rosenkreuzern als nach Freimaurern; aber damals schon vermengte man gerne beides. Hauptsache es diente dem Zweck des Autors. Abbé Larudan klagte ferner eine imaginäre »Freimaurer-Führung« an, dass sie heimlich konspiriere, um »ein goldenes Zeitalter der radikalen Gleichheit aller Menschen« herbeizuführen – das war damals das Schlimmste, was man sich in Monarchien und dem Vatikan vorstellen konnte!

Anti-Freimaurer-Agitation war und ist meistens auch anti-semitisch. Die Gegner der Freimaurer glauben, Freimaurer und Juden seien im Grunde genommen eins. Häufig ist seit zweihundert Jahren folgendes Argument zu hören: Die Juden sind zu wenige, um selbst die Weltherrschaft an sich reißen zu können. Deshalb haben sie die Freimaurer unterwandert, um auch Nicht-Juden als »Agenten« – wie es heißt – für ihr Ziel gewinnen zu können. Eine sinngemäß ähnliche Argumentation verbreitete bezeichnenderweise ein Deutscher. Gemäß dem Erforscher des Streites zwischen dem Vatikan und den Freimaurern, Arthur Singer, hat 1778 der Aachener Dominikaner-Mönch Greinemann erklärt, dass »die Juden, die den Erlöser gekreuzigt haben, eigentlich alle Freimaurer sind«. Auch Pilatus und Herodes seien Leiter von Freimaurerlogen gewesen, so der Mönch.[4]

Diese Vorwürfe und Anschuldigungen verhinderten die Verbreitung der Bruderschaft jedoch keineswegs. Deshalb fühlte sich Papst Leo XIII. berufen, am 20. April 1884 erneut eine Enzyklika mit dem Titel »Humanum genus« (Die menschliche Rasse) gegen Freimaurer zu veröffentlichen: Sie wurde die schlimmste und skandalöseste Verbalattacke des Vatikan gegen Freimaurer. Der Papst bezeichnete in dieser Enzyklika »die menschliche Rasse« als in zwei entgegengesetzte und getrennte Gruppen eingeteilt und hob hervor:

»Neben dem Reich Gottes auf Erden, der wahren Kirche Christi, gibt es noch ein anderes Reich, das des Satans, unter dessen Herrschaft alle jene stehen, die dem ewigen göttlichen Gesetz den Gehorsam verweigern, die über Gott hinweggehen oder gegen ihn etwas unternehmen. […] In unseren Tagen scheinen alle diejenigen, die dieser zweiten Fahne folgen, miteinander verschworen zu sein zu einem überaus erbitterten Kampf unter der Leitung und Hilfe des Bundes der sogenannten Freimaurer. Ohne ihre Pläne zu verheimlichen, stacheln sie gegen die Majestät Gottes auf. Offen und unverhohlen arbeiten sie daran, die heilige Kirche zu vernichten, und zwar in der Absicht, die christlichen Völker aller jener Güter völlig zu berauben, die ihnen durch unseren Heiland Jesus Christus zuteil geworden sind.«

Und antisemitische Ansätze finden sich in der päpstlichen Verdammung ebenfalls. Auch wenn hier die Juden nicht explizit genannt sind, so schloss die Enzyklika sie doch mit ein. In Frankreich erschien zuvor und danach eine wahre Flut antisemitischer Traktate, in denen Juden und Freimaurer als die Sendboten des Leibhaftigen beschrieben wurden, die ihre »geheimen Riten« in der »Synagoge des Satans« vollzögen. Hier nur ein paar Beispiele. 1880 schrieb der französische Priester C. C. de Saint-André unter einem Pseudonym, dass »die Juden die Freimaurerei übernommen haben, denn die Juden haben einen natürlichen Instinkt für Dominanz«.[5]

Und im Jahr 1892 behauptete der französische Erzbischof Léon Meurin, dass »alles in der Freimaurerei von Grund auf jüdisch ist, ausschließlich jüdisch [...] von Kopf bis Fuß«.[6] Laut Daniel Pipes, einem ausgewiesenen Nahostexperten, der zudem seit 25 Jahren über weltweite Verschwörungstheorien forscht, wurde es im späten 19. Jahrhundert für französische Antisemiten geradezu zwingend, jedesmal auch Freimaurer anzugreifen und sie aller möglichen Verschwörungen zu beschuldigen.[7] Letztendlich führte diese Hetze zur Dreyfus-Affäre der Jahre 1894 bis 1906, in der eine jüdisch-freimaurerische Verbindung erfunden wurde. Auch dann noch, als die Unschuld Dreyfus' längst feststand.

Hauptmann Alfred Dreyfus hatte in den Augen französischer Patrioten einen dreifachen Nachteil: erstens war er im elsässischen Mülhausen geboren, das nach 1871 wieder zu Deutschland gehörte; zweitens war er Jude und drittens auch noch Freimaurer. Von seinen Offizierskameraden deshalb gehasst, hängten sie ihm mittels gefälschter Dokumente Landesverrat an. Er habe militärische Geheimnisse an Deutschland weitergegeben, lautete die Anklage. Und so wurde er verurteilt und zur besonders harten Haftverbüßung auf die berüchtigte »Teufels-Insel« nach Cayenne geschickt. Erst als der Schriftsteller Emile Zola 1898 mit seiner Veröffentlichung »J'accuse« (Ich klage an) an die Öffentlichkeit ging, wurde der Fall erneut aufgerollt. Die rechts-konservativen Patrioten bestanden darauf, dass Dreyfus schuldig war, auch als die Fälschung der Papiere, aufgrund deren er angeklagt war, feststand. Diese Kräfte wollten mit aller Macht verhindern, dass Schande über die französische Armee gebracht werde. Selbstredend hielt die Kirche damals stramm zur militärischen Führung, die sich weigerte, die Unschuld von Dreyfus anzuerkennen. Beide Interessensgruppen, Kirche und Militär, setzten vielmehr ein neues Gerücht in die Welt, nämlich dass die ganze Dreyfus-Affäre von linksgerichteten, jüdisch-freimaurerischen Weltverschwörern erfunden worden sei, um der französischen Armee zu schaden.

Bemerkenswert ist, wer sich damals in der französischen Linken für den armen Dreyfus prominent und nachhaltig einsetzte, nämlich Emile Zola, Victor Hugo, Georges Clemenceau, Ernest Renan und Anatole France – alle keine Freimaurer und keine Juden. Dennoch unterzeichneten 80 000 rechtsgerichtete Franzosen eine Petition für das Verbot der Freimaurerei.[8] Dreyfus wurde 1899 bei einer Revisionsverhandlung zu zehn Jahren Gefängnis verurteilt, aber großzügig begnadigt. Auf diese Weise hoffte die Militärjustiz sich aus dem Fall herausmanövrieren zu können, ohne zugeben zu müssen, dass sie sich geirrt hatte. Doch der Fall blieb in den Schlagzeilen, so dass Dreyfus 1906 endlich gänzlich freigesprochen und rehabilitiert werden musste, mit allen negativen Konsequenzen für die militärische Führung. Damit wurde Alfred Dreyfus zum berühmtesten Freimaurer Frankreichs. In allen Lexika dieser Welt, sogar in chinesischen, wird die Dreyfus-Affäre erklärt. Sie ist zu einem stehenden Begriff geworden. Außerdem führte sie in letzter Konsequenz dazu, dass von der französischen Regierung die von Napoleon begonnene Trennung von Staat und Kirche nunmehr rigoros durchgesetzt wurde. Die Kirche hatte sich zu tief auf der falschen Seite in diese Affäre verstrickt und kam nun zu Fall.

Zur gleichen Zeit – und dies ist wohl kein Zufall – flog ein weiterer Schwindel auf, der offenbarte, dass die katholische Kirche genau jenes tat, was sie versuchte, den Freimaurern anzuhängen, nämlich in verschwörerischer Absicht Einfluss auf die Politik eines Landes – in diesem Fall Frankreichs – zu nehmen. In der Psychologie spricht man von »Projektionsverhalten«: Der Ankläger projiziert sein eigenes Verhalten als Anschuldigung auf einen anderen, um von sich abzulenken. Mit dieser Taktik hat die Kirche tatsächlich bis heute nachhaltigen Imageschaden für Freimaurer bewirkt, auch wenn sie sich kurzfristig lächerlich machte. Die Rede ist von der »Luzifer-Verschwörung«.

Verfasser dieser Legende war der Franzose Gabriel Jogand-Pagès, besser bekannt unter seinem Pseudonym Léo Taxil. Obwohl – oder vielleicht gerade weil – er von Jesuiten erzogen worden war, zeigte er sich als Erwachsener bitter enttäuscht von jedweder Religion. Er wurde ein so genannter Freidenker und trat den Freimaurern bei. Dort jedoch reüssierte er nicht, denn Freimaurer sind nicht gottlos, und er ließ sich zudem etwas zuschulden kommen, weswegen er aus der Freimaurerei ausgeschlossen wurde. Der Ausschlussgrund blieb geheim. Verärgert und enttäuscht sann Taxil auf Rache. Er entschied sich für den literarischen Weg. Zunächst griff er die katholische Kirche an; dann beteuerte er seine Reue und wandte sich den Freimaurern zu. Als Hauptangriffsziel wählte er Albert Pike aus, den Leiter des Southern U.S. Scottish Rite und Verfasser des Lehrbuches für Freimaurer »Moral und Dogma«. Taxil gab vor, aus diesem Lehrbuch zu zitieren, verdrehte aber die Absicht des Autors bewusst, so dass als Ergebnis herauskam: Freimaurer würden auf Pikes Anregung hin Luzifer als ihren wahren Gott verehren, Luzifer sei Meister vom Stuhl einer bestimmten Freimaurer-Loge, und so weiter. Letztendlich behauptete Taxil, dass alles, was Freimaurer beabsichtigen, zur Weltherrschaft Satans führen sollte.

Die Idee für diese Verleumdung bekam Taxil bei der Lektüre Pikes, denn dort gibt es eine Stelle, in der es heißt: »*Lucifer, the son of the Morning! Is it he who bears the Light, and with its splendors intolerable blinds feeble, sensual, or selfish Souls? Doubt it not!*« (Luzifer, der Sohn des Morgens! Ist er es, der das Licht trägt, und mit seinem Glanz schwache, wollüstige oder selbstsüchtige Seelen unerträglich blendet? Zweifle nicht daran!)

Eigentlich ist das Zitat eindeutig. Pike warnt vor dem »Glanz Luzifers«, denn das Böse kommt selten in dunkler Gestalt, und er sagt: Zweifle nicht daran, dass Luzifer »schwache, wollüstige und egoistische« Menschen verblendet. Aber Taxil hatte es verstanden, im Stil eines späteren Karl-Eduard von Schnitzler das Zitat so zu verkürzen, dass es in seinem Sinne ausfiel, und er immer behaupten konnte, so hat es Pike aber geschrieben, nämlich als frohlockenden Ausruf: »Luzifer, der Sohn des Morgens! Ist er es, der das Licht trägt? Zweifle nicht daran!« Und er verwies rasch darauf, dass Freimaurer in ihrer Symbolsprache stets nach »dem Licht« streben (gemeint ist das

»Licht der Erkenntnis«). In ähnlicher Weise ging Taxil mit weiteren Stellen aus Pikes »Moral und Dogma« um. Das vermeintliche Luzifer-Zitat hingegen reichte schon aus, um ihm die Aufmerksamkeit der katholischen Kirche zu schenken.

Doch Taxil wütete weiter auf unterstem Niveau. Er veröffentlichte Bücher über sexuelle Ausschweifungen in den Logen, griff angebliche Beweise dafür auf, dass die blutigsten Untaten während der Französischen Revolution von Freimaurern begangen oder angeordnet worden waren, alles in jenem Stil, in dem heute noch Sensationsbücher geschrieben werden. Zunächst wird eine Annahme formuliert, wie: »Könnte es nicht sein, dass [...]«, um im nächsten Kapitel diese Annahme als Tatsache zu benutzen, auf der weitere Annahmen fußen, und so weiter.

Taxils Schmierenbücher wurden Bestseller, in viele Sprachen übersetzt, und sind bis heute in rechtsradikalen Kreisen sowie in arabischen Ländern weit verbreitet. Papst Leo XIII. war dermaßen von Taxils Veröffentlichungen begeistert, dass er ihm 1887 eine Privataudienz gewährte. Vom Bischof von Grenoble, Monsignore Aramand Joseph Fava, ist ein Brief an Taxil vom 3. August 1891 bekannt, in dem er ihm zu »seinen Diensten für die Kirche« beglückwünscht. Außerdem verstieg sich der Bischof in dem Schreiben zu Verleumdungen über die Freimaurer. Er beklagte: Freimaurer lehren, »dass die Heilige Jungfrau ihren Namen nicht verdient, dass Jesus Christus nicht der Menschensohn Gottes ist. [...] Satan ist dort. Er präsidiert über ihre entweihenden Orgien, während er sich darüber freut, wie das Bild des lebendigen Gottes in den Schmutz gezogen wird«.[9]

Der Anfang vom Ende seiner finanziell äußerst einträglichen Anfeindung der Freimaurer kam für Taxil im Jahr 1895, als er das Buch »Memoiren einer Ex-Pallandistin« von der Autorin »Miss Diana Vaughan« veröffentlichte. In diesen Memoiren »enthüllt« Miss Vaughan, dass Albert Pike eine Geheimorganisation namens »Palladium« gegründet habe, und dass sie einer seiner Geheimagenten gewesen sei, aber dieser Organisation nun abgeschworen habe. Auch sie wiederholte die altbekannten Anschuldigungen: dass Freimaurer satanische Riten ausübten und, nachdem Pike gestorben war, sein Nachfolger als Führer des »Palladium« nun Adriano Lemmi sei, der damalige Großmeister der Großloge Italiens, mit Sitz in unmittelbarer Nähe des Vatikans. Dieses Buch schlug ein wie eine Bombe, auch weil es damals schon vorhandene anti-amerikanische Vorurteile in der französischen Öffentlichkeit bediente.[10] Nicht umsonst wurde ständig der Amerikaner Pike als Drahtzieher herangezogen. Und Miss Vaughan war »selbstverständlich« als Geheimagentin für die Amerikaner in Frankreich tätig. Ergebnis dieses Publikationserfolges war, dass im September 1896 das katholische Kaiserreich Österreich-Ungarn zu einem Anti-Freimaurer-Kongress nach Triest einlud. Unter den sage und schreibe siebenhundert Delegierten befanden sich 36 Bischöfe. Der Kongress brachte erwartungsgemäß die üblichen Angriffe gegen Freimaurer vor, allerdings gab es auch einige Delegierte, die sich skeptisch über die Memoiren von Miss Vaughan äußerten. Sie baten den anwesenden Star Taxil, Miss Vaughan dem Kongress vorzustellen. Man wolle aus ihrem eigenen Munde die Ungeheuerlichkeiten über Freimaurer erfahren. Zur Überraschung der Teilnehmer (oder hatten sie schon einen Verdacht?), begann Taxil sich zu winden. Er brachte vor, es sei unmöglich für Miss Vaughan in persona zu erscheinen, da sie fürchte, von Freimaurern ermordet zu werden. Doch der Druck auf Taxil, Miss Vaughan herbeizuholen, nahm weiter zu. Da er sich selbst durch lautstarke Delegierte bedroht fühlte, willigte er schließlich ein, Miss Vaughan einem kleinen Kreis vorzustellen, und zwar in der Pariser Erdkundegesellschaft. Als Datum nannte er den 19. April 1897. Damit hoffte er, Zeit zu gewinnen.

Am besagten Tag dann trat Taxil tatsächlich vor eine spannungsgeladene Zuhörerschaft und sagte: Diana Vaughan sei lediglich der Name seiner Sekretärin; sie habe nie irgendetwas mit Freimaurern zu tun gehabt. Taxil gab vor einer völlig entgeisterten Fangemeinde freimütig zu, dass er eine ganze Reihe Veröffentlichungen frei erfunden hatte, darunter die angeblichen Memoiren. »Den Palladium gibt es nicht mehr. Ich habe ihn geschaffen und ich habe ihn zerstört. Ihr habt nichts mehr von dunklen Einflüssen zu fürchten«, sagte er. Ein Ausbruch der Entrüstung folgte, so dass Taxil unter Polizeischutz das Gebäude verlassen musste. Er reiste umgehend aus Paris ab und starb 1907 zurückgezogen in Sceaux.

Doch statt eines Gerichtsverfahrens wegen Betrugs und Rufmords blieb in der Öffentlichkeit »etwas« von Taxils Erfindungen hängen. Zumal alsbald ein neuer, noch üblerer »Beweis« für die dunklen Machenschaften der Freimaurer auftauchte, der das Bedürfnis konservativer und kirchlicher Kreise nach Anti-Freimaurer-Propaganda endlich befriedigte: die »Protokolle der Weisen von Zion«.

Um es gleich vorweg zu sagen: hierbei handelt es sich – in der Wissenschaft weltweit unstrittig – um eine reine Erfindung. Bis vor kurzem war es gängige Meinung, dass die zaristische Geheimpolizei »Ochrana« Urheber der so genannten »Protokolle« war. Der deutsche Forscher Michael Hagemeister hatte im Jahr 2001 Zweifel an der Autorenschaft der »Ochrana« erhoben[11]. Dennoch kommt ein anderer Historiker anhand textkritischer Analyse zu dem Schluss, dass zumindest an einer russischen Autorenschaft kein Zweifel besteht.[12]

Fest steht ebenso: Im Jahr 1903 erschien in St. Petersburg unter dem Titel »Protokolle der Treffen der Welt-Union von Freimaurern und den Älteren von Zion« die erste Ausgabe dieser »Festschrift« für Antisemiten und Freimaurer-Gegner, die seither vielen leichtgläubigen Lesern das Grauen über die vermeintlichen dunklen Machenschaften des Judäo-Maurerischen Bundes gelehrt hat. Der Zar glaubte offenbar fest daran, wie aus einem Tagebucheintrag der Zarin aus dem Jahr 1918 zu erfahren ist. Dort steht, »der Zar las uns die Protokolle der Freimaurer vor«.[13]

Die »Protokolle der Weisen von Zion«, wie der Titel auf Deutsch heißt, geben vor, den Inhalt von 24 Treffen in Basel – in anderen Versionen sind es 27 – wiederzugeben. Dort in der Schweiz, am Rande des ersten Zionistenkongresses von 1897, sollen sich Juden und Freimaurer zusammengetan haben, um einen Plan »auszuhecken«, wie man das christliche Abendland zerstören und eine Weltherrschaft unter gemeinsamer Regierung erreichen könne.

Es dauerte eine ganze Weile, bis man herausfand, dass es sich bei den »Protokollen« um Fälschungen handelte. Erst durch die Veröffentlichung des Engländers Philip Grave in der Londoner »Times« im Jahr 1921 wurden einige Zusammenhänge entschleiert.[14] Grave, damals Times-Korrespondent in Konstantinopel (heute Istanbul), war in der Lage, die verblüffende Ähnlichkeit einer Reihe von Stellen aus den »Protokollen« mit einer französischen Satire auf Napoleon III. aus dem Jahr 1864 nachzuweisen. Die damalige Veröffentlichung mit dem Titel »Dialog in der Hölle zwischen Machiavelli und Montesquieu« war von dem Rechtsanwalt Maurice Joly anonym verfasst und in Brüssel veröffentlicht worden. Die Anonymität der Schmähschrift gegen den französischen Kaiser hinderte die Behörden nicht, den Autor Joly letztendlich ausfindig zu machen und zu fünfzehn Monaten

Haft zu verurteilen. Joly hatte nicht beabsichtigt, eine geheime Schrift zu verfassen. Im Gegenteil, es sollte eine Satire für die breite Öffentlichkeit auf den eitlen, arroganten Napoleon III. sein. Joly hatte offenbar verstanden, wie moderne Massenmanipulation funktioniert. Und er sah in Napoleon III. einen Meister dieser Meinungsmanipulation des Volkes. In seiner Satire kennzeichnet er ihn als Verschwörungskünstler, als Usurpator, seit nahezu zwanzig Jahren den Kaiserthron Frankreichs besetztend, mal die Karte des Nationalisten, mal die des Sozialisten, des Demokraten oder des Tyrannen ziehend. Auch die Rolle des Pazifisten oder die des kühnen Eroberers verstand nach Jolys Meinung sein Kaiser meisterlich zu spielen.[15] All diese Verweise auf Napoleon finden wörtlich in den »Protokollen« wieder, allerdings Juden und Freimaurern in den Mund gelegt.

Doch nicht nur die »Times« unternahm Nachforschungen. Auch der russische Historiker Vladimir Burtsev konnte weitere Enthüllungen über Ursprünge der »Protokolle« präsentieren. Er ist es letztlich, auf den die Annahme zurückgeht, dass die russische Geheimpolizei als Verfasser der »Protokolle« in Frage kommen könnte. Vor allem aber verwies Burtsev zu Recht darauf, dass neben Jolys Satire auch ein phantasievoller Roman des Deutschen Hermann Gödsche als Vorlage gedient hatte.

Gödsches Buch »Biarritz« aus dem Jahr 1868 basierte wiederum auf Jolys Buch. Unter dem Pseudonym Sir John Retcliff jr. geht er in seinem Roman einen Schritt weiter und erklärt, dass alles Böse von den Juden komme. Das Buch enthält ein Kapitel mit dem Titel »Der jüdische Friedhof in Prag und der Rat der Vertreter der Zwölf Stämme Israels«. Darin beschreibt Gödsche ein Treffen zwischen dem Teufel und zwölf Rabbinern als den obersten Vertretern des »Weltjudentums«, die einmal alle hundert Jahre an besagtem Ort zusammenkommen. Dieses Kapitel wurde von dem anonymen russischen Verfasser nahezu wörtlich als eine angeblich in Basel gehaltene »Rede des Rabbis« in seine Protokolle aufgenommen.[16] Andere Teile des Buches bedienen die typischen Vorurteile gegen Juden: Sie tanzten teuflische Reigen, verwünschten Christen, stellten Gold her und herrschten mittels ihrer mächtigen Banken (eine Anspielung auf das Haus Rothschild) über die ganze Welt, indem sie Prinzen und Könige kauften. Die gesamte Liste der »Argumente« Gödsches wurde übernommen, die Freimaurer noch hinzugefügt und das Ganze in den »Protokollen« als Fakten verbreitet.[17]

Der bisherige Höhepunkt an Aufmerksamkeit für die gefälschten »Protokolle der Weisen von Zion« wurde in den dreißiger Jahren in Deutschland erreicht. Der »Krieg«, den die Nazis gegen Juden führten, war nicht nur auf deren physische Vernichtung abgestellt. Die Nazis wussten, dass sie nicht die ganze Welt beherrschen konnten, um so aller Juden habhaft zu werden. Deshalb versuchten sie, propagandistisch den Rest der Welt davon zu überzeugen, dass die Ursache allen Übels bei den Juden läge, in der Hoffnung, dass auch andere Staaten die Juden verfolgen und vernichten würden. Die Freimaurer waren für die Nazis in diesem Zusammenhang nur Randfiguren, die man in einem »Aufwasch« mit erledigen wollte.

Die Hauptquelle, aus der die Auslands-Nazi-Propaganda ihre »Beweise« gegen Juden schöpfte, waren die »Protokolle der Weisen von Zion«, da diese in allen Weltsprachen als Veröffentlichungen bereits vorlagen, und man nur darauf Bezug zu nehmen brauchte.

Die »Protokolle« waren in Deutschland relativ spät, erst im Jahr 1918, bekannt geworden. Einer, der sie in Deutschland verbreitete, war Alfred Rosenberg, ein Este deutscher Herkunft, der auf die »Protokolle« während seines Studiums in Moskau gestoßen war. Laut Rosenberg hatte seine »Begegnung« mit den »Protokollen« etwas Unheimliches an sich. Ein Fremder habe das Studierzimmer betreten, das Buch auf den Tisch gelegt und sich still wieder zurückgezogen, so Rosenberg.[18]

Ob Wahrheit oder Dichtung, fest steht, der Student mit dem jüdischen Namen Rosenberg hielt die »Protokolle« für echt und wurde zum glühenden Antisemiten. Nach Deutschland übergesiedelt, trat er der »Thule-Gesellschaft« bei, einem Vorläufer der Nationalsozialisten mit mystischen Tendenzen. Dort trug er des Öfteren über die »Protokolle« vor und schloss sich alsbald Hitlers rechtsradikaler Bewegung an. Rosenberg war an der Seite Hitlers, als dieser 1923 in München einen Putschversuch unternahm. Zu dieser Zeit bereits waren die »Protokolle« in das zentrale Denken und Handeln der Nazis eingegangen. Die »Protokolle« dienten als eine Grundlage für Hitlers »Mein Kampf« und Rosenbergs Buch »Der Mythos des Zwanzigsten Jahrhunderts«.

In »Mein Kampf« beschreibt Hitler die Wichtigkeit der »Protokolle der Weisen von Zion« für sein Denken und warum er sie für echt hielt. Im elften Kapitel »Volk und Rasse« steht über Juden folgendes: »Wie sehr das ganze Dasein dieses Volkes auf einer fortlaufenden

Lüge beruht, wird in unvergleichlicher Art in den von den Juden so unendlich gehaßten ‚Protokollen der Weisen von Zion' gezeigt. Sie sollen auf einer Fälschung beruhen, stöhnt immer wieder die ‚Frankfurter Zeitung' in die Welt hinaus; der beste Beweis dafür, daß sie echt sind. Was viele Juden unbewußt tun mögen, ist hier bewußt klargelegt. Darauf aber kommt es an. Es ist ganz gleich, aus wessen Judenkopf diese Enthüllungen stammen, maßgebend ist, daß sie mit geradezu grauenerregender Sicherheit das Wesen und die Tätigkeit des Judenvolkes aufdecken und in ihren inneren Zusammenhängen sowie den letzten Schlußzielen darlegen.«[19]

Diese Fälschung über eine angebliche Verschwörung von Juden und Freimaurern – mit dem Schwerpunkt auf Juden –, um eine imaginäre Weltherrschaft zu erreichen, geistert nach wie vor um die Welt, seit geraumer Zeit in zunehmenden Maße in arabischen Ländern, wie ab Seite 199 in diesem Buch dargestellt werden wird.

Vergissmeinnicht

Verfolgt von Mussolini, Hitler und Franco

»Wenn ich je glaubte, daß die Freimaurerei bestimmte Leute abschickt, um andere zu verderben, so glaube ich in diesem Falle, daß sie [Mathilde Ludendorff] geschickt worden ist, den General Ludendorff zu verderben!»

Heinrich Himmler, Reichsführer SS

Der Untergang der Freimaurer im 20. Jahrhundert in Europa begann mit einem heute kaum mehr bekannten Klein-Diktator: Miklós Horthy, dem ersten Staatspräsidenten Ungarns.

Nach dem Sturz der Habsburger am Ende des Ersten Weltkrieges etablierte sich zunächst eine kommunistische Räteregierung in Ungarn, gegen die Horthy 1919 als Kriegsminister einer reaktionären Gegenregierung den Kampf aufnahm. Nach dem raschen Sieg über die Kommunisten zog er an der Spitze seiner national-konservativen Truppen am 16. November 1919 in Budapest ein. In Ermangelung eines Königs wählte die ungarische Nationalversammlung Horthy am 1. März 1920 zum so genannten Reichsverweser. De facto regierte er bis zur erzwungenen Abdankung 1944 wie ein faschistischer Diktator. Während des Zweiten Weltkrieges war er Verbündeter Hitlers und Mussolinis. Sein Aufstieg zur Macht markierte gleichfalls das Ende der Freimaurer in Ungarn.

Unmittelbar nach Horthys Amtsantritt 1920 stürmten ungarische Offiziere die Logenhäuser und plünderten beziehungsweise zerstörten sie. Die Logenhäuser wurden enteignet und absurderweise für Ausstellungen über Freimaurerei genutzt, bei denen es jedoch stets darum ging, die ungarischen Freimaurer entweder lächerlich zu machen oder sie als Dunkelmänner darzustellen. Horthy versäumte es zudem nicht 1920 ein Gesetz zu erlassen, das die Freimaurerei in Ungarn offiziell verbot.

Als nächstes folgte Italien. Das Land fühlte sich betrogen. Der Erste Weltkrieg war vorbei und man glaubte sich selbst auf der Seite der Sieger. Aber in den Versailler Verhandlungen von 1919 hielten sich Frankreich und England nicht an die ursprünglich gegebenen Zusagen und die neue politische Kraft der Faschisten schürte nun diese Enttäuschung mit dem Slogan vom »Vittoria mutilata« (Verstümmelten Sieg). Im Ersten Weltkrieg schwer verwundet, wurde Benito Mussolini im März 1919 in Mailand einer der Gründer der »Fasci di Combattimento« (Kampfbünde), die eine starke Regierung und die Revision der Versailler Verträge zugunsten Italiens forderten. Als Führer der faschistischen Bewegung und der Diktatur trug Mussolini später den Titel »Duce«.

Während der sich zuspitzenden wirtschaftlichen, sozialen und politischen Krise nach dem Ersten Weltkrieg ging Mussolini mit seinen faschistischen Milizen, den Squadristen, in Straßenkämpfen, vor allem aber in so genannten »Strafexpeditionen« und mit Fabrikbesetzungen gegen Gewerkschaften, Sozialisten und gemäßigte Parteien vor. Die Regierung ließ aus Furcht vor einer Revolution wie in Russland die »Fasci« gewähren. Ihre Mitgliederzahl stieg von 20 000 im Jahr 1920 auf nahezu 200 000 im Jahr 1921. Kein Wunder, dass die Faschisten unter Mussolinis Führung 1921 mit 34 Abgeordneten in das italienische Parlament einzogen. Aufgrund dieser von den Faschisten verursachten oder geschürten Unruhen traten in kurzer Folge mehrere Regierungen zurück.

Daraufhin organisierte Mussolini 1922 mit 26 000 Anhängern einen »Sternmarsch« – der von den Faschisten pathetisch auch »Marcia su Roma« (Marsch auf Rom) genannt wird. Wohl aus Angst um seinen Thron weigerte sich König Viktor Emanuel III., dem Ansturm geeignet entgegenzutreten, und ernannte Mussolini kurzerhand zum Ministerpräsidenten. In der Folge zogen die Oppositionsparteien, deren Einfluss bereits im Juli 1923 durch ein neues Wahlgesetz eingeschränkt worden war, demonstrativ aus dem Parlament aus.

Zu jener Zeit gab es in Italien zwei Großlogen. Am 13. Februar 1923 wurden sie von der Forderung der Partei Mussolinis vollkommen überrascht: »Da die letzten politischen Ereignisse sowie die Haltung und gewisse Beschlüsse der Freimaurerei begründeten Anlass zur Annahme geben, dass die Freimaurerei Programme verfolgt und

Methoden anwendet, die im Widerspruch zu denen stehen, die die ganze Tätigkeit des Faschismus inspirieren, fordert der [Große Faschistische] Rat diejenigen Faschisten, die Freimaurer sind, auf, zwischen der Zugehörigkeit zur nationalen Faschistenpartei und der Freimaurerei zu wählen.«[1]

Diese Stellungnahme verärgerte nicht nur viele italienische Freimaurer, sie verstanden außerdem den Hintergrund der Forderung nicht, zumal offenbar eine erhebliche Zahl von ihnen am »Marsch auf Rom« teilgenommen hatte. Irritiert versandte die Großloge ein Schreiben an ihre Mitglieder, in dem sie für jeden Bruder Verständnis ausdrückte, der unter diesen Umständen die Freimaurerei verlassen wolle, da solch ein Schritt in Übereinklang stünde mit der Vaterlandsliebe, die in allen Freimaurerlogen ja betont wird. Doch derart vor die Wahl gestellt, geschah das Gegenteil von dem, was die Faschisten (und vielleicht auch die Großlogen) erwartet hatten. Die Mehrheit der Freimaurer, die bislang mit Mussolini geliebäugelt hatte, kehrte dem Faschismus den Rücken und blieb standhaft ihren Logen treu. Prominentestes Beispiel war der aus dem Weltkrieg bekannte General Luigi Capello, damals ein namhafter Faschist, der zudem Vize-Großmeister des »Groß-Orients von Italien« war. Er entschied sich für die Freimaurerei.

Als nächsten Schritt glaubten die italienischen Freimaurer sich verteidigen und ihren Patriotismus beweisen zu müssen. Sie veröffentlichten ein »Graubuch« – wie sie es nannten. Darin erläuterten sie, warum Freimaurer dem Aufruf Mussolinis zum »Marsch auf Rom« gefolgt waren; weil sie nämlich dem »Duce« geglaubt hatten, damit Anarchie und Chaos im Lande verhindern zu helfen. Allerdings wünschten sie sich nunmehr nicht, dass die von ihnen solcherart unterstützten Faschisten eine Diktatur errichteten und die Freimaurer verbieten würden.[2]

Die Faschisten reagierten auf das Graubuch mit Übergriffen ihrer »Schwarzhemden« auf Logen, und das Verbot der Zugehörigkeit zu den Freimaurern wurde erneut bekräftigt. Daraufhin appellierte Großmeister Comizio Torrigiani in naiver Wiese direkt an Mussolini und beschwerte sich über die Gewalt gegen Freimaurer, so als ob der »Duce« von alledem nichts wüsste. Als indirekte Antwort bekam er im August 1924 eine Erklärung, dass alle aufrichtigen Faschisten die Namen jener Freimaurer zu veröffentlichten hätten, die nicht loyal zur Mussolini-Regierung standen, eine Aufforderung zur Denunziation also. Prominentestes Opfer der Verfolgung wurde Capello. Mussolini bestrafte seinen abtrünnigen Gefolgsmann damit, dass er ihm einen angeblichen Attentatsversuch auf sich andichtete und ihn zu dreißig Jahren Haft verurteilen ließ. Luigi Capello starb in Haft 1941.

Bezug nehmend auf den Fall Capello relativierte Mussolini im Jahr 1925 in einem Interview seine ablehnende Haltung gegenüber Freimaurern insofern, als er einschränkte: In England, Amerika und Deutschland sei die Freimaurerei eine auf Wohltätigkeit und Philanthropie ausgerichtete Organisation, während die Freimaurer in Italien eine politische Organisation seien, die sich zudem dem »Groß-Orient von Frankreich« unterworfen hätten. Mussolini unterstellte den italienischen Freimaurern, »Agenten« für die Interessen Frankreichs und Englands zu sein.[3]

Solcherart Vorwürfe blieben nun doch nicht ohne Widerhall in den Bruder-Reihen. Etliche Logen mussten mangels Erscheinens ihrer Mitglieder die Tätigkeit einstellen, während die Freimaurerspitze immer wieder gegen anhaltende Gewalttätigkeiten des Regimes bei Mussolini protestierte. Als alles nichts fruchtete, fasste der Großmeister des »Groß-Orients«, Comizio Torrigiani, den Mut, für die Freiheit aufzustehen. In einem offenen Brief an Mussolini erklärte er, Faschismus bedeute »einen geistigen und moralischen Rückschritt«[4].

Daraufhin kam es in der Nacht vom 3. auf den 4. Oktober 1925 in Florenz zu schweren Ausschreitungen gegen Freimaurer. Es floss Blut, Logenhäuser gingen in Flammen auf, viele Freimaurer wurden erschlagen. Die italienischen Freimaurer nennen diesen Angriff die »Blutnacht von Florenz«. Danach untersagte Mussolini die Freimaurerei gänzlich, so wie er ein Jahr später im Parlament alle Oppositionsparteien verbot.

Die faschistische Diktatur hatte alle innenpolitischen Gegner endgültig ausgeschaltet. Hitler frohlockte während der Niederschrift seines Buches »Mein Kampf« im Gefängnis: »Das Verbot der freimaurerischen Geheimgesellschaften, die Verfolgung der übernationalen Presse sowie der dauernde Abbruch des internationalen Marxismus und umgekehrt die stete Festigung der faschistischen Staatsauffassung werden im Laufe der Jahre die italienische Regierung immer mehr den Interessen des italienischen Volkes dienen lassen können, ohne Rücksicht auf das Gezische der jüdischen Welthydra.«[5]

Währenddessen gingen in Italien die Übergriffe gegen Freimaurer in ihre Endphase. Die Häuser prominenter Freimaurer wurden von den »Schwarzhemden« überfallen und geplündert, Freimaurer wurde abgeurteilt oder einfach ermordet. Im Januar 1926 wurde das Logenhaus des italienischen »Groß-Orients« in Rom enteignet. Die Inneneinrichtung war zuvor schon vom faschistischen Mob geplündert worden. Comizio Torrigiani wurde ebenso wie hunderte anderer italienischer Freimaurer auf die Liparischen Inseln verbannt, wo er alsbald an den Folgen der Haft starb.

In Deutschland zur »Selbstauflösung« gezwungen

Das italienische Beispiel hätte den deutschen Freimaurern zehn Jahre vor ihrem eigenen Untergang eine Warnung sein können, was ihnen vom Faschismus drohte. Stattdessen bewiesen sie keinerlei Solidarität mit ihren verfolgten italienischen Brüdern, schotteten sich im Gegenteil sogar immer mehr gegenüber dem Ausland ab, »deutschtümelten« so lange, bis es für ihre eigene Rettung zu spät war. In einem »Volks-Brockhaus« aus dem Jahre 1941 steht über Freimaurer: »Als Träger volkszerstörender Gedankengänge und auf Grund zahlreicher volks-, landes- und hochverräterischer Vorkommnisse im Bereich der Freimaurerei wurden sämtliche Logen im Deutschen Reich durch den Nationalsozialismus aufgelöst.«

Vorausgegangen waren die vielen »Legenden« um den verlorenen Ersten Weltkrieg. Schuldige mussten her. Die deutschen Generäle selbstverständlich gaben sich völlig unschuldig. Zwei Gruppen wurden in der Weimarer Republik rasch bevorzugte Objekte rechtsextremer Agitation: Juden und Freimaurer. Die »jüdisch-freimaurerische Weltverschwörung«, mit der Alfred Rosenberg über Land zog, wurde nur allzu gerne geglaubt, da sie so eingängig klang. Nicht ein serbischer Extremist hatte den Nazis zufolge den Ersten Weltkrieg ausgelöst, sondern Juden und Freimaurer. Sie hatten natürlich auch die Russische Revolution herbeigeführt. Daher seien Kapitalismus und Kommunismus nur scheinbare Gegensätze, in Wahrheit handele es sich um ein und dieselbe Zangenbewegung, mit der das internationale Judentum und seine »freimaurerischen Agenten« nach der Weltherrschaft strebten.[6]

Rosenbergs Kommentierung der »Protokolle der Weisen von Zion« wurde bereits 1923 ein publizistischer Erfolg. Nicht nur Hitler berief sich darauf, auch Julius Streicher, der Herausgeber der

Nazi-Zeitung »Stürmer«, pries diese als Wahrheit an. Vor allem aber der ehemalige Chef der Obersten Heeresleitung, General Erich Ludendorff, fand in der jüdisch-freimaurerischen Verschwörungslegende eine Möglichkeit, von seinen eigenen Untaten und Fehlern im Ersten Weltkrieg abzulenken. Er war es, der maßgeblich und erfolgreich die »Dolchstoßlegende« propagierte, die besagt: Das Deutsche Reich hätte siegreich sein können, wären nicht »überstaatliche Mächte« dem »heldenhaften Kampfe des deutschen Volkes« hinterlistig in den Rücken gefallen.

Ludendorff ereiferte sich in zahlreichen, eigentlich von seiner Frau Mathilde verfassten Schriften über »geheime überstaatliche Mächte«, die aus Juden, Bolschewisten und Freimaurern bestünden und ein »internationales Netzwerk« zwecks Machterlangung und Machterhaltung bildeten. Bis 1933 unterhielt das Ehepaar Ludendorff enge Beziehungen zu Hitler. Danach war dem »Führer« die esoterisch-transzendente Richtung der beiden zu wirr. Der Hass Ludendorffs auf die Freimaurer hatte vermutlich eine biographische Ursache. 1923 besuchte er die Münchner Freimaurerloge »Empor« und bat um Aufnahme. Dieses Gesuch wurde abgelehnt. Die Eitelkeit des Generals, mehr aber noch die seiner Frau, war zutiefst gekränkt. Die Propaganda der Dolchstoßlegende wurde gleich zu Beginn von der nationalsozialistischen Bewegung übernommen. Hitler und andere Nazis schöpften gerne aus Ludendorffs antifreimaurerischer und antisemitischer Literatur. Freimaurer wurden nun grundsätzlich als »Internationalisten, Volksverhetzer, Vaterlandsverräter, Pazifisten und Kapitalisten« angeprangert. Zur Stärkung seines politischen Einflusses versuche »der Jude«, so Hitler in »Mein Kampf«, »die rassischen und staatsbürgerlichen Schranken einzureißen[. Er] hat in der ihm vollständig verfallenen Freimaurerei ein vorzügliches Instrument zur Verfechtung wie aber auch zur Durchschiebung [sic] seiner Ziele. Die Kreise der Regierenden sowie die höheren Schichten des politischen und wirtschaftlichen Bürgertums gelangen durch maurerische Fäden in seine Schlingen, ohne daß sie es auch nur zu ahnen brauchen.«[7]

Dabei stammten die etwa 74 000 deutschen Freimaurer damals in erster Linie aus dem gut situierten Bürgertum. In den Jahren nach dem Ersten Weltkrieg erhielten die Freimaurerlogen einen starken Zuwachs. Der Weltkrieg hatte viele »Suchende« hervorgebracht, Suchende nach dem Sinn des Lebens. In den Jahren 1924/25 vereinte die »Große National-Mutterloge Zu den Drei Weltkugeln« beispielsweise insgesamt 22 896 Freimaurer, fast ein Drittel aller deutschen Freimaurer. Diese kamen hauptsächlich aus dem Mittelstand, aus dem Beamtentum oder waren Soldaten. Außerdem konzentrierten sich die deutschen Freimaurer viel stärker als in anderen Ländern auf sich; die wenigsten pflegten Kontakte ins Ausland oder dachten »internationalistisch«. Aus dieser Zusammensetzung ergab sich eine politische Haltung, die man national-liberal nennen könnte. Allerdings entwickelten im Zuge der Deutschtümelei der Brüder sowie später unter dem Eindruck der Nazi-Hetze der zwanziger Jahre eine Reihe deutscher Freimaurer eine andere Haltung. »Ihnen bot sich als geistige Heimat der 1906 gegründete Nürnberger ›Freimaurerbund zur aufgehenden Sonne‹, der als einzige freimaurerische Körperschaft in Deutschland der von den regulären Großlogen verfolgten Linie des Nationalismus die Gefolgschaft verweigert hatte.«[8]

Im Gegenteil. Dieser deutsche Freimaurerbund hatte nach Ende des Ersten Weltkriegs einen erklärt pazifistischen Kurs eingeschlagen und sich um eine Aussöhnung mit den Logen der ehemaligen Feindstaaten bemüht. Später folgten weitere Freimaurer, die sich mit dem nationalkonservativen Mainstream nicht länger einverstanden erklärten. Sie gründete relativ spät, im Jahre 1930, die »Symbolische Großloge von Deutschland«. Diese bot jenen deutschen Freimaurern eine Heimstatt, die noch in der Lage waren, über den deutschen Tellerrand hinauszublicken.

Insgesamt gab es damals neun deutsche Großlogen. Die größten davon waren die »National-Mutterloge Zu den Drei Weltkugeln«, die »Nationale Großloge der Freimaurer von Deutschland« und die alt-preußische »Großloge Royal York zur Freundschaft«.

Nach der Machtergreifung Hitlers im Januar 1933 gingen die Nazis nicht so plump gegen Freimaurer vor wie ein Jahrzehnt zuvor die Faschisten in Italien, was von den deutschen Freimaurern indes völlig missverstanden wurde. Diese glaubten nämlich, wenn sie sich nur deutlich genug als loyale Bürger und gegebenenfalls auch als überzeugte Nationalsozialisten darstellen könnten, würde das »Missverständnis« über die Freimaurerei auszuräumen sein. In dieser Überzeugung schickte zum Beispiel die sächsische Großloge am 21. März 1933, dem »Tag von Potsdam«, folgendes gleichlautendes Telegramm an Hitler, Reichspräsident Hindenburg, Innenminister Wilhelm Frick und Propagandaminister Joseph Goebbels: »Die Große Landesloge der Freimaurer von Sachsen begrüßt am heutigen Weihetage die na-

Reichsbankpräsident Hjalmar Schacht war der einzige Freimaurer, den Hitler in seiner Nähe duldete

tionale Erhebung des deutschen Volkes und Vaterlandes. Sie gelobt in christlich-nationaler Pflichttreue, wie bisher, im Geiste ihres Bruders Friedrichs des Großen mit der Reichsregierung zu arbeiten für Deutschlands Ehre und Größe, Einigkeit und Freiheit. Den Allmächtigen bitten wir, das neue Reich segnen zu wollen.«[9] Auch die drei alt-preußischen Großlogen schickten ein gemeinsames Telegramm ähnlichen Inhalts an den »Reichskanzler« Adolf Hitler.

Möglicherweise ist die völlig Verkennung des Nationalsozialismus seitens der deutschen Freimaurerführung auf Kontakte des Großmeisters der »Großen Landesloge der Freimaurer von Deutschland«, Kurt von Heeringen, zurückzuführen. Dieser hatte am 19. November 1931 ein persönliches Gespräch mit Hermann Göring. Heeringen wollte über Göring einen Kontakt zu dem prominenten Freimaurergegner Alfred Rosenberg herstellen, doch allen Erkenntnissen nach verlief das Gespräch mit Göring völlig unbefriedigend. Dennoch hat Heeringen wohl gegenüber anderen Freimaurerspitzen durchblicken lassen, dass er im Kontakt mit den Nazis sei. Dass ausgerechnet Göring sich herabließ, mit den Freimaurern zu reden, mag an privaten Verbindungen gelegen haben. Als Mittelsmann diente dabei ein Halbbruder Görings, der bis zum Verbot der Freimaurerei der Wiesbadener Loge »Nassau-Oranien zu den beständigen Quellen« angehörte.

Unmittelbar nach der Machtübernahme der Nazis gelang es Heeringen gemeinsam mit weiteren Freimaurervertretern noch einmal mit Göring zusammenzukommen. Die auf den 7. April 1933 angesetzte Konferenz verlief freilich nicht im Sinne der freimaurerischen Teilnehmer. Göring zeigte sich gegenüber den Argumenten der Loge unzugänglich und erklärte schroff, »in einem nationalsozialistischen Staat faschistischen Gepräges [sei] kein Platz für Freimaurer.«[10]

Etwa zur gleichen Zeit rief der Landwirtschaftsminister Walter Darré einer riesigen Versammlung der Landbevölkerung unmissverständlich zu, dass Freimaurer die »Erzfeinde der deutschen Bauernschaft« seien, und dass diese »planten, die Politik des Nationalsozialismus« zu sabotieren.[11]

Und trotz alledem hatten die deutschen Freimaurer immer noch nicht verstanden! Sie erniedrigten sich und biederten sich sogar noch an. Auf verschiedenen Wegen suchten sie weiterhin Gespräche mit einflussreichen Nationalsozialisten. Besonders rasch und eifrig versuchte die »Große National-Mutterloge Zu den Drei Weltkugeln« den NS-Machthabern gefällig zu sein: Sie änderte bereits am 11. April 1933 freiwillig ihre Satzung und benannte sich in »Nationaler Christlicher Orden Friedrich der Große« um. Die Nazis würdigten diesen Anbiederungsversuch in keiner Weise, ja, nahmen ihn bewusst überhaupt nicht wahr. Vielmehr ordneten sie an und verlangten von allen Logen in Deutschland, dass alle Freimaurer-Rituale von alttestamentarischen Inhalten »zu bereinigen« seien. Die Preußische Großloge, die »nationalste« der deutschen Großlogen, ging gehorsam sogar noch über diese Anordnung hinaus und erklärte: die Begriffe Loge, Freimaurer und Freimaurerei sind abgeschafft. Sie benannte ihre Logen um in Deutschen Orden oder Christlich-Deutschen Orden.

Die »Symbolische Groß-Loge«, die schon 1930 solcherart Denken nicht mehr mittrug, löste sich unter diesen Umständen lieber gleich selbst auf, denn die liberalen Brüder erkannten, dass sie keine Chance unter den Nazis hatten. Als nächsten Schritt forderten die Nazis, die in »Orden« umbenannten Logen zu »arisieren«, sowie Parteifunktionären zu sämtlichen Riten und »Ordens-Arbeiten« Zugang zu gewähren. Damit einher gingen persönliche Demütigungen von Freimaurern, Diffamierungen und auch Inhaftierungen. Im Mai 1935 intervenierte Reichsbankpräsident Hjalmar Schacht, einziger Freimaurer in der NS-Regierung, in völliger Verkennung der Ansichten Hitlers, beim »Führer«. Natürlich vergebens.

Horace Greeley Hjalmar Schacht, 1877 in Nordschleswig geboren und 1970 in München gestorben, war 1908 bis 1915 stellvertretender Direktor der Dresdner Bank. 1906 wurde er Mitglied der Berliner Freimaurerloge »Urania zur Unsterblichkeit«. 1914 veröffentlichte er in der Zeitschrift der Großloge »Zur Freundschaft der Großen Loge von Preußen« in der ersten Kriegswoche einen Aufsatz, in dem er betonte, dass die deutsche Freimaurerei keinen nationalistischen Gefühlen Raum gegeben hätte. Schon sein dänischer Großvater war Freimaurer gewesen; ebenso sein Vater. Dieser gehörte einer amerikanischen Loge an.

Von Ende 1923 bis 1930 nahm Schacht das Amt des Reichsbankpräsidenten wahr. Ab 1926 sympathisierte er bereits mit den Nazis. Im Mai 1929 einigte er sich mit den Wirtschaftsspitzen Fritz Thyssen und Gustav Krupp von Bohlen und Halbach darüber, künftig einen nationalkonservativen Regierungskurs durchzusetzen. Im Dezember 1930 lernte er Hermann Göring kennen, wenig später auch Joseph Goebbels und Adolf Hitler. 1932 begann Schacht als Finanzexperte die NSDAP zu unterstützen, ohne jedoch in die Partei einzutreten. So war er einer der Unterzeichner der Eingabe von Industriellen an Paul von Hindenburg mit der Aufforderung, Hitler zum Reichskanzler zu ernennen. Am 17. März 1933 machten ihn die Nationalsozialisten erneut zum Präsidenten der Reichsbank und er half ihnen entscheidend, die deutsche Aufrüstung zu finanzieren.

Hitler belohnte ihn ab August 1934 mit dem Posten des Reichswirtschaftsministers. Er führte in London Verhandlungen über die Aussiedlung von Juden, die als »Schacht-Rublee-Plan« bekannt wurden. Ab November 1937 kühlte sich sein Verhältnis zu Hitler und den Nazis generell ab; Schacht trat als Wirtschaftsminister zurück. Denn er spürte, dass er trotz allen Engagements für die Politik der Nazis von ihnen nicht wirklich akzeptiert war. So ließ ihm Himmler beispielsweise bei der Einführung zum Wirtschaftsminister im Jahr 1934 ausrichten, dass er diese Ernennung missbillige.[12] Zweifellos spielte seine Freimaurer-Zugehörigkeit eine Rolle.

Und als ihn der Innenminister anwies, alle praktizierenden und ehemaligen Freimaurer in der Reichsbank von ihren Posten zu entfernen, teilte Schacht mit, dass er diese Anweisung nicht erfüllen könne, »solange an der Spitze der Reichsbank ein Freimaurer stände.«[13]

Schacht war sich seiner Stellung so sicher, dass er sogar öffentlich Kritik daran übte, wie die Partei gegen Freimaurer und Juden vorging. Doch nachdem das Land durch die totalitäre Einigkeit wirtschaftlich aufblühte, wurde die Stellung Schachts zunehmend prekärer. 1944 wurde er gar als Mitverschwörer des Attentats auf Hitler vom 20. Juli 1944 verhaftet und bis zum Kriegsende in den Konzentrationslagern Ravensbrück und Flossenbürg interniert. Dies hinderte die Sieger nicht daran, ihn als einen der Hauptangeklagten der Nürnberger Prozesse vor Gericht zu stellen. 1946 von den Alliierten freigesprochen, verurteilte ihn jedoch ein deutsches Gericht in Stuttgart zu acht Jahren Arbeitslager. In einer Berufung von 1948 wurde Schacht erneut und endgültig freigesprochen. Danach trat er der Hamburger Loge »Zur Brudertreue an der Elbe« bei; seit 1950 trägt sie den Namen »Zur Brudertreue an der Alster«.

»Bruder« Hjalmar Schacht stellt zweifellos für die Geschichte der deutschen Freimaurer eine Belastung da. Unabhängig von den gerichtlichen Freisprüchen hätte er 1949 nicht mehr in einer Loge aufgenommen werden dürfen. Denn es ist unstrittig, dass er ein entscheidender Steigbügelhalter auf Hitlers Weg zur Macht war. Das alleine hätte genügen müssen, ihn aus der Freimaurerei für immer auszuschließen. Leider muss indes vermutet werden, dass sich die Hamburger Loge »Zur Brudertreue an der Elbe« 1949 eher geschmeichelt fühlte, einen »namhaften« Freimaurer zu ihren Mitgliedern zählen zu können, als einen Helfershelfer Hitler zu bannen; ein weiterer Schandfleck in der Geschichte der deutschen Freimaurer.

Noch einmal zurück ins Jahr 1933: Wer sich unter den Freimaurern nach der Machtübernahme der Nazis den staatlichen Anweisungen nicht beugen wollte, wurde verhaftet. Weniger renitente Personen erhielten Gefängnisstrafen, andere kamen ins Konzentrationslager. Interessant bleibt, dass die Auflösung der deutschen Freimaurer – die bis 1933 nach den USA immerhin die zweitgrößte Zahl an »Brüdern« stellten – schleichend betrieben wurde und die Nazis sich darum bemühten, legalen und »wissenschaftlichen« Schein zu wahren. So wurden pseudo-wissenschaftliche Aufträge vergeben, die die Freimaurerei erforschen sollten, bei denen aber schon zu Beginn feststand, wie das Ergebnis lauten sollte. Was die Logen angeht, so drängten die Nazis diese geschickt zur »Selbstauflösung« und gaben damit vor, dass es ja nicht sie waren, die diesen Schritt bewirkt hatten, sondern eine bessere Einsicht der Freimaurer selbst. Anders als in Italien wurden die Logenhäuser weder in Brand gesteckt noch geplündert, sondern deren Liquidation möglichst durch fingierte Kaufverträge als Überführung an staatliche Institutionen hingestellt. Die drei alt-preußischen Großlogen lösten sich kurz vor dem Totalverbot, am 8. August 1935, selbst auf. Am gleichen Tag erschien in der Nazi-Zeitung »Völkischer Beobachter« ein Artikel, der das Ende der Freimaurerlogen in Deutschland ankündigte. Außerdem machte er Freimaurer für das Attentat von 1914 in Sarajevo, das den Ersten Weltkrieg auslöste, verantwortlich und mutmaßte, dass Freimaurer nach einem neuen Krieg strebten, um eine »Welt-Republik« zu gründen. Am 17. August 1935 ordnete Innenminister Frick dann das völlige Verbot der Freimaurerei »im Deutschen Reich« an, ziemlich genau zehn Jahre nach der Vernichtung der Freimaurer in Italien.

Viele altgediente Logenhäuser wurden in »Logenmuseen« oder »Freimaurermuseen« umgewandelt, in denen sich nationalsozialistische Ideologen daran ergötzten, die Freimaurerei als Grundübel und Zersetzer des deutschen Volkes dar- und auszustellen. In einem Museumsführer für das Logenmuseum in Chemnitz stellt sich der Nationalsozialismus zum Beispiel als Befreier der Deutschen dar: »Entlarvte Freimaurerei – das ist dies Museum«, heißt es in der Schrift, und weiter: »Hart sind die Hände, die die Logentüren aufrissen und dem deutschen Menschen hier eine Schule errichteten, in der er die Freimaurerei ohne Mantel, ohne Schleier, ohne Phrase und Vertarnung kennen und bekämpfen lernen soll. Hart ist der Wille, der diesen Kampf bis zum siegreichen Ende fortführen wird. Die Zeiten für die Dunkelmänner und ihre Arbeit sind vorbei. Wir leben nicht mehr im Reich der Fiktionen, sondern im Dritten Reich, dem Reich des Entweder-Oder.«

Bemerkenswert ist außerdem die Tatsache, dass im Oktober 1934 ein junger Österreicher namens Adolf Eichmann, der später für die Koordination jener Züge verantwortlich wurde, die Juden aus ganz Europa nach Auschwitz und in andere Todeslager brachten, als kleiner Mitarbeiter des Geheimdienstes SD innerhalb der SS seine Arbeit damit begann, Karteikarten über bekannte deutsche Freimaurer anzulegen. Mit seiner Ausarbeitung über den »internationalen Charakter« der Freimaurer (»international« war im Nazi-Denken stets gleichbedeutend mit Landesverrat) machte er innerhalb des SD auf sich aufmerksam und wurde als nächstes mit der »Lösung der Juden-

Frage«, wie die millionenfache Ermordung von Juden im Nazi-Jargon hieß, beauftragt.

Während im Verborgenen die gigantische und akribische Informations-Maschinerie der Nazis anlief, verkündete Innenminister Frick 1936, dass all jene, die bei der »Machtergreifung« Hitlers Freimaurer gewesen waren, für Beförderungen oder Ernennungen im öffentlichen Dienst nicht in Frage kämen. Das gleiche galt für das Militär sowie für die SS und alle Nazi-Organisationen – nur nicht für Hjalmar Schacht, den Hitler noch als Finanzgenie für seine Aufrüstung brauchte.

Nach Kenntnis und Angaben der deutschen Logen wurden zweiundsechzig von ihnen während des Dritten Reiches ermordet, nicht mitgerechnet die Selbstmorde namhafter und weniger namhafter deutscher Freimaurer. Einer anderen Quelle zufolge wurden 1200 deutsche Freimaurer Opfer der NS-Gewaltherrschaft.[14] Während die letzte Zahl vielleicht zu hoch, die erste aber bei weitem zu niedrig gegriffen erscheint, seien hier als bekannteste deutsche Opfer genannt: der Großmeister und Gründer der »Symbolischen Großloge von Deutschland«, Leo Müffelmann, der Politiker Julius Leber, der Gewerkschafter Wilhelm Leuschner und der Publizist Carl von Ossietzky, wobei nicht alle Genannten in erster Linie wegen ihrer Freimaurer-Zugehörigkeit verfolgt und ermordet wurden, sondern weil sie während der Weimarer Republik zu den profiliertesten politischen Gegnern des Nationalsozialismus zählten. Allerdings wird von der Geschichtsschreibung durchweg vernachlässigt oder vollkommen ignoriert, dass die Betreffenden *auch* Freimaurer waren, und so soll dies wenigstens an dieser Stelle nachgetragen werden.

Leo Müffelmann lebte von 1881 bis 1934. Er wurde 1913 von seinem Vater als Freimaurer »aufgenommen« und gründete mit ihm die Berliner Loge »Zu den Alten Pflichten«. Wegen seiner internationalen Beziehungen wurde er innerhalb der sehr national denkenden deutschen Freimaurer angefeindet, musste 1928 seine Loge verlassen und schloss sich der Wiener Loge »Labor« an. 1930 gründete er mit gleichgesinnten deutschen Freimaurern die »Symbolische Großloge von Deutschland« deren Großmeister er wurde. 1931 wurde eine Loge dieses Systems auch in Jerusalem gegründet. Nach der Machtübernahme der Nazis ließ Müffelmann alle Logen seiner Großloge in Deutschland schließen und überführte die Großloge gänzlich nach

Jerusalem. Allerdings blieb er selbst nicht dort. Und so wurde er im September 1933 in Berlin verhaftet und kam bis zum Ende des Jahres in das KZ Sonnenburg. 1934 starb er an den Folgen der Haft.

Wilhelm Leuschner (1890–1944) war Mitglied der Loge »Johannis der Evangelist zur Eintracht« in Darmstadt. Von 1928 bis 1932 war er hessischer Innenminister. 1933 wurde er für ein Jahr in ein KZ geschickt. Danach leistete er im Untergrund organisatorischen Widerstand gegen das NS-Regime. Als Mitverschwörer am Attentat auf Hitler vom 20. Juli 1944 wurde er vom Volksgerichtshof zum Tode verurteilt und hingerichtet.

Für Frieden in der Welt haben sich nur wenige Männer so nachhaltig und mutig eingesetzt wie der Journalist, Schriftsteller, Pazifist und Freimaurer Carl von Ossietzky. 1889 in Hamburg geboren und zum Juristen ausgebildet, machte er im Jahr 1914 erstmals selbst auf ungewohnte Weise Bekanntschaft mit der Justiz: Aufgrund seiner Veröffentlichung eines kritischen Artikels über die deutsche Militärjustiz wurde er wegen »öffentlicher Beleidigung« angeklagt. Die 200 Mark Geldbuße, zu der er verurteilt wurde, beglich seine Ehefrau Maud, die er am 19. August 1913 geheiratet hatte. Sie war die Tochter eines britischen Kolonialoffiziers und einer indischen Prinzessin. Die beiden hatten sich im Januar 1912 in Hamburg kennengelernt. Maud Lichfield-Wood war damals in der englischen Frauenrechtsbewegung aktiv und unterstützte nach der Hochzeit die Pläne ihres Mannes, den Justizdienst zugunsten einer journalistischen Karriere aufzugeben. Im Januar 1914 reichte Ossietzky daher seine Kündigung ein und betätigte sich als pazifistischer und militärkritischer Journalist. Trotz anfänglicher Untauglichkeit, wurde er 1916 zum Kriegsdienst an die Westfront einberufen. Unmittelbar nach dem Ende des Ersten Weltkrieges hielt er erneut pazifistische Vorträge in Hamburg, wo er in den Vorstand der dortigen Ortsgruppe der Deutschen Friedensgesellschaft (DFG) gewählt wurde. Diese Verbindung bot ihm 1919 die Möglichkeit, Sekretär der DFG in Berlin zu werden. Dort gründete er gemeinsam mit Gleichgesinnten, darunter dem späteren Freimaurer Kurt Tucholsky, im Oktober 1919 den Friedensbund der Kriegsteilnehmer (FdK). Im gleichen Jahr wurde Ossietzky in eine Freimaurerloge aufgenommen, die zum liberalen »Freimaurerbund zur aufgehenden Sonne« zählte. Kurt Tucholsky stieß erst 1924 zu den Freimaurern; er trat der Berliner Loge »Zur Morgenröte« bei, die ebenfalls zum »Freimaurerbund« gehörte.[15] Dies verwundert nicht, denn der »Freimaurerbund« verstand es nicht nur zahlreiche namhafte Persönlichkeiten an sich zu binden, sondern: »Die Mitgliedschaft bedeutender Geister bescherte dem Bund ein Geistesleben von beachtlichem Niveau, in dessen Zentrum die freimaurerische Überwindung des deutsch-französischen Gegensatzes stand.«[16]

Die administrative Arbeit als Sekretär des DFG befriedigte Ossietzky nicht und so widmete er sich ab 1920 ganz dem Journalismus. Er schrieb Kommentare für zahlreiche unterschiedliche Publikationen, darunter die »Berliner Volkszeitung«, hauptsächlich zur Außenpolitik. Auf Anregung Tucholskys kam der Kontakt zur Berliner Wochenzeitschrift »Die Weltbühne« zustande, in der Ossietzky erstmals im April 1926 einen politische Leitartikel veröffentlichte. Nach dem Tod des Chefredakteurs Jacobsohn wurde Ossietzky ab 1927 – unter der Mitarbeit von Kurt Tucholsky – Herausgeber der Weltbühne.[17] Mit spitzer Feder schrieb er Kommentare gegen konservative Generäle, die Nazis und deutsche Rüstungsfirmen. 1929 erschien unter seiner Chefredaktion ein Artikel, der die geheime und durch den Versailler Vertrag verbotene Aufrüstung der Weimarer Republik anprangerte. 1931 mußte er sich dafür gerichtlich verantworten, während der eigentliche Autor ins Ausland geflohen war. Die Anklage lautete »vollendeter Landesverrat und Verrat militärischer Geheimnisse«. Unter Ausschluß der Öffentlichkeit wurde Ossietzky zu eineinhalb Jahren Gefängnis verurteilt.

Entgegen den Ratschlägen seiner Freunde, ebenfalls ins Ausland zu fliehen, fuhr der Verurteilte am 10. Mai 1932 in Begleitung vieler Gleichgesinnter zum Tegeler Gefängnis im Westen Berlins. Aufgrund einer Weihnachtsamnestie für politische Häftlinge wurde Ossietzky am 22. Dezember 1932 nach 227 Tagen Haft vorzeitig entlassen, aber am 28. Februar 1933 als Regimegegner erneut verhaftet und im Gefängnis Berlin-Spandau »interniert«.

Von Spandau aus wurde Ossietzky am 6. April 1933 in das neu errichtete Konzentrationslager Sonnenburg bei Küstrin verlegt. Dort wurde er ebenso wie die anderen Häftlinge schwer misshandelt und später mit weiteren »prominenten« Häftlingen von Sonnenburg in das KZ Esterwegen im Emsland verlegt. Ende 1934 wurde der völlig abgemagerte Ossietzky in das Krankenrevier des KZs eingeliefert. Es kursiert bis heute das Gerücht, dass ihm in dieser Zeit Tuberkulosebakterien geimpft worden seien. Im Herbst 1935 besuchte der

Schweizer Diplomat Carl Jacob Burckhardt das KZ Esterwegen. Dabei gelang es ihm, auch Ossietzky zu treffen, den er anschließend als ein »zitterndes, totenblasses Etwas, ein Wesen, das gefühllos zu sein schien, ein Auge verschwollen, die Zähne anscheinend eingeschlagen« beschrieb. Ossietzky sagte zu Burckhardt: »Danke, sagen Sie den Freunden, ich sei am Ende, es ist bald vorüber, bald aus, das ist gut. [...] Danke, ich habe einmal Nachricht erhalten, meine Frau war einmal hier; ich wollte den Frieden.«[18]

Aufgrund internationalen politischen Drucks entließen die Nazis kurz vor den Olympischen Spielen 1936 den Schwerkranken aus dem KZ und verlegten ihn in das Berliner »Staatskrankenhaus der Polizei«, wo eine schwere offene Lungentuberkulose im fortgeschrittenen Zustand diagnostiziert wurde. Am 7. November 1936 wurde er offiziell aus der Haft entlassen und bezog zunächst ein Zimmer im Krankenhaus Westend, das unter ständiger Bewachung der Geheimen Staatspolizei (Gestapo) stand. Trotz dieser Zugeständnisse hatte die internationale Kampagne, die in Norwegen maßgeblich von dem deutschen Emigranten und Journalisten Willy Brandt organisiert wurde, ihr Ziel inzwischen erreicht. Am 23. November 1936 wurde Carl von Ossietzky rückwirkend der Friedensnobelpreis für das Jahr 1935 zugesprochen. Die Gestapo lehnte es ab, Ossietzky zur Entgegennahme des Preises nach Oslo reisen zu lassen. Adolf Hitler verfügte anschließend, dass in Zukunft kein Deutscher mehr einen Nobelpreis annehmen dürfe. Stattdessen wurde von 1937 an der Deutsche Nationalpreis für Kunst und Wissenschaft vergeben.

Wenige Tage nach der Verleihung des Nobelpreises wurde Ossietzky in das Krankenhaus Nordend (Berlin-Niederschönhausen) verlegt, da dort eine spezielle TBC-Abteilung existierte. Im Mai 1938 starb Ossietzky an Tuberkulose. Er hinterließ seine Frau Maud und seine Tochter Rosalinde, die über England nach Schweden emigrierten. Eine letzte Ruhestätte fand Carl von Ossietzky nicht. Unverzüglich nach seinem Tod bemächtigte sich die Gestapo des Leichnams. Im Krematorium waren nur die Witwe und der Arzt zugelassen. Die Asche wurde verstreut. Der Name Ossietzky sollte ausgelöscht bleiben für die tausend Jahre des Dritten Reiches.

Heute erinnert dort, wo seine Frau Maud begraben liegt, auf dem Friedhof 4 – Herthaplatz in Berlin-Niederschönhausen auch sein Name auf dem Grabstein an den bedeutendsten Pazifisten der Weimarer Republik.

Jahre nach dem Tod Carl von Ossietzkys gründeten 1943 in jenem KZ Esterwegen, in dem er als letztes inhaftiert war, belgische Freimaurerhäftlinge die Loge »Liberté chérie« (Liebling Freiheit). Sie ist in der Geschichte der Freimaurerei einzigartig. Sie wurde von sieben belgischen Widerstandskämpfern in der Baracke Nummer 6 gegründet. Der Belgier Fernand Erauw wurde dort sogar erst zum Freimaurer und in der KZ-Loge als solcher aufgenommen. Unter schwierigsten Umständen gelang es den acht Gefangenen, die Loge für ein Jahr am Leben zu erhalten. Sie musste 1944 aufgelöst werden, da nur zwei belgische Freimaurer das Lager überlebten.

Reinhard Heydrich, Himmlers Stellvertreter, hatte 1936 erklärt, dass das Deutsche Reich »freimaurerfrei« sei, warnte aber gleichzeitig vor dem Fortbestehen der »jüdisch-maurerischen Weltverschwörung« in anderen Teilen der Welt, deren Ziel es sei, »das deutsche Volk zu unterwandern, zu vergiften und zu zerstören«.[19] Deshalb ging im Ausland die Verfolgung der Freimaurer weiter. Wo immer Nazis Einfluss hatten, beziehungsweise in allen von der Wehrmacht während des Zweiten Weltkrieges besetzten Gebieten wurden nicht nur Juden zusammengetrieben, sondern auch Freimaurer.

Österreich begann vier Jahre vor dem »Anschluss« unter dem Einfluss der heimischen Nationalsozialisten damit, die bekanntesten Logen zu schließen. Im März 1938 übernahm die Gestapo das Haus der Großloge in Wien, während der Mob die Möbel, das Silberbesteck und die Gemälde stahl. Das Archiv wurde zerstört und Großmeister Richard Schlesinger verhaftet. Als er wieder auf freien Fuß gesetzt wurde, starb er kurz darauf an den Folgen der Haft.

Bevor die Wehrmacht in der Tschechoslowakei einmarschierte, gab es dort die beiden Großlogen »Lessing zu den Drei Ringen«, die hauptsächlich aus deutschsprachigen Freimaurern bestand, unter denen sich zudem eine große Zahl Juden befand, sowie die »Nationale Großloge der Tschechoslowakei«, in der man Tschechisch sprach. Ihr bekanntester Freimaurer war Eduard Beneš, von 1918 bis 1935 Außenminister und von 1935 bis 1938 Präsident der Tschechoslowakei. Als die Deutschen im März 1939 einmarschierten, hatten sie eine Liste mit den Namen von viertausend Freimaurern bei sich, die umgehend verhaftet wurden. Die führenden tschechischen Freimaurer J. Sedmik und V. Glavac wurden erst zwei Jahre lang gefoltert, dann ermordet.

Weniger als fünf Prozent der tschechischen Freimaurer konnten entkommen. Jene, denen die Flucht nach England gelang, gründeten dort die Exil-Loge »Comenius«.

Als einziges Stück englischen Bodens vermochte die Wehrmacht nach der Kapitulation Frankreichs auch die englischen Kanalinseln zu besetzen. SS-Einheiten, die die Insel Jersey erstürmten, zerstörten das Freimaurer-Logenhaus, das zwischen 1862 und 1864 errichtet worden war. Es war mit besonders schönen und wertvollen Freimaurer-Einrichtungen ausgestattet und die Bibliothek zählte zu einer der wertvollsten Freimaurerbüchereien Englands. Eine eigens aus Berlin angereiste SD-Sondereinheit für die Bekämpfung von Freimaurern begutachtete das Material, beschlagnahmte, was sie für wertvoll hielt, und ließ den Rest in Flammen aufgehen.[20]

Auch in den Niederlanden begann unmittelbar nach dem Einmarsch 1940 die Verfolgung von Freimaurern. Die Archive und Logenhäuser wurden enteignet, Gelder konfisziert, Einrichtungen versteigert und zu Geld gemacht. Die Nazis raubten die berühmte »Bibliotheka Klossina«, einst gespendet vom Großmeister der Niederlande, Prinz Frederik, und 1930 auf den Wert von fünf Millionen Dollar geschätzt. Eine der typischen Nazi-Ausstellungen über die Freimaurer als Weltverschwörer musste in den Niederlanden nach drei Wochen mangels Zuspruch der Öffentlichkeit abgebrochen werden. Die niederländischen Freimaurer entrichteten vor allem einen hohen »Blutzoll«. Nicht nur wurde ihr Großmeister Hermanus van Tongeren im Oktober 1940 verhaftet und ins KZ Sachsenhausen geschickt, wo er am 29. März 1941 starb, sondern auch viertausend (!) holländische Freimaurer ließen für ihre Überzeugung ihr Leben. Im Jahr 1939 betrug die Mitgliederzahl der Freimaurer in den Niederlanden sechstausend. 1945 waren nur noch zweitausend von ihnen am Leben.[21]

In Norwegen wurden nach der Besetzung im Jahr 1940 deutsche Soldaten in Logen-Tempeln untergebracht. Öffentlich ausgestellt wurde zudem die Korrespondenz von norwegischen Freimaurern mit englischen Brüdern, um eine »internationale Verschwörung« nachzuweisen. Im Norden Norwegens wurden einige Logen zerstört, in der Hauptstadt Oslo ließ der Kollaborateur Quisling seine Leibgarde im Logenhaus einquartieren.

In Belgien sah die Lage etwas anders aus. Dort stießen die Nazis auf willfährige Helfer, denn schon vor dem Einmarsch der Deutschen hatten die Belgier eine Bewegung namens »Reinigung« gegründet, die Front gegen Juden und Freimaurer machte. Die Belgier lieferten den Deutschen Listen mit Namen, und zudem wurde die übliche Ausstellung gegen Freimaurer organisiert. Alleine in der Hauptstadt Brüssel wurden 86000 Besucher gezählt, so dass man sich entschloss, sie auch in anderen Städten zu zeigen. Die belgischen Freimaurer berichten, dass diese Ausstellung einen so tiefen Eindruck im öffentlichen Bewusstsein des Landes hinterlassen hat, dass die Vorurteile, denen sie heute begegnen, oft noch aus dieser Zeit stammen. Drei namhafte belgische Freimaurer, Georges Petre, der Großkommandeur des Schottischen Ritus von Belgien, sowie F. E. Lartigue und F. E. Sasse wurden in ihren Wohnungen erschossen. Die SS war dermaßen mit dem »Auslöschen« der belgischen Freimaurer beschäftigt, dass ein SS-Offizier in einem Brief mit Datum vom 13. Juli 1940 sich entschuldigt, er habe noch keine Zeit gehabt, sich um die Juden zu kümmern, da er alle Hände voll zu tun habe »die Freimaurerei zu bekämpfen«. Alfred Rosenberg kam dann selbst nach Brüssel, um die freimaurerische Beute zu begutachten. Insgesamt sind die Namen von etwa achtzig belgischen Freimaurern bekannt, die in Konzentrationslagern umkamen. Allerdings handelt es sich dabei um Freimaurer, die entweder Juden oder Widerstandskämpfer waren.

Die größte Unterstützung in der Verfolgung von Freimaurern erhielten die Nazis in Frankreich, wo es ja ohnehin traditionell eine starke Bewegung gegen Freimaurer gab. 1935 gründeten reaktionäre Kräfte aus der Deputiertenkammer und dem Senat eine »Interparlamentarische Aktions-Gruppe gegen Freimaurerei«. Diese Gruppe sympathisierte mit dem Faschismus in Italien und Deutschland, übersetzte die Schriften Alfred Rosenbergs ins Französische und nahm die gesamte Nazi-Propaganda gegen Freimaurer für bare Münze, weil sie selbst gerne daran glaubte. Diese Politiker verstiegen sich sogar zu martialischen Erklärungen wie diese: »Die Stunde ist gekommen, in der die Freimaurerei niedergeschlagen werden muß. Das Ringen mit der Freimaurerei bis zu deren Tod hat begonnen und die nationalen Kräfte müssen sie jetzt unerbittlich und unnachgiebig bekämpfen.«[22]

Als Frankreich dann im Juni 1940 in einem »Blitzkrieg« von der Wehrmacht überrollt worden war, erklärten sich viele Franzosen im besetzten Teil Frankreichs bereit, die Verfolgung der Freimaurer für die Deutschen zu übernehmen, allen voran der Chef der Vichy-Regierung Henri Philippe Pétain. Ab Juli 1940 war der kleine Kurort Vichy

Anti-Freimaurer-Ausstellung im besetzten Paris, November 1940

für die Zeit des Zweiten Weltkrieges Sitz der französischen Regierung geworden. Dort verwaltete man die von den Deutschen nicht besetzten Landesteile. Pétain, erzkonservativ-katholisch, löste mit Freuden den französischen »Grand Orient« und die Großloge von Frankreich auf, beschlagnahmte den gesamten Besitz der französischen Logen inklusive ihrer Konten. Das Betreten der Logenhäuser durch Unbefugte wurde mit dem Tode bestraft! Pétain ergötzte sich an dem Organisieren großer Anti-Freimaureraustellungen in Paris und weiteren Großstädten, die enormen Besucherzulauf hatten. Selbstredend wurden die

Privathäuser von namhaften Freimaurern durchsucht, Gegenstände willkürlich beschlagnahmt; sie wurden aus sämtlichen öffentlichen Ämtern entlassen und wo möglich auch an der Ausübung geschäftlicher Tätigkeiten gehindert. Der Kollaborateur Bernard Fay, der schon vor dem Krieg mit dem Buch »Revolution und Freimaurerei« auf sich aufmerksam gemacht hatte, wurde von der Vichy-Regierung mit sämtlichen die französischen Freimaurer betreffenden Fragen betraut. Er ging weit über die Forderungen der Deutschen hinaus, erließ von sich aus Haftbefehle gegen tausende von Freimaurern und ließ etwa eintausend in KZs deportieren. Insgesamt kamen während des Zweiten Weltkrieges eintausend französische Freimaurer in der Haft ums Leben. Nach dem Krieg wurde Fay zwar zu einer langen Haftstrafe verurteilt, konnte aber in die Schweiz fliehen. Während seines Gerichtsverfahrens gab er ohne Reue, kühl und technokratisch zu Protokoll: »Meine Mission war es, einen Dienst zur Aufdeckung von Freimaurern und ihrer Archive zu schaffen. Um in meiner Arbeit erfolgreich sein zu können, war ich gezwungen, Beziehungen zu den Deutschen zu unterhalten, besonders weil sie bereits eine Organisation hatten, die gleich strukturiert war wie die unsere.«[23]

Nicht nur die deutsche Besatzung, sondern auch die gnadenlose Verfolgung der Freimaurer veranlasste viele französische Brüder, sich dem Widerstand, der *Résistance*, anzuschließen beziehungsweise diese im Untergrund selbst aufzubauen. Der namhafteste Führer der Résistance war der Freimaurer Jean Moulin, der am 8. Juli 1943 bei Metz in Haft starb. Bereits sein Vater Antoine war Freimaurer gewesen und hatte den Sohn für die Bruderschaft gewonnen. Moulin reiste 1941 heimlich nach London, traf sich dort mit de Gaulle und wurde von dem Exil-General damit beauftragt, den zersplitterten Widerstand im Süden zu organisieren.

In der Nacht des 1. Januar 1942 sprang er mit dem Fallschirm in den Alpilles nahe Avignon ab. Er brachte ein Funkgerät und eine große Summe Geld mit, die er unter anderem für den Aufbau einer Widerstandsdruckerei verwendete. Er stand in Kontakt mit Georges Bidault und Albert Camus. 1943 ließ er sich erneut nach London schleusen, um mit de Gaulle ein französisches Untergrund-Parlament zu beratschlagen. Kurz nach seiner Rückkehr wurde er von den Deutschen verhaftet. Er fiel in die Hände Klaus Barbies, des brutalen Gestapo-Chefs von Lyon. Jean Moulin starb kurz vor seiner Verlegung in ein deutsches KZ. Er war gerade 44 Jahre alt.

1942, als die Freimaurer organisatorisch auf dem europäischen Kontinent längst aufgelöst und tausende ihrer Mitglieder ermordet waren, in einer Zeit, in der man wirklich glauben möchte, dass alle Welt Wichtigeres zu tun gehabt habe, kam Hitler höchstpersönlich erneut auf die Idee, sich mit den Freimaurern zu befassen. Dies zeigt einmal mehr, wie besessen er von der Bekämpfung der ältesten Geheimgesellschaft der Welt war. Er wies Alfred Rosenberg an, in Zusammenarbeit mit der Wehrmacht jegliches Material über und von Freimaurern, ihren Logen, Bibliotheken und Archiven in allen besetzten Gebieten zu sammeln und zur »wissenschaftlichen Ausarbeitung« zur Verfügung zu stellen, da »Freimaurer und die ideologischen Feinde des Nationalsozialismus mit jenen verbündet sind, die die Organisatoren des gegenwärtigen Krieges gegen Deutschland sind«.

Rosenberg befolgte den Auftrag gewissenhaft und organisiert im Zuge dieser Arbeit ein Museum über Freimaurer in Nürnberg. In einem Kommentar zu einer Ausstellung in Berlin schrieb er: »Die mystische Dunkelheit der Freimaurer hat aufgehört zu existieren. Diese Geheimnisse sind ans Licht gebracht und die Intrigen der Logen beendet worden.« Das deutsche Volk müsse verstehen, dass die ganze Freimaurerei in England erfunden worden sei, um die britische Weltherrschaft zu sichern. »Der enge Bund mit dem internationalen Judentum war die sicherste Art und Weise, dies zu erreichen.«[24]

Trotz unentwegter Repressionen und über alle Verbote hinweg blieben in der Zeit von 1935 bis zum Ende des »Dritten Reiches« zahlreiche deutsche Freimaurerbrüder miteinander verbunden und trafen sich heimlich in unverfänglichen Lokalen oder zu angeblichen Wanderungen in freier Natur. Als ihr geheimes Erkennungszeichen trugen sie ein kleines emailliertes Vergissmeinnicht am Revers ihrer Sakkos, das einem Spendenabzeichen des Winterhilfswerkes glich und damit unverfänglich wirkte. Ursprünglich war diese Vergissmeinnicht-Anstecknadel von der Großloge »Zur Sonne« im Jahr 1926 als Tagungsabzeichen für ihren Großlogentag ausgegeben worden. Dieses Abzeichen, das die Porzellanmanufaktur in Selb/Oberfranken herstellte, wurde später noch vereinzelt von ehemaligen Tagungsteilnehmern getragen. Sie erkannten im Jahr 1938 die verblüffende Ähnlichkeit mit dem Vergissmeinnicht des Winterhilfswerkes und verbreiteten die Idee, diese Nadel als geheimes Erkennungszeichen unter Freimaurern »im Reich« zu nutzen. Zudem hatte es ja eine enorme symbolische Aussage: Vergiss mich nicht. Heute ist diese Symbolik unter allen Freimaurern der Welt bekannt. In vielen Ländern gilt das Vergissmeinnicht sogar als *das* Symbol der deutschen Freimaurer.

Die Auslöschung der Freimaurer in Spanien

Zu all den rücksichtslosen Verfolgern der Freimaurer im Dritten Reich und während des Zweiten Weltkrieges stieß ein weiterer Eiferer hinzu, der faschistische General Francisco Franco, Diktator Spaniens von 1939 bis 1975.

Unter König Alfonso XIII. verstand das Land sich aus dem Ersten Weltkrieg herauszuhalten, blieb aber wirtschaftlich rückständig. In den zwanziger Jahren kam es ständig zu Unruhen, Streiks und Belastungen durch einen Kolonialkrieg in Marokko. Daraufhin entschloss sich im Jahr 1923 General Primo de Rivera zu einem Putsch. Er setzte die parlamentarische Regierung ab und bildete mit Billigung des Königs eine »Junta«, die das Land diktatorisch regierte. Trotz Beendigung des Krieges in Marokko und verbesserter Beziehungen zum Ausland kam es in den Jahren 1928 und 1929 zu schweren Unruhen gegen die Junta. Insbesondere Offiziere und Studenten revoltierten.

Bis zu diesem Zeitpunkt, 1928, gab es zwei freimaurerische Großlogen in Spanien; eine rein spanische mit Sitz in Madrid und eine katalanische mit Sitz in Barcelona. Aufgrund der Unruhen ließ Primo de Rivera im September 1928 die spanische Großloge »Gran Oriente« schließen und zahlreiche Freimaurer verhaften. Die Anklage lautete: Verschwörung gegen die Regierung und Anzettelung von Unruhen. Der Großmeister sowie fünf weitere führende Freimaurer blieben in Haft, die übrigen wurden wieder freigelassen.

Doch Rivera blieb auch trotz verhafteter Freimaurer nicht mehr lange im Amt. 1930 entließ ihn König Alfonso XIII., 1931 musste der König unter Druck des unzufriedenen Volkes gar selbst abdanken und Spanien wurde zur Republik. Doch im Hintergrund brodelte es unter konservativen Kräften weiter. Vor allem die Armee zeigte sich unzufrieden mit der politischen Entwicklung in Spanien. Sie mutmaßte überall Verrat und Verschwörung und setzte 1935 durch, dass das Parlament ein Gesetz verabschiedete, das jedem Angehörigen der spanischen Streitkräfte die Mitgliedschaft bei den Freimaurern untersagte.

Doch Spanien kam nicht mehr zur Ruhe. Die republikanische Volksfrontregierung neigte zu immer radikaleren Maßnahmen und

Regelungen, die nicht mehr die Rückendeckung der Mehrheit des Volkes genossen. Im Juni 1936 revoltierte das spanische Heer in der Kolonie Spanisch-Marokko unter General Francisco Franco, der sich bester Beziehungen zum Königshaus erfreute, war doch König Alfonso XIII. höchstpersönlich Trauzeuge bei seiner Hochzeit gewesen. Franco weitete von Marokko aus den Konflikt zum Bürgerkrieg aus. Unter diesen Umständen floh die spanische Freimaurer-Spitze mit dem »Gran Oriente« zunächst nach Brüssel, später nach Mexico. Denn gerade unter den vorrückenden Franco-Truppen kam es zu mörderischen Ausschreitungen gegen Freimaurer, in einem Ausmaß wie gegen die Templer im Mittelalter.

General Franco begann gleich an Ort und Stelle mit seiner Kampagne gegen die Bruderschaft. In Spanisch-Marokko ließ er alle, die als Freimaurer identifiziert werden konnten, vom Militär exekutieren. Auch in Spanien lynchten Franco-Anhänger gleich zu Beginn des Bürgerkrieges sechs Freimaurer, nur weil sie Freimaurer waren. Diese Tendenz setzte sich fort, wohin immer auch die Franco-Truppen vordrangen. Sie brannten Logenhäuser nieder, konfiszierten Eigentum von Freimaurern, und exekutierten sie, wo immer sie ihrer habhaft werden konnten.

Weder Mussolini noch Hitler gingen dermaßen brutal und rigoros gegen Freimaurer im eigenen Land vor: Bei der Einnahme von Cordoba exekutierten die Francisten sämtliche Freimaurer, gleiches in Cádiz. In Granada trieben sie ebenfalls alle Freimaurer vor die Tore der Stadt, ließen sie ihre eigenen Gräber ausheben und exekutierten sie. In Sevilla dachte man sich eine andere Methode aus. Nachdem die Stadt in die Hände Francos gefallen war, veröffentlichte die örtliche Zeitung die Namen sämtlicher Freimaurer, damit der ganz normale Mob sie ausfindig machen und erschlagen konnte. Auch in Malaga fand man, dass die Erschießung durch ein Exekutionskommando nicht genüge. Man richtete die achtzig Freimaurer, derer man habhaft wurde, mittels Garotten hin. Eine Garotte ist eine Würgeschraube, mit der traditionell bis 1975 in Spanien die Todesstrafe durch Erdrosseln vollstreckt wurde.

In ganz Spanien, Spanisch-Marokko und auf den kanarischen Inseln wurden Freimaurer wegen ihrer Überzeugung aufgehängt, erschossen, erschlagen. Einige hatten Glück: sie wurden »nur« ins Gefängnis geworfen. Alles in allem zeigten die Francisten kein Pardon. 1938 ging Franco sogar noch dazu über, auch tote Freimaurer zu schänden. Er ordnete an, dass sämtliche Freimaurer-Symbole auf Grabsteinen abzuschlagen seien. Nachdem er 1939 den Bürgerkrieg für sich entschieden und sich zum »Caudillo« ernannt hatte, schob er noch ein Totalverbot für Freimaurerei in Spanien nach. Zu diesem Zeitpunkt aber lebten nur noch einige hundert Freimaurer, alle eingesperrt in Gefängnissen. Dennoch fürchtete sich der Caudillo, denn in seinem Antifreimaurer-Gesetz heißt es, dass jeder, der einen Freimaurer kennt und dessen Namen den Behörden nicht meldet, sich strafbar macht.

Im benachbarten Portugal war man Franco um einige Jahre voraus. Dort hatte 1932 António de Oliveira Salazar als »Ministerpräsident« die Regierung übernommen und regierte mit harter, diktatorischer Gewalt bis 1968. Kaum im Amt, verbot er die Freimaurerei. Allerdings abgesehen von einigen Polizeiaktionen und davon, dass er den Großmeister John Martin de Matos heimlich in einem Krankenhaus gefangen hielt, sind aus Portugal keine übermäßigen Gewaltakte gegen Freimaurer bekannt. Es gab sie ab 1932 einfach nicht mehr.

Franco hingegen blieb von einer möglichen Freimaurerverschwörung geradezu besessen. Man kann nur versuchen, annäherungsweise eine Erklärung dafür zu finden. Wahrscheinlich hatte sie unter anderem einen religiösen Hintergrund, denn er nannte sich *»por la gracia de Dios, Caudillo de España y de la Cruzada«* – Führer Spaniens und des Kreuzzuges durch Gottes Gnade.

Am 2. März 1940 erließ er ein erneutes Dekret »zur Unterdrückung des Kommunismus und der Freimaurerei«. Kurz darauf verurteilte ein Militärgerichtshof die inhaftierten Freimaurer zu bis zu 30 Jahren Haft. Mit nur sechs Jahren Gefängnis kamen bei Franco diejenigen Freimaurer davon, die beispielsweise innerhalb des Schottischen Ritus lediglich den 18. Grad oder weniger erreicht hatten. Der spanische Justizminster gab 1945 bekannt, dass nur 950 Freimaurer eingesperrt worden waren, davon seien fünfhundert wieder auf freiem Fuß.[25] Andere Quellen gehen von 2000 inhaftierten Freimaurern aus.[26] Wahrscheinlich stimmen die offiziellen Zahlen, denn Franco war an der völligen Beseitigung, sprich Ermordung von Freimaurern mehr interessiert als an ihrer Inhaftierung.

Aufgrund eines »Newsweek«-Artikels von Juni 1945, der sich dem Leid der Freimaurer in Europa unter dem faschistischen Terror widmete, hielt Franco eine Rede, in der er die ausländische Presse als »teuflische Maschinerie der gottlosen Freimaurer« anklagte. Außerdem fühlte er sich verpflichtet, darauf hinzuweisen, dass das »Ausradieren der Freimaurer« nötig gewesen sei, »um Spanien zu erneuern«. Ein Jahr später wurde Mario Blasco Ibañez von einem Gericht in Valencia zu zwölf Jahren Gefängnis verurteilt, da ihm nachgewiesen werden konnte, dass er in den dreißiger Jahren einer Freimaurerloge angehört hatte. Zur Zeit der Urteilsverkündung war Ibañez gelähmt, blind und taub, als Folge einer Polio-Erkrankung. Es gibt (unbestätigte) Berichte, dass selbst in den fünfziger Jahren noch Freimaurer in Spanien hingerichtet wurden. Doch dieses dunkle Kapitel bedarf weiterer Erforschung. Die Quellenlage ist dünn. Erst seit Francos Ableben im Jahr 1975 gibt es wieder dreitausend spanische Freimaurer.[27]

Der Chefankläger in den Nürnberger Prozessen von 1948, Richter Robert H. Jackson, bekannt dafür, dass er kein Freund von Freimaurern war, sagte im Laufe der Prozesse: »Es ist nicht allgemein bekannt, dass sich die frühesten und heftigsten der vielen Verfolgungen, die von jedem modernen Diktator begangen worden sind, gegen Freimaurer gerichtet haben.«[28]

Über die Zeit zwischen 1920 und 1950 bleibt festzuhalten, dass die Weltöffentlichkeit kaum oder gar nicht darüber Bescheid weiß, welches Ausmaß an grausamer Verfolgung Freimaurer in Europa erfahren haben. Nicht nur seitens rechtsgerichteter Diktatoren, auch seitens des Kommunismus, der genauso wenig tolerant war, wie der Nationalsozialismus und Faschismus.

»Instrument des kosmopolitischen Großbürgertums«

Der Untergang der Freimaurer zwischen Moskau und Ost-Berlin

> *»Die Internationale betrachtet es als dringend, ein für alle Mal diese kompromittierenden und demoralisierenden Verbindungen zwischen einer Führerschaft der Kommunistischen Partei und einer politischen Organisation der Bourgeoisie ein Ende zu bereiten.«*
> Leo Trotzki über kommunistische französische Freimaurer

Am 7. November 1917 – nach alt-russischer Zeitrechnung am 25. Oktober, daher »Oktoberrevolution« – begehrten russische Kommunisten gegen die provisorische russische Regierung auf und begründeten mittels eines Bürgerkrieges bis 1922 die Sowjetunion. Dabei kamen hunderttausende von Russen ums Leben, weitere hunderttausende flohen ins Ausland. Die russische Revolution war in ihren Auswirkungen genauso brutal wie die französische und brachte menschenverachtende Diktatoren an die Staatspitze.

Kaum erfuhr die westliche Welt von den kommunistischen Massakern und Untaten, brach erneut eine »Illuminatenhysterie« aus, die bekanntlich ja immer auch auf Freimaurer übertragen wird. Die vorgebrachten Argumente waren die gleichen wie über die angeblichen Hintergründe der Französischen Revolution. Hinzu kamen außerdem zwei neue »Faktoren«, die die Gegner der russischen Revolution in den 1920er Jahren gerne geltend machten: dass der Gründer der Illuminaten, Adam Weishaupt, ursprünglich Jude war. Damals war dieser Umstand alleine schon ein »Argument«; und: strebten nicht alle Juden nach der Weltherrschaft? Außerdem, so die schlauen Kritiker, hatte Weishaupt bei seinen frühen Veröffentlichungen ja schon das Pseudonym »Spartakus« benutzt. Beriefen sich nicht auch die beiden deutschen Kommunistenführer Karl Liebknecht und Rosa Luxemburg auf Spartakus?

Rosa Luxemburg hatte im März 1915 den »Spartakusbund« gegen die Kriegspolitik des Kaiserreiches gegründet. Der SPD-Abgeordnete Karl Liebknecht schloss sich ihr an. Aus dem Spartakusbund ging 1918 die Kommunistische Partei Deutschlands (KPD) hervor. Ende Dezember 1918 organisierte der Spartakusbund für Januar 1919 einen Aufstand gegen die Übergangsregierung Eberts. Dieser wurde niedergeschlagen, Luxemburg und Liebknecht verhaftet und von konservativen Kräften ermordet. Die marxistischen Studentenbünde der sechziger und siebziger Jahre in West-Deutschland, die sich ebenfalls Spartakisten nannten, sind hingegen nie mit den Illuminaten in Verbindung gebracht worden; einer ihrer ehemaligen Führer in Heidelberg, Reinhard Bütikofer, ist heute Parteivorsitzender der Grünen und politisch weit von Weishaupt oder Rosa Luxemburg entfernt.

Das Ende der Freimaurer in der Sowjetunion

So grotesk die Illuminaten-Spekulation aus den zwanziger Jahren des vorigen Jahrhunderts klingen mag, bis zu der Behauptung, dass Lenin (!) ein Freimaurer gewesen sei[1], so einleuchtend ist es, dass die Sowjetunion – und später alle ihre Satellitenstaaten – Freimaurer umgehend verboten. Denn »die Diktatur des Proletariats«, wie die offizielle Sprachregelung lautete, stellte natürlich das Gegenteil von Freiheit, Toleranz und Demokratie dar. Die offizielle Version für die Gegnerschaft zu den Freimaurern war eine andere. Grundlage für das Verbot war der Beschluss des Vierten Kongresses der Kommunistischen Internationale von 1922, dem offenkundig eine heftige Diskussion vorausgegangen war. Zunächst der Beschluss:

»Es ist unbedingte Notwendigkeit, dass die führenden Organe der Partei alle Brücken abbrechen, die zum Bürgertum führen, und deshalb auch einen radikalen Bruch mit der Freimaurerei vollziehen. Der Abgrund, der das Proletariat vom Bürgertum trennt, muß der kommunistischen Partei voll zum Bewusstsein gebracht werden. Ein Bruchteil der führenden Elemente der Partei hat versuchen wollen, über diesen Abgrund maskierte Brücken zu schlagen und sich der freimaurerischen Logen zu bedienen.«[2]

Der Kongress der Vierten Komintern stritt offenbar, wie die anderen zuvor, heftig über die Freimaurerei. Anlass waren – wieder einmal, wie so oft in der Geschichte der Freimaurerei – die Franzosen.

Leo Trotzki, einer der namhaften russischen Kommunisten, der sich zudem am meisten mit den Freimaurern befasst und mehrfach darüber publiziert hatte, berichtete über die Auseinandersetzungen der Vierten Komintern unter der Überschrift: »Freimaurerei, die Liga für Menschen- und Bürgerrechte und die bürgerliche Presse«:

»Die Unvereinbarkeit von Freimaurerei und Sozialismus war gemeinhin von den meisten Parteien schon beim Zweiten internationalen Kongress anerkannt worden. Die italienische sozialistische Partei hatte Freimaurer gar bereits 1914 aus ihren Reihen ausgeschlossen und diese Maßnahme war zweifellos einer der Gründe dafür, dass diese Partei in der Lage war, eine Oppositions-Politik in Kriegszeiten zu führen, insbesondere, da die italienischen Freimaurer als Werkzeuge der Entente funktionierten, um Italien an deren Seite zum Kriegseintritt zu bewegen. Der Zweite Komintern hat keine ausdrückliche Unvereinbarkeit zwischen Kommunismus und Freimaurerei festgestellt, aus dem einfachen Grunde, weil dies als selbstverständlich angenommen wurde. Doch, wie die Protokolle dieses Kongresses zeigen, hat er die Idee, dass es möglich wäre, gleichzeitig in der Partei der proletarischen Diktatur Mitglied zu sein und in einer rein bürgerlichen Organisation, die die Machenschaften ihrer gewählten Karrieristen mit Formulierungen von einer mystischen Bruderschaft maskiert, zurückgewiesen. Die Tatsache aber – die völlig unerwartet beim Vierten Weltkongress offenbart wurde –, dass eine ansehnliche Zahl französischer Kommunisten gleichzeitig Freimaurerlogen angehörte, brachte in den Augen der Internationalen den deutlichsten Beweis dafür, dass unsere französische Partei nicht nur das psychologische Erbe französischen Reformismus, Parlamentarismus und Patriotismus behalten hat, sondern auch ihre Beziehungen mit den geheimen Institutionen des Bürgertums, was höchst kompromittierend für die Parteiführung ist. Und in einer Zeit, in der die kommunistische Spitze die Kräfte des Proletariats im Namen der proletarischen Diktatur zusammentrommelt für den unvermeidlichen Kampf gegen alle Gruppierungen und Organisationen der bürgerlichen Gesellschaft, unterhält ein ganzer Haufen namhafter Parteiarbeiter – Deputierte und Journalisten bis hinauf zu Mitgliedern des Zentralkomitees, intime Beziehungen mit den Geheimorganisationen des Klassenfeindes.«[3]

Kaum irgendwo ist die kommunistische Denkart über die Freimaurerei deutlicher und zugespitzter formuliert als bei Leo Trotzki. Doch seine Verärgerung über die französischen Kommunisten der zwanziger Jahre offenbart auch mehrere andere Aspekte. Ganz offenkundig sprach der Kommunismus in seiner ursprünglichen, von den Russen noch nicht pervertierten Form, zahlreiche Freimaurer an, denn einige Gemeinsamkeiten liegen ja auf der Hand; bis heute. Dieses Kapitel bedürfte seitens der Freimaurer einer Aufarbeitung, die meines Wissens nach noch nicht erfolgt ist. Nun – die geschichtliche Entwicklung verlief anders. Die russisch-sowjetischen Kommunisten waren radikal, brutal und dachten kollektivistisch, nicht individualistisch – alles Gegensätze zur Freimaurerei. Dennoch scheint in den Äußerungen Trotzkis Besorgnis über eine Unterwanderung durch, die sich bis 1990 gehalten hat. Trotzki weiter:

»Die Internationale betrachtet es als dringend, ein für alle Mal diesen kompromittierenden und demoralisierenden Verbindungen zwischen einer Führerschaft der Kommunistischen Partei und einer politischen Organisation der Bourgeoisie ein Ende zu bereiten. Die Ehre des revolutionären Proletariats erfordert es, dass alle Organisationen ihrer Klasse von solchen Elementen bereinigt werden, die wünschen, Doppel-Mitgliedschaft in beiden sich bekämpfenden Lagern zu unterhalten.«

Um es hier noch einmal klar zum Ausdruck zu bringen: Es waren die russischen Sowjets, die auf internationaler Ebene kompromisslos Front machten gegen die Freimaurer, nicht »Kommunisten an sich«. Es waren Lenin und Trotzki und wenig später Stalin, die eine »Purifikation« aller Kommunisten nach ihrer Vorstellung verlangten. Und Freimaurer galten ihnen nicht nur als exzentrische Bürgerliche, sondern – identisch zu den Nazis, nur anders begründet – als »feindliche Agenten«. Noch einmal Trotzki:

»Der Vierte Internationale Kongress hat das Zentralkomitee der französischen Kommunisten aufgefordert, bis 1. Januar 1923 alle Verbindungen zwischen der Partei, seien es persönliche oder kollektive, mit den Freimaurern aufzulösen. Jeder Kommunist, der vor dem 1. Januar einer Freimaurerloge angehörte und nicht öffentlich sich von der Freimaurerei lossagt, ist mit genanntem Datum automatisch aus der Kommunistischen Partei und für immer von der Mitgliedschaft ausgeschlossen. Wer seine Mitgliedschaft in einer Freimaurerorganisation verheimlicht wird als feindlicher Agent angesehen.«

Derart unter Druck gesetzt, zogen die französischen Kommunisten tatsächlich umgehend die Konsequenzen aus dem Beschluss der Vierten Komintern und stellten ihre Miglieder offiziell vor die

Wahl sich zu entscheiden: entweder Kommunist oder Freimaurer zu sein.[4]

Warum sich trotz dieser Beschlüsse des Vierten Internationalen Kongresses der Kommunisten sowie anderer Veröffentlichungen von Kommunisten gleichen Inhalts dennoch hartnäckig bei vielen Menschen – sogar in seriöser Literatur – der »Verdacht« hält, Kommunisten seien nichts anderes als verkappte Illuminaten oder Freimaurer, kann nur mit penetranter Ignoranz erklärt werden oder mit völliger Unkenntnis der genannten kommunistischen Literatur, was beides zusammen wohl am wahrscheinlichsten ist. Solcherart Verschwörungs-Fanatiker lassen sich lieber von zahlreichen Symbolen inspirieren. Ein Beispiel: Da der 1. Mai von den Kommunisten weltweit zum höchsten Feiertag der Arbeiterklasse erhoben wurde, und der arme Adam Weishaupt seine Illuminaten ebenfalls an einem 1. Mai 1776 gegründet hat, ist für manche der »geheime Beweis« erbracht, dass »freimaurerische Illuminaten« die Oktoberrevolution von 1917 sowie die Ermordung der Zarenfamilie veranlasst haben.[5] Insbesondere letztes »Argument« wird ständig von fundamentalistischen Christen und der Russisch-Orthodoxen Kirche unter der Hand verbreitet.

Bewusst übersehen wird von solchen Leichtgläubigen, dass bei allen scheinbar offenkundigen Parallelen zwischen Freimaurerei und Kommunismus das entscheidende Element der »Freiheit« im Kommunismus gänzlich fehlt. Keiner der Volkskommissare der Sowjetunion war jemals Freimaurer. Auch eines der Symbole des Kommunismus, der fünfzackige Sowjetstern, hat mit dem Freimaurer-Symbol des Pentagramms nichts zu tun, es wurde bestenfalls als bereits bekanntes Symbol benutzt und für den Sowjet-Kommunismus umgemünzt, wie so vieles andere auch. Denn die Sterne auf der Flagge der USA sind ebenfalls stets fünfzackig.

Lediglich Leo Trotzki beschäftigte sich während seiner Inhaftierung mit der Geschichte und Philosophie der Freimaurerei. Prompt dient dies für »Verschwörungsliebhaber« erneut als Begründung, eine Verbindung zwischen Kommunisten und Freimaurern herzustellen. Diese Auffassung aber steht nicht nur Trotzkis Bericht über die Vierte Internationale, sondern auch eine Veröffentlichung zum Thema in der »Iswestija« entgegen, in der er die Freimaurerei als die kapitalistische Feindin des Kommunismus bezeichnet hat.

Vieles von dem irrationalen Hass der russischen Kommunisten auf Freimaurer hat wohl mit der russischen Geschichte und Gesellschaft zu tun. Auch die russischen Kommunisten waren nicht frei von Vorurteilen, die sie aufgrund ihrer Erziehung – oft in einem konservativen Elternhaus – erhielten. Grundsätzlich muss festgestellt werden, dass in Russland die Freimaurerei nie sonderlich Fuß fassen konnte. Gegen freiheitliches Gedankengut wehrte sich zuoberst die Orthodoxe Kirche, die auch heute eher nationalistisch auftritt und autokratischen Regierungsmustern zuneigt. Aber vor allem für die Mehrheit der totalitaristisch regierenden Zaren hatte das Gedankengut der Aufklärung in ihrem Reich keinen Platz. Ausnahmen sind die Zaren Peter III. (1728–1762), Paul I. (1754–1801) und Alexander I. (1777–1825), die zwar Freimaurer waren, aber die sklavengleiche Leibeigenschaft beibehielten und keine Reformen anpackten, die Russlands Denken wesentlich befreit hätten. Während ihrer Regentschaften waren zwar Bildungsbürger, Adel, Offiziere und Beamte ebenfalls in den wenigen zugelassenen Logen vertreten, eine Massenbewegung wurde die Maurerei in Russland allerdings zu keiner Zeit. Sie passte nicht zum Zarentum, sondern stand ihm entgegen. Bei Ausbruch der Revolution von 1917 wurden deshalb in ganz Russland nur dreißig Logen gezählt, die mit der Machtübernahme der Sowjets umgehend verboten wurden. Erst seit Juni 1991 gibt es wieder Logen in Russland, hauptsächlich durch französische Großlogen gegründet. Seit 1995 besteht die Großloge von Russland mit Sitz in Moskau. Indes gilt Freimaurerei in Russland verstärkt wieder als eine »obskure Verschwörergemeinschaft«, die nicht in das Weltbild des derzeitigen autokratisch regierenden Präsidenten Vladimir Putin passt.

So wie die Sowjets mussten nach dem Zweiten Weltkrieg auch die übrigen kommunistischen »Bruderländer« denken und handeln. In der Tschechoslowakei zum Beispiel dauerte es mehr als zwei Jahre nach dem Sieg über die Nazis, bis sich im November 1947 die Großloge von dem fast zehnjährigen Freimaurer-Verbot wieder soweit erholt hatte, dass sie erneut ihre Pforten öffnen konnte. Kaum war dies geschehen, übernahmen im Jahr 1948 unter sowjetischem Druck die Kommunisten die Regierung in Prag und die Freimaurer mussten erneut in den Untergrund gehen.

Ähnlich sah es in Ungarn aus. Seit 1920 war die Freimaurerei dort verboten gewesen. Nach der Befreiung Ungarns durch die Rote Armee annullierte die neue ungarische Regierung im März 1946 das Freimaurerverbot Horthys und gab den Freimaurern einen legalen Status. Unter dem massiven Einfluss der Sowjets bestimmte jedoch am

13. Juni 1950 das kommunistische Marionetten-Regime in Budapest, dass die »Logen Treffpunkte der Feinde der demokratischen Volksrepublik Ungarn« seien, »wo sich kapitalistische Elemente und Anhänger des westlichen Imperialismus« träfen. Deshalb sei die Freimaurerei erneut zu verbieten.[6]

Logen in der DDR

In der »Deutschen Demokratischen Republik« (DDR) stellten sich solche Probleme gar nicht erst. Da die Freimaurer bereits durch die Nazis ausgeschaltet worden waren, brauchte die SED-Regierung sich um kein Freimaurer-Verbot zu kümmern. Sie gab sogar stets vor, dass es in der DDR kein gesetzliches Verbot der Freimaurerei gebe. Man sah jedoch auch keine Notwendigkeit, ein »Instrument des kosmopolitischen Großbürgertums«[7] im neuen deutschen Staat wieder zuzulassen. Daß Freimaurer nicht wieder zugelassen wurden, kam schließlich einem vierzig Jahre währenden de-facto-Verbot gleich. Denn auf dem Gebiet der DDR hatten Freimaurer genauso überlebt wie im Westen. Aber die sowjetische Besatzungsmacht, noch dazu belastet mit russischem Antisemitismus und der sich daraus speisenden Abneigung gegen Freimaurer, ließ mit Ausnahme eines Beispieles in Meiningen keinerlei Wiederaufleben zu. Wie der Meininger Fall zeigt, ist allerdings auch für Ostdeutschland nicht auszuschließen, dass DDR-Funktionäre das Nazi-Propagandabild gegen Freimaurer verinnerlicht hatten und sich entsprechend ablehnend gegen jedwede Wiederbelebung verhielten, obwohl Kommunisten und Freimaurer das gleiche Schicksal durch den NS-Staat erleiden mussten. In ihrer kleingeistigen Ängstlichkeit duldeten sie aber keine Antifaschisten außerhalb des Kommunismus und des Sozialismus.

Die Freimaurer aus dem thüringischen Meiningen berichten indes von mehreren Versuchen, die Freimaurerei in der DDR respektive Sowjetischen Besatzungszone (SBZ) wiederzubeleben. Am 18. Juli 1946 stellte beispielsweise ein Ilmenauer Dozent ein Gesuch an den Regierungspräsidenten in Weimar, Freimaurerlogen wieder zuzulassen. Er ersuchte sogar um die Erlaubnis zur Gründung einer Thüringischen Mutterloge unter dem Namen »Altmeister Goethe«. Vergebens. Außerdem gibt es einen Bericht darüber, dass der sowjetische Stadtkommandant von Meiningen 1949 keine Schwierigkeiten bei der

Genehmigung einer Zusammenkunft von Freimaurern zur Feier von Goethes Geburtstag am 28. August bereitet habe. Demzufolge war es die erste offizielle Zusammenkunft der örtlichen Freimaurer seit 1935 überhaupt. Die damaligen Brüder äußerten die Absicht, sich nun wieder an jedem letzten Samstag eines Monats zu treffen. Doch dieser Hoffnungsschimmer verschwand rasch. Nach der Gründung der DDR wenige Wochen später war keine Rede mehr von einer genehmigten Freimaurerei. Die Kreisleitung Meiningen der Sozialistischen Einheitspartei Deutschlands (SED) etablierte sich vielmehr in der ehemaligen Befehlszentrale der Meininger NSDAP, im ursprünglichen Haus der Meininger Freimaurerloge![8]

Trotz aller Ablehnung der Freimaurerei wurde zumindest in der Literatur der DDR mit dem Thema umgegangen. Geschickt sind Freimaurer als »Träger des historischen gesellschaftlichen Fortschritts« durchaus gewürdigt, eine Wiederzulassung der Logen, ihrer »Geheimnisse« und des »bürgerlichen Internationalismus der Freimaurer« betrachtete der real existierende Sozialismus allerdings als »wesensfremd« und als »bürgerlich-reaktionär«. Andere Veröffentlichungen in der typischen DDR-Terminologie taten die Freimaurerei ab als »Instrument des kosmopolitischen Großbürgertums«.[9]

Dennoch zeigt sich alles in allem in der DDR-Hochschulliteratur der Literaturgeschichte, der Philosophie und der deutschen Geschichte der Frühen Neuzeit ein positiveres Bild als in anderen sozialistischen Staaten. Gelegentlich wurde sogar Wertschätzung und Hochachtung für die historische Rolle der Freimaurerei zum Ausdruck gebracht, jedoch nicht auf zeitgenössisches Wirken der Freimaurer übertragen. Nach Darstellung der offiziellen DDR hatte die Arbeiterklasse unter der Führung der Partei Neuen Typus das progressive Bürgertum und damit auch sein Werkzeug – die kosmopolitische Freimaurerei – abgelöst. Historisch überholt und veraltet, pflege die Freimaurerei heute lediglich »Formen antiquierter Rituale«.[10]

Kontakte einzelner Freimaurer unmittelbar nach Kriegsende aus der »Ost-Zone« mit den »West-Zonen« hat es noch eine Weile gegeben. Ab 1948 sind solche aber nicht mehr nachweisbar. Von einem Freimaurer-Untergrund in der DDR ist nichts bekannt. Allerdings blieb die Staatssicherheit offenkundig wachsam. Wie vom Bundesbeauftragten für die Unterlagen des Staatssicherheitsdienstes der ehemaligen DDR (BstU), Archiv der Außenstelle Schwerin, zuständig für die Unterlagen der ehemaligen Bezirksverwaltung für Staatssicherheit (BVfS) Schwerin, zu erfahren war, gab es eine Überwachung von »Sekten und Freimaurern gegen die Politik der DDR«, weil nach der Logik der DDR-Staatsführung jeder Andersdenkende eine Bedrohung darstellte.

Interessant ist in diesem Zusammenhang, dass ausgerechnet der DDR-Kommunismus einiges an Freimaurer-Symbolik übernahm. Im Staatswappen der DDR taucht prominent das wichtigste Freimaurersymbol auf: der Zirkel. Warum eigentlich? Als Antwort ist zu hören, dass der Zirkel von den Freimaurern nicht alleine als Symbol in Anspruch genommen werden könne, sondern dass der Zirkel eben ein Instrument sei, mit dem ein Architekt am Reißbrett Pläne für den Aufbau entwirft: »Auferstanden aus Ruinen«, so verstand sich ja die DDR, ein »Neues Deutschland« bauend, deshalb der Titel für die Staatzeitung, und so weiter. Doch bei allen scheinbar einleuchtenden Erklärungsversuchen bleibt festzuhalten: Der Zirkel war schon seit mindestens zweihundert Jahren vor der Gründung der DDR *das* Freimaurersymbol schlechthin. Wer sich dieses Symbols bemächtigte, um es wie auch immer umzudeuten, muss sich fragen lassen, was ihn dazu bewogen hat. Eine schlüssige Antwort steht bis heute aus. Zumal sich weitere Freimaurerelemente im »real existierenden DDR-Sozialismus« wiederfanden.

Die zweite Strophe der DDR-Nationalhymne könnte genauso gut ein Freimaurerlied sein, dort heißt es: »Alle Welt sehnt sich nach Frieden/ reicht den Völkern eure Hand/ Wenn wir brüderlich uns einen/ schlagen wir des Volkes Feind/ Lasst das Licht des Friedens scheinen [...]« Hier finden wir eine ganze Reihe von Anspielungen auf typische Freimaurerphilosophie: die Hände brüderlich reichen, der Internationalismus, Friede mit anderen Völkern und das »Licht« als Symbol der Erkenntnis.

Selbst die Jugendweihe, die als Relikt der DDR bis heute überlebt hat, stammt originär nicht von der SED, wie ein moderner Wissenschaftler, der kein Freund der Freimaurer ist, feststellte: »Die ›Weihe‹ gab es bis dahin nur im Zusammenhang mit dem christlichen Glaubensleben, also im kirchlichen Bereich, verbunden meist mit der Spendung von Sakramenten. Jetzt wurde der Begriff der Weihe zunehmend für rein weltliche Belange gebraucht – und hier vor allem in der Kunst. Bekannte Beispiele dafür sind Mozarts Oper ›Die Zauberflöte‹ sowie die Werke von Dichtern wie Lessing, Herder, Goethe oder Schiller. Einige der genannten Künstler und Gelehrten gehörten zu den Freimaurern, einer bis heute fortbestehenden, antikirchlichen Bewegung. Auch in der Freimaurerbewegung hatte der Begriff der ›Weihe‹ eine zentrale Bedeutung.«[11]

Abschließend bleibt festzustellen, dass es tatsächlich unter den kommunistischen Bruderländern eine rühmliche Ausnahme gibt: das sonnige Kuba! Dort sieht man keinen Gegensatz zwischen Kommunist und Freimaurer. Im Gegenteil. Seit 1859 kann sich die reguläre und anerkannte Großloge Kubas entfalten. Sie zählt mit 314 Logen und etwa 23 000 Mitgliedern (Stand 1996) zehntausend Freimaurer mehr als in Deutschland! Denn Fidel Castro hat die Freimaurerei nicht verboten. Seine Regierung forderte 1977 »lediglich« eine Geldbuße von insgesamt 100 000 US-Dollar von einigen Logen und der Großloge, weil diese Witwen und Waisen von Regimegegnern unterstützt hatten, die gleichzeitig Freimaurer waren.

Die Frage, warum ausgerechnet Kuba die einzige kommunistische Diktatur ist, die Freimaurerei so offen zulässt, wird oft gestellt. Es gibt keine offizielle Antwort darauf. Lediglich Erklärungsversuche. Zum einen ist der Nationalheld und Freiheitskämpfer des 19. Jahrhunderts, José Maria Martí, bekanntermaßen ein Freimaurer gewesen. Es wird außerdem gemutmaßt, dass auch der Vater Fidel Castros der Bruderschaft angehört habe und angeblich Raul Castro, der Bruder Fidels, gar heimlicher »inoffizieller« Großmeister der Großloge von Kuba sei. Am logischsten erscheint indes, dass Fidel Castro den »Geheimbund« einfach weiterhin zugelassen hat, um ihn unter seiner Beobachtung zu haben. Denn, wer verfolgt wird und in den Untergrund geht, kann nicht mehr überwacht werden. Erstaunlich auch, dass seit Jahren enge Kontakte zwischen amerikanischen und kubanischen Freimaurern bestehen dürfen. Es gibt sogar Patenschaften und Freimaurer aus den USA dürfen ihre Brüder mit allem, was diesen fehlt, versorgen. Insbesondere die Freimaurer der amerikanischen Hauptstadt Washington, D.C. reisen ständig zu Besuchen nach Havanna. Es gibt inzwischen eine richtige Organisation innerhalb der Washingtoner Freimaurer, die sich ausschließlich um diesen Kontakt kümmert. Sie stellt auch Kontakte zu Freimaurern in anderen Ländern her, die ihre Brüder in Kuba besuchen wollen.

»Outpost Berlin«

Zweifacher Neuanfang

»Die jüngeren Generationen waren für die Idee des Freimaurerbundes nur schwer anzusprechen.«
Chronik der Berliner Loge »Zur Treue«, 1946

Der 8. Mai 1945 bedeutete für ganz Europa das »Ende der Finsternis«, wie das Kriegsende in der Freimaurersprache heißt. Von den einst 80 000 deutschen Freimaurern vor 1933 finden kaum 5 000 in den drei West-Zonen wieder zusammen. In der sowjetischen Besatzungszone und späteren DDR bleibt es »finster« bis zum 9. November 1989.

Die Freimaurer der Weltstadt Hamburg zögern kein bisschen und gehen mit mutigem Beispiel voran: Großmeister Wilhelm Hintze schart unmittelbar nach Kriegsende ohne Genehmigung der britischen Militärbehörde jene Freimaurerbrüder um sich, die sich in der Stadt aufhalten, und eröffnet auf eigene Faust die Großloge von Hamburg.

Wie aber hatten die Freimaurer jene zehn dramatischen Jahre zwischen ihrem Verbot im Jahr 1935 und dem Kriegsende 1945 als Gruppe überlebt? Mancherorts war das Freimaurertum tatsächlich vollkommen untergegangen, die einstigen Brüder im Krieg gefallen, gestorben oder aufgrund der erfahrenen Schikanen einfach nicht mehr willens, sich einer Vereinigung anzuschließen. Doch in den Großstädten bildeten die älteren Freimaurer nach dem Verbot oftmals eine feste Gemeinschaft, die ihre Zusammenkünfte nach außen als Wandergruppe tarnte, aber intern über diese Treffen genau Buch führte, so dass manche Logen über so genannte »Wanderbücher« verfügen. Andere, wie in einem Berliner Fall, gründeten einen »Antiquitätenklub«, der es ihnen ermöglichte, sich während des Nazi-Regimes weiterhin zu treffen. Allerdings offenbart die Mitgliederliste, dass es sich fast ausschließlich um Freimaurer handelte, die nicht mehr im Berufsleben standen und deshalb bei einer Entdeckung wenig zu befürchten hatten. Die Mitglieder des Berliner »Antiquitätenklubs« waren 1945 zwischen 65 und 75 Jahre alt.[1]

Alliierte Bruderhilfe

Zunächst blieb die Zusammenarbeit mit den alliierten Kontrollbehörden für die verbliebenen Freimaurer schwierig. Die Alliierten standen Vereinen und ähnlichen Zusammenschlüssen generell ablehnend gegenüber, weil sie befürchteten, dass sich hier Keimzellen nationalsozialistischer oder revanchistischer Gedanken tarnen könnten. Erschwert wurde die Reorganisation zudem durch Versammlungsverbote und die Aufteilung Berlins in vier Sektoren mit jeweils anderen Militär-Gouverneuren. Erst im Januar 1946 wurde es möglich, eine erste größere Versammlung der verbliebenen Freimaurer durchzuführen, die nach vielen Anträgen und Vorsprachen für mehrere Stadtbezirke erst verboten und dann schließlich an einem Ort doch genehmigt wurde.

Am 18. Mai 1946 erhielt die »Große Loge Royal York zur Freundschaft« sowie die »Große National-Mutterloge zu den drei Weltkugeln« eine Genehmigung der amerikanischen Militärregierung zu freimaurerischer Betätigung im Westsektor Berlins. Wenig später fand daraufhin im Ratskeller des Rathauses Schöneberg die erste Nachkriegs-Logenversammlung statt, in der die Wiederbelebung der »Großen Loge Royal York zur Freundschaft« und ihrer vier ursprünglichen Tochterlogen formal beschlossen und im Detail geregelt wurde. Im gleichen Jahr gründeten amerikanische Besatzungssoldaten zahlreiche Militärlogen in Deutschland, die der deutschen Nachkriegsfreimaurerei in der Bundesrepublik beim Start halfen. So wurde 1946 die »Oregon Military Lodge« als erste ausländische Freimaurerloge auf deutschem Gebiet gegründet. Im geteilten Berlin folgte die amerikanische »Berlin 46 Outpost Lodge«.

1946, das bedeutete für alle Freimaurer in der amerikanischen Zone und dem Berliner Westsektor die Wiederzulassung und Rehabilitierung, allerdings meist ohne ihre Logenhäuser, ohne Vermögen und nur mit privat versteckten Ritualgegenständen. Sie trafen sich in Ratskellern, Tanzlokalen und anderen Gaststätten, genauso, wie einst die amerikanischen Freimaurer im 18. Jahrhundert ihre ersten Zusammenkünfte abhielten. Aus der Chronik der Berliner Loge »Zur Treue« ist zum Beispiel zu erfahren: »Bruder Hagen fuhr 1946 mit dem Fahrrad durch das verwüstete Berlin, um Brüder zu suchen, um mit ihnen den Neubeginn zu unternehmen. [...] Ein provisorisches Gebäude in Steglitz, Ahornstraße, wurde gefunden. Am 13. 6. 1946 errichteten elf Brüder erneut die Loge Zur Treue. Jeder Bruder hatte Briketts mitzubringen.«[2] Jedoch beschränkte anfänglich »der Überlebenskampf jedes Einzelnen die Teilnehmerzahl« der Mitglieder, die immerhin ein Durchschnittsalter von 62 Jahren aufwiesen. Außerdem stellten die überlebenden Freimaurer fest, was teilweise bis heute gilt: »Die jüngeren Generationen waren geprägt durch die jüngste Vergangenheit, Krieg und Nationalsozialismus. Das bedeutete: sie waren für die Idee des Freimaurerbundes nur schwer anzusprechen.«[3]

In der amerikanischen Besatzungszone wurden im Laufe des Jahres 1946 alle Freimaurerlogen wieder zugelassen. In der britischen und französischen Zone dauerte es bis ein Jahr nach der Gründung der Bundesrepublik, bis alle Logen und Großlogen wieder arbeiten konnten. In der Erkenntnis, dass angesichts der dramatisch gesunkenen Mitgliederzahl Einigkeit statt selbstgerechter Individualismus Not tat, schlossen sich am 19. Juni 1949 die reaktivierten deutschen Logen und Großlogen zusammen und gründeten in der Paulskirche zu Frankfurt/Main die Dachorganisation »Vereinigte Großloge der Freimaurer von Deutschland«. Es handelte sich dabei um 174 Logen aus den ursprünglichen Großlogen »Große National-Mutterloge zu den drei Weltkugeln«, »Großloge Royal York zur Freundschaft«, »Großloge zur Sonne«, »Große Loge von Hamburg«, »Eklektischer Freimaurerbund«, Großloge »Zur Eintracht«, »Symbolische Großloge von Deutschland«, »Große Loge von Sachsen« sowie zehn neue Logen, die seit 1945 gegründet worden waren. Nach einigen formalistischen Unstimmigkeiten, die nur für jene Freimaurer von Bedeutung waren, die trotz Verbotes zwischen 1935 und 1945 nichts gelernt hatten, erfolgte später die Umbenennung in den heutigen Namen »Vereinigte Großloge der Alten Freien und Angenommenen Maurer von Deutschland«.

Obwohl viele der wieder zusammengefundenen Freimaurer an die Grenzen ihrer persönlichen Möglichkeiten gingen, um mittels buchstäblich vom Mund abgesparter Spenden zwischen damals fünf und fünfhundert Mark ihre Logenhäuser zurückzuerwerben, neue zu

»This is Louis.« – Freimaurer und Jazz-Genie Louis Armstrong gibt im Nachkriegs-Berlin ein Ständchen auf dem Kurfürstendamm

gründen und die ganze untergegangene Organisationsstruktur wieder aufzubauen, blieb ein dramatisches Nachwuchsproblem festzustellen. »Trotz aller Aktivitäten gelang es nicht, das Vorurteil der Jugend gegen die Idee des Freimaurertums abzubauen und Neuaufnahmen aus diesem Kreis zu ermöglichen.«[4]

Angesichts fortschreitender Überalterung und niedriger Mitgliederzahlen blieben weitere Zusammenschlüsse von Logen und Großlogen nicht aus: Die »Große Landesloge der Freimaurer von Deutschland« und die »Große National-Mutterloge« schlossen sich Anfang der fünfziger Jahre zum »Bund christlicher Freimaurer-Großlogen Deutschlands« zusammen und bemühten sich in Stockholm um die Wiederanerkennung durch den Schwedischen Freimaurerorden. Denn in Deutschland war seit 1768 eine Besonderheit entstanden, die sich aus der Not der Zeit ergeben und in diesem Fall nichts mit Kleingeisterei zu tun hatte: Ein anfänglicher Anhänger des Freiherrn von

Hund, jenes Phantasten, der einst die unsägliche »Strikte Observanz« erfunden hatte, wurde Stifter der neuen »Großen Landesloge von Deutschland«. Unzufrieden mit Hund hatte sich dieser Freimaurer namens Johann Wilhelm Kellner von Zinnendorf zunächst gemeinsam mit anderen Brüdern schriftlich an die englische Großloge gewandt, mit der Bitte, den deutschen Brüdern zu helfen, zu den Ursprüngen der Freimaurerei zurückzugelangen. Zinnendorf war jedoch ohne Antwort geblieben. Daraufhin reiste ein »Bruder Schopp« im Jahre 1763 nach Stockholm, um von den dortigen Logen Aktenabschriften zu erlangen, jedoch ebenfalls ohne Erfolg. 1765 beauftragte Zinnendorf den Freimaurer Hans Baumann mit den Verhandlungen in Stockholm. Dieser hatte mehr Glück – weil die Deutschen bereit waren, dafür ordentlich in die Tasche zu greifen. Gegen eine stolze Summe Geldes ließ sich der Großmeister der schwedischen Großen Landesloge, Karl Friedrich von Eckleff, herab, die von ihm selbst aus englischen und französischen Quellen übersetzten Ritualakten an Zinnendorf und Co. zu verkaufen. Dazu kam eine Instruktion für den Ordensmeister und ein Freibrief, der auf »Bruder Dieu« lautete, der als Ordensmeister in Deutschland vorgesehen war. Als sich Dieu aber für ein Verbleiben in der »Strikten Observanz« entschied, schickte Baumann den Freibrief 1769 an die schwedische Großloge zurück, mit der Bitte, ihn auf Zinnendorf umzuschreiben.

Ab 1768 wurde in Potsdam die erste Freimaurerloge, die nach dem so genannten schwedischen Ritual arbeitet, eröffnet. Sie trug den Namen »Minerva«. Zahlreiche weitere Gründungen dieser Richtung erfolgten. 1773 kam sogar ein Vertrag mit der Großloge von England zustande, die das schwedische Ritual in Deutschland als »Große Landesloge von Deutschland« anerkannte. Eine der größten und bekanntesten Logen dieser Richtung ist die Berliner Loge »Zum Todtenkopfe und Phönix«. Sie wurde in Königsberg in Ostpreußen gegründet, 1935 dort verboten und nach 1945 in Berlin-Dahlem wiederbelebt.

Die »schwedischen« Freimaurer Deutschlands mussten sich nach dem Zweiten Weltkrieg erneut und nachdrücklich um eine Wiederanerkennung in Stockholm bemühen. Sie kam erst 1953 zustande. Die Großlogen Dänemarks, Norwegens und Islands folgten mit ihrer Anerkennung gar erst Ende 1956. Hintergrund der Distanz und Zurückhaltung der Skandinavier waren wohl die Anbiederungsversuche deutscher Freimaurerspitzen aus genau dieser Großloge in den Jahren

1933 bis 1935 bei der Naziführung. Die »Vereinigten Großlogen von England« zwangen die Deutschen dann gar zu einer Radikalentscheidung. Mit Erlass vom 5. Dezember 1956 forderten die englischen Freimaurer »endgültig und unwiderruflich« die Deutschen auf, eine einzige Großloge zu bilden, denn sie seien bereit, nur *eine* Großloge in Deutschland anzuerkennen. Diese »Drohung« war zwar gelinde gesagt unverschämt, erkennen die Engländer doch ohne Probleme für die USA die inflationäre Zahl von 51 Großlogen an. Doch half dieser Zwang aus London andererseits, dem zurückgekehrten Hang zur »Kleinstaaterei« unter deutschen Freimaurern Einhalt zu gebieten.

Solcherart gezwungen, beschlossen zwei deutsche Großlogen 1958 eine von ihnen als »Magna Charta der deutschen Freimaurer« bezeichnete »gemeinsame nationale Ordnung der deutschen Freimaurer«. Dieser Ordnung traten nach und nach und mit viel internem Geziere und Feilschen um Extrawürste alle deutschen Groß- und Kleinlogen bei. 1970 folgten sogar die »American-Canadian Grand Lodge« und die »Grand Lodge of British Freemasons in Germany« und schlossen sich dem endgültigen Dachverband »Vereinigte Großlogen von Deutschland« an.

Daraus ergibt sich die heutige Struktur: Die 470 deutschen Freimaurerlogen mit ihren 14 000 Mitgliedern arbeiten unter fünf Großlogen, die sich ihrerseits zu den »Vereinigten Großlogen von Deutschland« (VGLvD) zusammengeschlossen haben. Die deutschen Großlogen der VGLvD sind die »Großloge der Alten Freien und Angenommenen Maurer von Deutschland«, die »Große Landesloge der Freimaurer von Deutschland«, die »Große National-Mutterloge Zu den Drei Weltkugeln«, die »American Canadian Grand Lodge« und die »Grand Lodge of British Freemasons in Germany«. Drei weitere Logen, darunter die Forschungsloge »Quatuor Coronati« in Bayreuth, die auf wissenschaftlicher Basis die Geschichte der Freimaurerei aufarbeitet, unterstehen den VGLvD direkt.

Die VGLvD stellen die alleinige, souveräne Vertretung der Freimaurerei in Deutschland gegenüber den freimaurerischen Organisationen im Ausland und gegenüber der Öffentlichkeit dar. Auf diese Weise sprechen die deutschen Freimaurer national und international mit einer Stimme. Nachteilig ist, dass die VGLvD einen hohen Abstimmungsbedarf mit ihren fünf Mitgliedsgroßlogen hat und deshalb in der Presse- und Öffentlichkeitsarbeit nicht sehr flexibel sein kann.

In Fragen der inneren Ordnung und der Gestaltung ihrer Rituale sind die Mitgliedsgroßlogen jedoch weiterhin autonom.

Höhepunkt in der Geschichte der Freimaurer der Nachkriegszeit waren neben den Zusammenschlüssen und Gesundschrumpfungen die Empfänge von Freimaurerdelegationen bei mehreren Bundespräsidenten; angefangen bei Bundespräsident Gustav Heinemann im Oktober 1970. Er ließ sich in seinem Berliner Amtssitz Schloss Bellevue auf einen ausführlichen Informationsaustausch ein. 1981 erklärte sich auch Bundespräsident Karl Carstens bereit, Vertreter des Freimaurer-Dachverbandes zu einem Gespräch in Berlin zu empfangen, ebenso wie 1996 Roman Herzog. Konkrete Ergebnisse haben diese Empfänge nicht bewirkt, außer, dass Freimaurer belegen können, dass sie als gesellschaftliche Gruppe von der Staatsführung anerkannt sind. Dies ist unter Berücksichtigung der wechselhaften Geschichte der Bruderschaft allerdings nicht gering zu schätzen.

»Licht« für Osteuropa

Die Freimaurerei in Deutschland nachhaltig verändert und beeinflusst hat indes der Zusammenbruch der DDR und der Sowjetunion. Was westdeutsche und Berliner Freimaurer seither für die Wiederbelebung der Bruderschaft in Ostdeutschland, im Baltikum, in Russland, Ungarn und anderen osteuropäischen Ländern leisten, ist ein greifbarer, sehr realer Beitrag zur Stabilisierung der osteuropäischen Gesellschaften. Die deutsche Freimaurerei als eine »NGO« (non governmental organization) hat sich teils aus Eigeninitiative, teils auf Bitten am europäischen Integrationsprozess in Osteuropa beteiligt und ist – ohne sich dessen bewusst zu sein – dadurch auch (gesellschafts-)politisch tätig geworden. Dies geschah nicht nur mit materiellen Hilfsgütern, sondern vor allem mit der Unterrichtung in den Kardinal-Werten der Freimaurerei: Freiheit, Toleranz und Demokratie. Was sonst nur hochbezahlte Regierungsförderprogramme von Bundes- und Landeszentralen für politische Bildung leisten, haben deutsche Freimaurer aus eigenem Antrieb, mit eigenen Mitteln und in ihrer Freizeit getan: Pflöcke demokratischer Grundwerte gesetzt, dort, wo bisher noch nie oder nur für kurze Zeit Völker in Freiheit und Gerechtigkeit lebten.

Der Zusammenbruch der kommunistischen Gesellschaftsordnung – obwohl bei vielen verhasst – hat Millionen von Osteuropäern in persönliche Krisensituationen geführt, in Zweifel an der Richtigkeit ihrer bisherigen Lebensführung, in tiefe Depressionen bezüglich der zu erwartenden Zukunft. Die alte Utopie vom Sozialstaat auf Erden hatte sich als gnadenlose, menschenverachtende Diktatur entpuppt, die nach dem Zusammenbruch des Kommunismus die Frage nach dem Sinn des Lebens aufwarf. Für genau solche Krisen- und Grenzsituationen bietet die Freimaurer-Philosophie eine Fülle an Bewältigungsstrategien. Aber weder waren die rund dreihundert Millionen Osteuropäer in der Lage noch willens, sich angesichts alltäglicher materieller Not mit der Freimaurerei als »spiritueller« Lebenshilfe zu befassen, noch wären die »Freimaurer aller Länder« in der Lage gewesen, Hilfe im benötigten Ausmaß zu leisten. Was seitens der Freimaurer getan wurde, war im Rahmen des Möglichen und Machbaren. Und dies war, angesichts ihrer relativ kleinen Zahl, außerordentlich bemerkenswert.

Mit dem Aufbau von Freimaurerlogen und deren übergeordneten Organisationsstrukturen haben die deutschen Freimaurer zum Beispiel unter den Eliten osteuropäischer Länder dazu beigetragen, Überzeugungsarbeit für westliche, aufgeklärte Werte und Rechtsauffassungen zu leisten. Heute gibt es zahlreiche osteuropäische Geschäftsleute, Ärzte, Künstler und Regierungsangehörige, die Freimaurer geworden sind und die die Philosophie des Weltbruderbundes weitertragen.

Als erstes ehemaliges »Ostblock«-Land hat Ungarn die Freimaurerei noch im Jahr des Mauerfalls 1989 zugelassen. Es folgten im Jahr darauf die Tschechoslowakei sowie Jugoslawien. 1991 konnte sogar im erzkonservativ-katholischen Polen eine freimaurerische Großloge gegründet werden. Russland folgte erst 1995 und Estland 1999. Bemerkenswert in diesem Zusammenhang ist, dass sich eine Reihe von Interessenten aus Ost-Europa zunächst an französische Freimaurer gewandt hatte, aber sich von deren Mentalität nicht angezogen fühlte, wohingegen sie geistige Wurzeln und geistige Nähe ganz von sich aus in Deutschland fanden. Hier sind historische Bindungen, die einst durch den Eisernen Vorhang getrennt wurden, wie selbstverständlich erneuert worden.

Die Loge »Zum Todtenkopfe und Phönix« berichtet zum Beispiel von einer erfolgreichen »Reaktivierung« der einstigen Königsberger Loge »Zu den drei Kronen« im Juni 2002 durch ein Joint Venture von Freimaurern aus Moskau, Hannover und Danzig: »Natürlich waren Brüder unserer Loge dabei. Und wir besuchten auch die Stelle, an der einmal unser altes Logenhaus in Königsberg am Schlossteich stand. Das Schloss ist verschwunden, der See liegt in aller Stille, wo die Logenhäuser einmal standen, befindet sich heute ein kleiner Park mit einer Uferpromenade am See. Der Gründer unserer Loge, Bruder Jester, ließ sich im Garten des Logenhauses im Jahre 1818 bestatten. Damals zierte ein großer Granitkubus sein Grab, umgeben von einem kleinen Metallzaun, drei Stufen führten hinauf. Diese drei Stufen sind noch heute zu entdecken – eine Spur in die Vergangenheit.«[5]

Innerhalb der deutschen Freimaurerei hat sich seit dem Fall der Berliner Mauer 1989 vieles verändert. Die Zahl der amerikanischen und britischen Militär-Logen nahm nach Abzug der Alliierten rapide ab. Einige haben als Zusammenschlüsse überlebt und geben, wie im Fall der zusammengelegten amerikanisch-kanadischen Loge »Berlin 46 Outpost Lodge No. 895«, englischsprachigen Freimaurern in der deutschen Hauptstadt eine Heimat.

Vor allem aber gibt es wieder ost- beziehungsweise mitteldeutsche Brüder. Allerdings ist von keinem Fall bekannt, dass einer jener Freimaurer aus dem Jahr 1935 die Wiederbelebung einer ostdeutschen Loge erlebt hat. Alle Logengründungen in den fünf Bundesländern Brandenburg, Sachsen, Sachsen-Anhalt, Mecklenburg-Vorpommern, Thüringen sowie in Ost-Berlin sind völlig neu und nehmen lediglich Bezug auf Logen, die vor 1935 existierten.

Auf mehreren Freimaurerzusammenkünften der neunziger Jahre wurde über die Aufgaben der Bruderschaft im Rahmen der deutschen Einheit reflektiert. Es gab zahlreiche Freimaurer, die in der Tradition der Bruderschaft ein Streben nach »innerer Einheit und geistigem Zusammenfinden der Menschen von Ost und West« sahen und nun bereit waren, ihre Tradition, »Schranken zwischen den Menschen, Völkern und Konfessionen abzubauen«, in die Tat umzusetzen. Sie stellten zudem fest, »wie sehr die Menschen im Osten nach dem Zusammenbruch des politischen und ökonomischen Systems der DDR zu Suchenden geworden sind, wie der Zerfall der alten Ordnungen sie vor die Notwendigkeit gestellt hat, sich persönlich und gesellschaftlich neu zu orientieren«.[6] Sie zeigten ein besonderes Verständnis für die ostdeutsche Forderung, »Mitmenschlichkeit« als Pflicht ins Grundgesetz aufzunehmen,[7] ein Vorschlag, der damals leider nicht umgesetzt wurde. Auf Beschluss der Vereinigten Großlogen wurden

Logen in der alten Bundesrepublik ausgewählt, die sich als Patenloge zur Reaktivierung ehemaliger historischer Logen in den genannten Bundesländern eigneten. Einige typische Beispiele:

Für die Reaktivierung der Dresdner Loge »Zum goldenen Kreuz« aus dem Jahr 1894 wurde 1994 als Pate die Hamburger Loge »Zum rothen Adler« ausgewählt. Dresdner Freimaurer-Interessenten scheinen darüber zunächst nicht glücklich gewesen zu sein, räumen aber ein: »Im Nachhinein können wir heute feststellen, dass dies ein Glücksfall für uns war. Unsere Hamburger Brüder zogen durch Dresden und versuchten zu erkunden, was irgendwie möglich war, was auf unsere ehemalige Loge hinweisen würde. Aus der Zeit von 1935 bis 1994 war sehr schnell erkennbar, dass keine Brüder unserer Johannisloge ›Zum Goldenen Kreuz‹ aus der Zeit vor 1935 mehr unter den Lebenden sein konnten. Auch konnten leider keinerlei Familienangehörige gefunden werden. Also blieb nur ein Neuaufbau.«[8]

Freimaurer aus West-Deutschland, die beruflich in Dresden und Umgebung weilten, kamen zu Hilfe. 1994 wurde mit vier »Brüdern« der Neuaufbau in der sächsischen Metropole gewagt. Heute, im Jahr 2006, zählt die Loge achtzehn Mitglieder. Ihr »größtes Problem« ist nach eigenen Angaben das Fehlen eines Logenhauses. In Dresden gibt es zudem weitere Logen wie »Zu den drei Schwertern« und »Asträa zur grünenden Raute« und »Zum goldenen Apfel«.

Für die Loge »Zu den drei Sternen« in Rostock stand die Loge »Wilhelm zum Silbernen Anker« aus Wilhelmshaven Pate. Aber auch »eine beeindruckende Zahl von Mitgliedern aus sechs Logen der Hansestadt Bremen«, Hamburg und Berlin kümmerten sich offenbar um den Aufbau in Rostock.[9] So oder so ähnlich sah es in allen neuen Bundesländern aus. Einigen neugegründeten Logen war es möglich, die seit 1934/35 verstaatlichten Gebäude zurückzuerhalten, allerdings ausnahmslos in erbärmlichem Zustand.

In Luckau, in der Lausitz, half indes der ganze Ort, um das einstige Logenhaus »Zum Leoparden« zu renovieren und in das städtische Gesamtkonzept einzubinden. Die Luckauer haben nämlich das Logengebäude mit einer Musik- und Kunstschule kombiniert und auf diese Weise allen Seiten einen Dienst erwiesen. Am 18. Mai 1998 wurde das neue alte Logenhaus eröffnet. Der Pfarrer der Luckauer Nikolai-Kirche konnte sogar einen historischen Fund beisteuern. In einem der Kirchtürme war er beim Stöbern auf ein Bündel alter Papiere gestoßen, die dort wohl 1934 versteckt worden waren. In dem Bündel fanden sich Fotos von Luckauer Freimaurern. Vier davon konnten anhand alter Mitgliederverzeichnisse identifiziert werden: ein Apotheker, ein »Weinbergbesitzer«, ein Kaufmann und ein »Rector der höheren Töchterschule«, Vertreter des klassischen Bürgertums also.

In Chemnitz entstand bereits im Oktober 1990 mit der Loge »Zur Harmonie« eine besonders aktive und große Loge. In der neuen Gründungsurkunde heißt es: »Wiedereinsetzung der am 11. Mai 1799 gestifteten und von den Nationalsozialisten am 28. April 1933 zwangsweise aufgelösten und enteigneten Freimaurerloge ›Zur Harmonie‹. [...] Ehemals in Chemnitz und Umgebung geborene, einst wegen der menschenunwürdigen Zustände in dem Deutsche Demokratische Republik genannten Ostteil unseres Vaterlandes in den Westteil geflohene Männer, aber auch solche mit anderem Geburtsort, haben in der Königlichen Kunst [gemeint ist die Freimaurerei] eine menschwürdige Philosophie gefunden.« Diese ehemaligen Chemnitzer, im Westen Freimaurer geworden, »fühlten sich verpflichtet«, die Loge wiederzubeleben. Zwar war einigen wenigen in Chemnitz das Freimaurerhaus noch in vager Erinnerung. »Aber von dessen Bedeutung und Wirksamkeit wusste niemand mehr – auch nicht im Museum für Stadtgeschichte«, weiß die Loge zu berichten. Nach eigenen Angaben zählt die »Harmonie« derzeit fünfzig Mitglieder. Im Januar 1999 schufen sie sich ein eigenes Logenhaus.

Im thüringischen Meiningen wurde 1992 die Loge »Georg Liberalitas« von fränkischen Logen aus Schweinfurt, Kitzingen und Bamberg begründet. Historisch einmalig: 125 Jahre zuvor gründeten Meininger Freimaurer eine Loge in Schweinfurt. In Leipzig wurde 1992 die 1776 gegründete Loge »Balduin zur Linde« durch Freimaurer aus Hannover wiederbelebt.

Abschließend lässt sich feststellen, dass die Freimaurerei in den neuen Bundesländern nur zögerlich Fuß fasste, dass nach erster Euphorie sogar einige Logen mangels Mitgliedern wieder geschlossen werden mussten. Die etwa 500 ostdeutschen Freimaurer begründeten diese Schwierigkeit mit dem 54 Jahre währenden Verbot, das die Freimaurerei aus dem Bewusstsein der Bevölkerung verdrängt habe. Dieses Argument kling plausibel, erklärt aber alleine nicht die niedrige Mitgliederzahl. Vielmehr läßt auch hier die Presse- und Öffentlichkeitsarbeit der deutschen Freimaurer als Ganzes seit der Wiedervereinigung sehr zu wünschen übrig.

Mit Frack und Zylinder

Freimaurer heute

»Schreiben wie Gauner und Freimaurer.«
Aus einer Presseinformation für die Ausstellung am 17. Mai 2003 des Museums für Kommunikation Hamburg

Die meisten Freimaurerlogen in Deutschland nennen sich zusätzlich zu ihrem Namen »Johannisloge«, nach Johannes dem Täufer, der als Schutzpatron der Maurer gilt. Hier werden, wie überall auf der Welt, die Grade zum Lehrling, Gesellen und Meister gelehrt und durchlaufen. Diese drei Grund-Grade nennt man auch »blaue Freimaurerei«, da die Logenfarbe blau ist, im Unterschied zu weiterführenden Hochgradsystemen, die als Arbeitsfarbe rot gewählt haben. Vorsitzender einer blauen Loge ist der »Meister vom Stuhl«, der von allen Mitgliedern einer Loge gewählt wird. Er leitet die »Arbeit im Tempel«, wie das Ritual in einer Loge genannt wird. Jede Loge ist nach dem Vereinsgesetz autonom. Eine Großloge ist die Vereinigung mehrerer Logen, die eine bestimmte gemeinsame Freimaurerrichtung vertreten. Nur in den USA sind die Großlogen nicht inhaltlich organisiert, sondern jeder der fünfzig Bundesstaaten hat eine Großloge. Hinzu kommt die Hauptstadt Washington mit einer eigenen Großloge.

In den meisten Logen werden nur Männer aufgenommen. Es gibt jedoch auch eine steigende Zahl an Frauenlogen sowie gemischtgeschlechtliche Logen. Grundsätzlich besteht die Logen-»Arbeit« für jeden Freimaurer darin, sich einer moralisch-geistigen Selbstfindung zu unterziehen. Diese geschieht einerseits durch intensive private Studien, angeleitet in der so genannten Tempelarbeit sowie bei guten Logen unter zusätzlicher Betreuung durch einen Tutor. Ein wichtiger Teil der Tempelarbeit ist das Erlernen und Praktizieren der Symbolsprache. Freimaurer sprechen zum Beispiel vom »Bau des Salomonischen Tempels« und meinen damit die Verwirklichung einer humanen

Gesellschaft. In allen Freimaurerlogen dieser Welt werden zudem philosophische Abhandlungen vorgetragen und zumeist auch diskutiert. In Deutschland heißen solche Vorträge »Zeichnung«, in anderen Ländern »Präsentation«.

Die Hochgrade gliedern sich in bis zu 33 Grade, wobei in der Regel den meisten dieser Grade nur nominelle Bedeutung zukommt und sie nicht aktiv ausgeübt werden. Die genaue Hierarchie der Grade hängt dabei vom jeweiligen Ritus ab. Die bekanntesten sind der York-Ritus, der Französische Ritus, der Schwedische Ritus und der Schottische Ritus (AASR). Letzterer hat weltweit die größte Verbreitung unter den Hochgraden. In Deutschland ist der Schottische Ritus erst seit 1930 spärlich verbreitet, allerdings seit jüngster Zeit mit steigender Tendenz, da er eine starke internationale Ausrichtung hat und Freimaurer mit internationalem Hintergrund besonders anspricht.

Von Grad zu Grad findet jeweils eine Initiation statt, bei der der Initiierte sich durch verschiedene Symbolhandlungen mit philosophischen Werten und universalen Grundwahrheiten vertraut machen und vervollkommnen soll. Die drei blauen Grade Lehrling, Geselle und Meister beinhalten alle Werte und Traditionen der Freimaurerei, weshalb nur ein Teil der Freimaurer Anlass sieht, sich weiteren Hochgraden zu unterziehen. Wer allerdings die Hochgrade als weitere Vervollkommnungsstufen sieht, wird feststellen, dass sie das in den drei blauen Graden erworbene Wissen vertiefen und erweitern helfen. Um es nochmals klar zum Ausdruck zu bringen: Die Hochgrade vermitteln entgegen unsinniger Vermutungen von Freimaurergegnern kein geheimes Wissen, das den blauen Graden vorenthalten wäre. Allerdings sind sie in der Regel mystischer, sprechen viel intensiver Gefühl und Geist gleichermaßen an und können dadurch (Selbst-)Erkenntnisse, die in den drei blauen Graden oftmals nicht in der gleichen Intensität erreicht werden, hervorbringen. Der Schottische Ritus in Deutschland bietet dieses mystische Element in besonderer Weise an, da er aus Mitgliedern besteht, die sich in der Mystik beträchtliches Wissen erworben haben. Selbst innerhalb des weltweit verbreiteten Schottischen Ritus sucht dieses Niveau seinesgleichen.

Freimaurerlogen sind in Deutschland und in nahezu allen Demokratien eingetragene Vereine. Allerdings unterscheiden sich die Aufnahmekriterien von einem normalen Verein. Die meisten Interessenten können nur über Empfehlung eines Freimaurers, in den letzten Jah-

Seit 1930 kommen alljährlich die Großmeister der USA zu einer Konferenz in Washington zusammen. Das »Life Magazine« brachte darüber im Oktober 1956 eine Titelgeschichte

ren auch mittels Internet, Kontakt mit einer Loge aufnehmen und müssen sich in monatelangen Vorgesprächen bei so genannten Gästeabenden bewähren. Finden beide Seiten – Kandidat und Loge –, dass sie zueinander passen, wird das Aufnahmeverfahren eingeleitet. Werbung wird von deutschen Freimaurern abgelehnt; ein Dogma, das unzeitgemäß erscheint.

Amerikanische Freimaurer zum Beispiel haben eine subtile und äußerst wirksame Methode gefunden, auf sich aufmerksam zu machen. Sie haben die Fernseh- und Filmindustrie für sich entdeckt. Im Jahr 2003 sponserten sie mit wenig Geld und viel Know-how eine Fernsehsendung über die Gründung der amerikanischen Hauptstadt Washington, deren Planung und Ausführung maßgeblich von Freimaurern gestaltet worden war, allen voran von George Washington, nach dem die Hauptstadt benannt ist. Durch die Sendung führte der Hollywood-Schauspieler Richard Dreyfuss. Auch für den Hollywoodfilm »Das Vermächtnis der Tempelritter« mit Nicolas Cage in der Hauptrolle, in dem es um einen Freimaurer-Geheimcode auf der Rückseite der amerikanischen Unabhängigkeitserklärung geht, wurden Freimaurer konsultiert. Neben diesen spektakulären Medienproduktionen haben die Freimaurer von Washington mit dem Kanal der »National Geographic Society« und dem »History Channel« zusammengearbeitet und drei seriöse Dokumentationen erstellt, die im Mai 2006 in den USA ausgestrahlt wurden. Es ist damit zu rechnen, dass auch andere Länder diese Produktionen kaufen und ausstrahlen werden. Bemerkenswert ist, dass hier erstmals eine Loge, die »Naval Lodge«, einem Kamerateam erlaubte, einen Großteil ihres Ritus zu filmen. Ebenso gewährte die »Großloge des District of Columbia« Einblicke in ihre Tempelarbeit.[1]

Deutsche Freimaurer hingegen vertreten den Standpunkt, dass es genügt, wenn die einzelnen Mitglieder durch ihren Lebenswandel in Beruf und Privatleben für die Freimaurerei sprechen. Dies alleine scheint indes angesichts stagnierender Zahlen in Deutschland nicht mehr auszureichen. Die Führung der deutschen Freimaurer zeigt sich in diesem Punkt weitgehend ratlos. Schon die ansonsten eher strengkonservativen französischen Freimaurer sind vor Jahren einen Schritt vorausgegangen und treten mit Radiosendungen in Erscheinung. Beispiele und Ideen, für die älteste Geheimgesellschaft der Welt ganz offen zu werben, gibt es genügend, alleine in Deutschland fehlt es am Verständnis, vielleicht auch am Willen dafür.

Dennoch bleibt klar: Mitgliederzahlen alleine sind kein Merkmal für Erfolg oder Misserfolg. Zahlenmäßig waren und sind Freimaurer immer schon eine Minderheit in jeder Gesellschaft gewesen. Allerdings fragt es sich, wie bedeutungsvoll oder bedeutungslos möchten sie sein oder bleiben?

Was wollen Freimaurer?

Die Freimaurerei bietet grundsätzlich einen Weg zur Stabilisierung des menschlichen Gleichgewichtes, das im Alltag, im täglichen Berufsstress manchmal verloren geht. Mit ihrem Ritual versuchen Freimaurer den Menschen mit seinen gefühlsmäßigen und unbewussten Bereichen für das Transzendente, Numinose, gewissermaßen für das Göttliche aufzuschließen. »Schon in den antiken Mysterienbünden wurden die Menschen zur Begegnung mit dem Numinosen geführt und das kollektive Unbewusste erfahrbar gemacht. Daran knüpfen die Freimaurer an.«[2] Das Freimaurerritual enthält eine ganze Reihe von Erkenntnissen und Erfahrungen der Menschheitsgeschichte, die absolut zeitlos und universal sind und in den Logen an die Nachwelt weitergegeben werden. »Das Ritual vermittelt das freimaurerische Lehrgut nicht allein intellektuell durch verstandesmäßiges Erfassen, sondern durch unmittelbares emotionales Erleben.«[3]

Die Logen werden als Freiräume betrachtet, in denen sich jedes Logenmitglied im gesteckten Traditionsrahmen selbst verwirklichen kann. Die sittlichen Werte und Überzeugungen, die die Freimaurer innerhalb ihrer Bruderschaft tradieren und zu stärken versuchen, sind Universalweisheiten, die so alt sind wie die Menschheit. Die biblischen Zehn Gebote sind ein Teil davon. Sie erfordern von jedem Menschen ein Höchstmaß an Vervollkommnung und Selbstdisziplin, denn sie sind nicht an der Schwäche des Alltags orientiert. Wer kennt es nicht: »Die Überforderung des heutigen Menschen durch Reizüberflutung, Überkommunikation und eine überwiegend rationale Umwelt hält ihn ständig in Beschäftigung und lässt ihn kaum zum Nachdenken kommen. Seine tiefinnerliche Erlebniswelt kann dabei verkümmern. Die Logengemeinschaft ist deshalb eine hilfreiche Gruppe, die durch das gemeinsame Ritual-Erlebnis den Menschen psychisch motiviert, ihn stärkt und aufbaut und Frustrationen des Alltags ausgleicht. Bei diesem Erlebnis werden seelische Bereiche erschlossen, die durch unsere alltäglichen Worte und Begriffe nicht mehr erreicht werden können. Nicht ohne Grund ist und bleibt das Ritual die tragende Säule des Bundes«, erklärt Reinhold Dosch, Verfasser des Deutschen Freimaurer-Lexikons.[4] Dosch ist zudem überzeugt, dass das eigentliche Geheimnis der Freimaurerei darin liegt, »gemüthafte Erkenntnisbereiche der Innenwelt zu erschließen, die in der heutigen Zeit oft nur wenig gepflegt werden, aber für ein erfülltes Leben unbedingt notwendig sind«. Dieses Geheimnis zu »verraten« ist seiner Meinung nach genauso unmöglich wie zu erklären, warum manche beim Hören eines Musikstückes zutiefst angerührt sind, andere hingegen überhaupt nichts empfinden. Man mag es fast nicht glauben, aber der große Psychoanalytiker Sigmund Freud etwa bekannte freimütig, dass er in der Musik »fast genussunfähig« war: Er gab zu, seinen gemüthaften Erkenntnisbereich auf diesem Gebiet völlig verschlossen zu haben: »Eine rationalistische oder vielleicht analytische Anlage sträubte sich in mir dagegen, daß ich ergriffen sein und dabei nicht wissen solle, warum ich es bin und was mich ergreift.«[5] Genau darum aber bemüht sich der Freimaurer: dass er weiß, warum er ergriffen ist und was ihn ergreift. Nur führt diese Erkenntnis nicht über die Freudsche Analytik, sondern über das, was man gemeinhin das »Seelische« nennt und zur ältesten Form der menschlichen Erfahrungsebenen zählt.

Um zum Symbolischen zurückzukehren: Die Freimaurer nennen ihre persönlichen Erfahrungs- und Suchprozesse auch »Arbeit am rauhen Stein«, also Arbeit an sich selbst. Denn der »rauhe Stein« des Steinmetzes steht für den Menschen, so wie er ist, solange er nicht beginnt, an sich zu arbeiten. In der symbolhaften Sprache des freimaurerischen Rituals ist der rauhe, also unbehauene, unbearbeitete Stein damit auch das Symbol für den Freimaurer-Lehrling. Ziel ist es, diesen Stein zum perfekten, glattgeschliffenen, hochpolierten Kubus zu wandeln, damit er beim symbolischen Tempelbau – das ist die freimaurerische Utopie einer harmonischen Vereinigung aller Menschen als Brüder – als passender Teil in das perfekte Gesamtwerk eingefügt werden kann. Diese Illusion oder Utopie ist es, die Freimaurer manchmal ihren Kritikern als Phantasten und Tagträumer erscheinen lassen. Dabei wird freilich übersehen, dass ohne Visionäre, ohne weitsichtige Idealisten die Menschheit im status quo verharren würde; *homo homini lupus*.

Und: Jeder Freimaurer ist – oder sollte – *per se* selbstkritisch sein. Alleine deshalb wird er sich sein Leben lang als »rauher Stein« begreifen, der nach Vollkommenheit strebt, aber nicht vollkommen ist. Hier ist der Weg das Ziel, nicht das unbedingte Erreichen des gesteckten Zieles. »Freimaurer erheben in der Regel keine Forderungen als Gruppe. Sie appellieren nicht an andere, sondern grundsätzlich an sich selbst. Sie begreifen sich als die Aufgerufenen, Bürgersinn und Verantwortungsbewusstsein im täglichen Leben zu praktizieren.«[6] Freimaurer waren die wichtigste Stütze der Aufklärung in Europa. Freimaurer treten bis heute für aufklärerische Werte wie Toleranz, Brüderlichkeit, Demokratie und Gleichheit aller Rassen und Religionen ein. Sie treten für absolute, uneingeschränkte Meinungsfreiheit ein. Was in den einzelnen Gesellschaften nicht oder nur unvollkommen erreicht ist, wird dem Freimaurer indes wenigstens in seiner Loge zuteil. Innerhalb der Logen spielen ständische oder soziale Unterschiede, Nationalität, religiöse und politische Überzeugungen keine Rolle. Dies nennen Freimaurer »Brüderlichkeit und ethisches Wachstum in geschütztem Raum«. Freimaurer ermutigen sich gegenseitig, in ihrer jeweiligen Gesellschaft humanitäre Werte zu fördern. Freimaurerei ist keine Religion. Abgesehen von der im Weltvergleich kleinen Gruppe schwedisch beeinflusster »christlicher« Freimaurer gibt es keine Mitgliedsbeschränkung aufgrund der Zugehörigkeit zu einer bestimmten Religion. Die zahlenmäßig weit überwiegende angelsächsische Richtung der Freimaurerei erwartet indes mindestens das Bekenntnis zu einem »höheren Wesen« (Deismus) und grenzt sich vom Naturalismus ab. Diese Forderung findet sich nicht in den Anfängen, sondern stammt aus einer »Orthodoxierungsbewegung« des 19. Jahrhunderts. Die französische Lehrart des »Grand Orient de France« dagegen nimmt auch Atheisten und Agnostiker auf und toleriert ein Verständnis im Sinn eines obersten abstrakten Weltprinzips. Grundsätzlich kennt die Freimaurerei als Weltorganisation keine bestimmte Gottesvorstellung; Ausnahmen bilden die christlichen Freimaurer in Skandinavien und Deutschland. Statt der Gottesvorstellung bedient sich die Freimaurerei des Symbols des Großen Architekten des Universums, oder Allmächtigen Baumeisters aller Welten, wie er auf Deutsch heißt. Die Toleranz gegenüber religiösen Vorstellungen kann dabei so weit gehen, dass die Grenze zum Atheismus für Außenstehende nicht erkennbar ist. Kritiker haben der Freimaurerei deshalb stets vorgeworfen, in Wahrheit doch eine Religion zu sein, nämlich eine, die sich über alle anderen stellt. Positiv formuliert könnte man richtiger sagen: Freimaurerei ist gelebter Humanismus.

Für die Dauer der Rituale in der Loge ist eine »rituelle Bekleidung« vorgeschrieben. Dass ein Eisenbahner, ein Arzt oder ein Priester Berufskleidung tragen, erstaunt niemanden. Auch dass man zum Sport einen Jogginganzug trägt oder für das Motorradfahren einen Motorradanzug, überrascht nicht. Dass die Freimaurer ebenfalls eine eigene symbolische »Berufskleidung« tragen, gilt indes Außenstehenden oft als »fancy«. Wesentliche Bestandteile der rituellen Bekleidung wie der Schurz und die Handschuhe sind für jedermann leicht nachvollziehbare Relikte der Arbeitsschutzbekleidung der Steinmetze. Der feierliche Anzug hingegen entspricht kaum mehr dem Zeitgeschmack der sehr zwanglos gewordenen europäischen Gesellschaften; er gilt vielen Europäern als altmodisch, um es gelinde auszudrücken. In den USA trägt man zum Logen-Besuch in der Regel einen Smoking (Tuxedo), in Deutschland meist einen dunklen Anzug, zu bestimmten Anlässen ebenfalls einen Smoking oder Frack. Hinzu kommt in manchen Ländern außerdem ein Logenabzeichen. Hintergrund des dunklen Anzuges ist der Gedanke, dass ein Logenbesuch stets etwas Besonderes, etwas Feierliches und Erhabenes für den Freimaurer sein soll. Dafür soll sich der Freimaurer adäquat kleiden und seine profane Alltagskleidung für die Dauer des Logenbesuches hinter sich lassen. Es gab Zeiten, da war es auch für sonntägliche Gottesdienstbesucher üblich, nur mit ihren besten Anzügen und Kleidern zur Kirche zu gehen. Die Männer trugen zudem einen Hut, die Frauen ein Kopftuch. Während die Kirchen mit dem Zeitgeist gingen und ihre Bekleidungsvorschriften aufgegeben haben – das Zweite Vatikanische Konzil hob für katholische Frauen den Kopftuchzwang auf – haben sich die Freimaurer in ihrer Bekleidung ein Stück Tradition und Ehrwürdigkeit erhalten.

Die weißen Handschuhe symbolisieren das fleckenlose, reine Fühlen und Handeln, an das jeder Freimaurer bei seinem Logenbesuch gemahnt wird. Ab Anfang des 19. Jahrhunderts trat der Zylinderhut als Bekleidungsstück hinzu. Bereits um 1780 trugen englische Landedelmänner einen hohen Hut. Er galt indes bis 1850 unter Adeligen als unelegant und wurde bestenfalls als Reithut getragen. Im Januar 1797 wurde erstmals ein Seiden-Zylinder von dem englischen Hutmacher John Hetherington öffentlich getragen, wofür er jedoch wegen Erregung öffentlichen Ärgernisses zu fünfzig Pfund Strafgeld verurteilt wurde. Populär wurde der Zylinder erst in den 1820ern, als er zum Hut des Bürgers oder besser zum Symbol des Bürgertums avan-

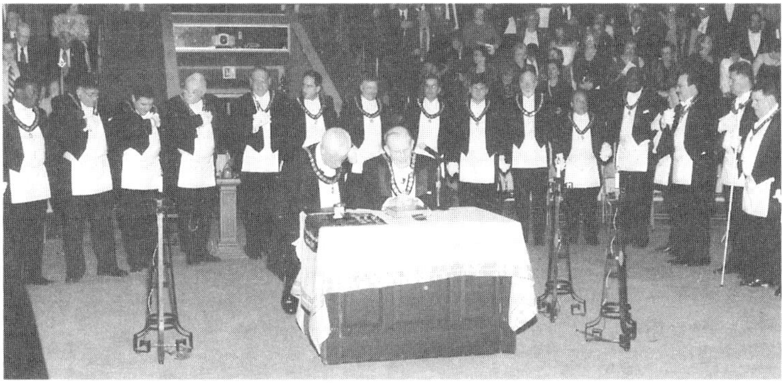

US-amerikanisches Freimaurertreffen heute

cierte. Der Maler Adolph von Menzel weigerte sich zum Beispiel bei der Verleihung des preußischen Adlerordens – umgeben von uniformiertem Hochadel – aus Bürgerstolz, seinen »hohen Hut« abzunehmen. Da die Freimaurer in der Regel Angehörige des Bürgertums waren und sind, übernahmen sie den Zylinder für sich als »bürgerliche« Kopfbedeckung. Mittlerweile ist der Zylinder unter Freimaurern weltweit jedoch eine rare Erscheinung. In den USA wird er nur noch gelegentlich von Stuhlmeistern getragen, ansonsten ist der Gebrauch des Zylinders heute eher eine Ausnahme; unter Potsdamer Freimaurern allerdings ist er zum Beispiel üblich.

Frack, Zylinder und weiße Handschuhe, das war die klassische Freimaurer-Bekleidung von etwa 1880 bis 1960. Damit setzte die Bruderschaft damals einen Modetrend auch in der Öffentlichkeit, bis hin zu Mickey Mouse, der ihr Erfinder Walt Disney 1928 weiße Handschuhe anzog, als Parodie auf das »feine Bürgertum« – oder auf die Freimaurer? Walt Disney war kein Freimaurer,[7] auch wenn hunderte von antifreimaurerischen Websites dies behaupten, um daraus verborgene und geheimnisvolle Botschaften in seinen Filmen zu konstruieren.[8]

Obwohl die Freimaurer immer wieder viele namhafte Persönlichkeiten angezogen haben, die nachweislich für eine bessere, menschlichere Welt dachten und arbeiteten, werden sie selbst in unseren Tagen weiterhin leichtfertig verhöhnt: Am 17. Mai 2003 lud zum Beispiel das Hamburger Museum für Kommunikation in einer Pressemeldung zu einer Veranstaltung ein, die den Titel trug: »Schreiben wie Gauner und Freimaurer.«[9]

Die »verheimlichten Schwestern«

Freimaurerinnen

Queen Elizabeth I. von England mochte die Freimaurer nicht sonderlich leiden. Die dominante Herrscherin, die 1588 die spanische Armada besiegte, zeigte kein Verständnis dafür, dass sie als Frau nicht in einer Loge aufgenommen werden konnte, obwohl sie Königin war.[1]

Als 120 Jahre später, 1717, die moderne Freimaurerei aus der Taufe gehoben wurde, blieben die Logen indes immer noch ein exklusiver Männerbund und so begannen einige namhafte Frauen der englischen Aristokratie die Freimaurer als Frauen-Hasser zu diskreditieren. Dies war eine ernstzunehmende Anschuldigung. Zwar dachte im damaligen England, geschweige denn in irgendeinem anderen Teil der Erde, niemand daran, Frauen für das Parlament zu wählen, in Regierungsämter zu erheben oder an Universitäten zuzulassen. Aber Frauen spielten eine gewichtige Rolle im Sozialleben der europäischen Hauptstädte, besonders innerhalb der Aristokratie. Herausragende Ladies und Mesdames bildeten häufig den Mittelpunkt des gesellschaftlichen Lebens auf Bällen, bei vornehmen Diners und anderen sozialen Ereignissen. Wenn sich also die Öffentlichkeit darüber aufregte, dass Freimaurer in ihren Reihen keine Frauen zuließen, dann deshalb, weil man die Logen-Treffen als soziale Begegnungen auf der gleichen Ebene wie Bälle und Tafel-Bankette ansah.

Die Freimaurer argumentierten, dass sie Frauen deshalb nicht in ihre Reihen aufnähmen, weil diese historisch gesehen nie Steinmetze, Architekten oder Maurer gewesen waren. Dies scheint zunächst eine plausible Behauptung zu sein, doch bei näherem Hinsehen erweist sie sich als falsch. So wurde zum Beispiel in England ein Dokument aus dem Jahr 1693 gefunden, das so genannte York Manuskript Nr. 4, das 1995 in einer amerikanischen Freimaurerzeitschrift ausführlich vorgestellt wurde.[2] Das alte Dokument beschreibt, was ein Lehrling bei der Aufnahme in einer herkömmlichen Maurerloge zu tun habe, nämlich, »*he or shee* [sic]« – »er oder sie« sollen ihren Schwur leisten, während sie ihre Hände auf das »*Booke*« legen, auf die Bibel also. Wir reden hier nicht von einer Freimaurerloge, sondern von der Bauhütte des herkömmlichen Maurers. Ganz offenkundig wurden im 17. Jahrhundert in England auch Frauen zum Maurer ausgebildet und in die Handwerkszunft aufgenommen. Diese Erkenntnis wird durch weitere alte englische Quellen bestätigt. Für das Jahr 1696 gibt eine Bauhütte beziehungsweise Maurerloge die Mitgliedschaft von zwei Witwen an. Und aus dem Jahr 1714, immer noch drei Jahre vor der Gründung der modernen Freimaurerei, wird eine gewisse Mary Bannister aus dem Städtchen Barking als Maurerlehrling genannt, die der Quelle nach mindestens sieben Jahre lang ihren Beruf ausübte.

Als weiteren Grund gegen die Aufnahme von Frauen führten die Freimaurer des 18. Jahrhunderts an, die Gegenwart von Frauen würde die Männer von ihrem ernsthaften Tun in der Loge ablenken. Schließlich lege man Wert darauf, sicherzustellen, dass es in den Logen zu keinerlei unmoralischem Verhalten komme.[3]

Als wäre die Zeit stehen geblieben, werden diese beiden Argumente von den meisten Freimaurern wacker bis heute landauf, landab vertreten. Als Beispiel sei hier Bodo Raschke, Industriekaufmann in Rente und Mitglied der Kölner Loge »Freimut und Wahrheit zu Coeln« zitiert, da er mit freiem Mut seine Meinung sogar im Radio vertrat: »Wer Freimaurer ist, möchte unter Männern sein. In der Kölner Loge sind – ebenso wie in den meisten Logen der Welt – Frauen grundsätzlich nicht zugelassen. [...] Man könnte das natürlich heute ändern, aber auf der anderen Seite sind viele Dinge, die in der Freimaurerei praktiziert werden, eben auf Männer ausgerichtet, und ich persönlich muss Ihnen auch ganz offen sagen: Ich bin der Meinung, dass es für Männer auch Rückzugsmöglichkeiten geben muss, wo sie sich auf sich selbst besinnen können, wo sie unter sich sein dürfen. Und dann gibt es da noch einen Begleiteffekt, den ich doch mit einiger Ernsthaftigkeit hineinbringen möchte: Stellen Sie sich doch mal vor, da treffen sich also Männlein und Weiblein in einem stillen Raum. Da gibt es Ehefrauen, die mutmaßen dann, dass die Männer ihnen dann vielleicht untreu werden könnten. Ich meine, Männer neigen natürlich in Anwesenheit von Frauen gelegentlich dazu, sich etwas gockelhaft zu benehmen, und das würde ja den ganzen Prozess der kontemplativen Beschäftigung mit sich selbst auch deutlich beeinträchtigen.«[4]

Dass Freimaurer nicht nur progressiv, sondern auch sehr konservativ sein können, ist schon mehrfach angeklungen. Waren sie zu Beginn ihrer Zeit um Jahrhunderte voraus, so sind sie in ihrer überwiegenden Mehrheit seit 1717 in einer Reihe von Grundsätzen stehen geblieben und damit nun ihrer Zeit um dreihundert Jahre hinterher.

Unfreiwillige Initiation

Im 18. Jahrhundert fiel ihnen zudem ein weiteres, besonders dümmliches Argument gegen Frauen ein: diese würden von Natur aus zum Klatschen neigen. Deshalb könne man ihnen keine Geheimnisse anvertrauen, schon gar nicht solche der Freimaurerei.[5] Doch solcherart fadenscheinige Begründungen fanden selbst vor dreihundert Jahren schon keinen besonderen Anklang. Die Kritiker der Freimaurer stellten vielmehr weitreichende Vermutungen an, welche Geheimnisse es denn sein könnten, die der Bruderbund selbst vor seinen Ehefrauen verborgen halten wollte. So wurden denn bereits ab 1723 von England aus Gerüchte verbreitet, die Logen dienten dazu, Prostituierte zu empfangen und homosexuelle oder sodomistische Praktiken auszuüben. Indes, der Einbruch in die Männerdomäne war längst unbemerkt geschehen. Noch bevor die moderne Freimaurerei gegründet wurde und sich Freimaurer und Kritiker ihre merkwürdigen Argumente um die Ohren schlugen, war eine Frau bereits Freimaurerin geworden.

Es geschah 1710 im Haus des Viscount Doneraile, in der Nähe von Cork, in Irland, wo sich eine der ersten Freimaurerlogen der Insel traf, die »Loge No. 95«, die es bis heute gibt. Während eines Logenabends betrat die ahnungslose siebzehnjährige Tochter Elizabeth St. Leger versehentlich den Raum – und sah, was vor sich ging. Offenbar war sie so leise eingetreten, dass sie erst nach geraumer Zeit von den Logenbrüdern entdeckt wurde. Daraufhin beschloss die Loge – da Elizabeth nunmehr wesentliche Geheimnisse der Freimaurerei gesehen und gehört hatte – es sei besser, sie in vollem Ritus als Freimaurerin aufzunehmen, um ihr solcherart auch den weitreichenden Schwur zur Geheimhaltung abnehmen zu können. Elizabeth St. Leger ist somit die erste nachgewiesene Freimaurerin der Geschichte.[6]

Interessanterweise gibt es weitere ähnliche Geschichten über die Aufnahme von Frauen, die mehr oder weniger zufällig hinter das

Elizabeth St. Leger, erste nachweisliche Freimaurerin

»Geheimnis« der Freimaurerei gekommen sind. Da gab es eine Miss Havard aus Hereford, die 1770 in eine Loge aufgenommen wurde; oder Isabella Scoon im schottischen Newstead, etwa um die gleiche Zeit; und Mrs. Bell, Wirtin des Gasthofs »Crown Inn« in Newgate bei London, die sich am Neujahrstag 1770 gewaltsam Zutritt zu einem ihrer Räume verschaffte, weil sie vermutete, dass dort Unheimliches vor sich gehe. Sie stürmte damit in die Zusammenkunft einer Regimentsloge und wurde von den Männern mit der gleichen Begründung in die Freimaurerei aufgenommen, wie die anderen genannten Damen.

Solche Zufälle setzten sich fort. Aus dem 19. Jahrhundert wird von Mary Sproule aus New Brunswick in Kanada berichtet, die eine Aufnahmezeremonie einer Logenzusammenkunft von königstreuen amerikanischen Freimaurern belauschte. Diese hatten während des amerikanischen Unabhängigkeitskriegs (1776–1783) auf Seiten der Engländer gefochten und waren danach nach Kanada geflohen. Als sie die Lauscherin entdeckten, machten sie ihr Vorhaltungen. Mary aber entgegnete: »Ihr ward so laut, da hab' ich gar nicht lauschen müssen.« Da die Loge ohnehin bei der Aufnahme eines Kandidaten gestört worden war, entschied man sich, Mary Sproule noch am selben Abend gemeinsam mit dem vorgesehenen Kandidaten ebenfalls aufzunehmen. So wurde Mary Kanadas erste Freimaurerin.[7]

Dramatischer ging es bei der ersten Freimaurerin der Vereinigten Staaten zu. Catherine Sweet aus Brading Green in Virginia, USA, stolperte nicht versehentlich in eine Loge. Sie war vielmehr »nosy« – ein neugieriges Frauenzimmer, genauso, wie es Freimaurer im 18. Jahrhundert als Ausschlussgrund angeführt hatten. Catherine arbeitete in einer Gaststätte, in der eine Freimaurerloge ihre Treffen abhielt. Im Jahr 1861 schlich sie in die Stube, in der die Loge gewöhnlich eröffnet wurde und versteckte sich dort in einem Geschirrschrank. Ein ganzes Jahr lang belauschte sie jedes Logentreffen, bis sie schließlich entdeckt wurde. Doch in ihrem Falle zeigten sich die Logenbrüder nicht so verdutzt wie in den vorhergehenden. 1861 war das erste Jahr des amerikanischen Bürgerkrieges. Der Bundesstaat Virginia kämpfte an vorderster Front gegen die »Yankees«. Die Nerven lagen blank. Noch dazu hatte Catherine ganz gezielt die Bruderschaft ausgehorcht. Die Loge beschloss, die Lauscherin in ein Zimmer einzusperren, bis eine Entscheidung gefällt war, was mit ihr geschehen sollte. Einen Monat lang diskutierten die Freimaurer über ihr Schicksal. Dann entschieden sie sich für den gleichen Weg wie in den anderen Fällen. Catherine wurde als Freimaurer aufgenommen, musste die Schwüre der Geheimhaltung leisten und war nun unter der Androhung von schlimmster Strafe genötigt, für immer über das Belauschte zu schweigen.

Auch aus Ungarn ist ein Fall von der Aufnahme einer Frau in den Bruderbund bekannt. Allerdings trat dort die Gräfin Hadig Barkoczy 1875 erwünscht und öffentlich einer Loge bei. Als die oberste ungarische Freimaurerinstanz, der »Groß-Orient von Ungarn«, davon erfuhr, zeigte sie sich über das einmalige Vorgehen der Loge nicht amüsiert. Der »Groß-Orient« (ein anderer Name für Großloge) strafte vielmehr mit ganzer Härte alle Beteiligten: Zunächst wurde die Gräfin aus der Loge und dem Bruderbund als Ganzes ausgeschlossen; sodann wurde die Loge für drei Monate geschlossen – als »Hilfe« für die Brüder, über ihr Fehlverhalten nachzudenken.

Während also die Freimaurerautoritäten weltweit darauf bedacht waren und sind, die in der Anderson's Constitution von 1723 niedergelegte Männerexklusivität zu wahren, hatten sich bereits Mitte des 18. Jahrhunderts Frauenlogen in Frankreich gebildet und etabliert.

Das 18. Jahrhundert zählt zur Epoche der Neuzeit. In Frankreich wird es das »siècle de lumière« genannt, das Jahrhundert des Lichts. Kunsthistorisch nennen wir es Rokoko, eine der freizügigsten Zeiten europäischer Geschichte. Die Mode für Frauen an den Königshöfen Europas betonte weibliche Reize ganz besonders. Die Dekolletees waren so tief geschnitten wie nie zuvor, zeigten mehr als sie verhüllten, wie zum Beispiel das zeittypische Portrait der Wilhelmine Encke, der zur Gräfin von Lichtenau erhobenen Mätresse des preußischen Königs und Rosenkreuzers Friedrich Wilhem II. im Potsdamer Marmorpalais offenbart. Auf dem Bild enthüllt die »schöne Wilhelmine« hemmungslos ihren Busen samt einer Brustwarze. So zeigten sich die Frauen des Rokoko – selbstbewusst.

In Frankreich existierten seit 1736 Frauenlogen als so genannte Adoptionslogen. Das heißt: Ihre Gründungen gingen von Männerlogen aus, die sich zunächst entschlossen, auch Frauen aufzunehmen. Daraus entwickelten sich dann weitere Logen, die aus einer kleineren Zahl von Männern und einer größeren Zahl von Frauen gemischt waren und in denen Frauen den Ton angaben. Reine Frauenlogen waren die Ausnahme. Dennoch sprechen wir allgemein bei den Adoptionslogen von einer frühen Form der Frauen-Freimaurerei. Die Aufnahme von – ausschließlich aristokratischen – Frauen zur Zeit der Aufklärung ist insofern nicht völlig außergewöhnlich, da zahlreiche gebildete Aristokratinnen ja auch an diversen philosophischen und alchemistischen Gesprächszirkeln und Salons in Versailles und Paris teilnahmen oder diese gar leiteten. Sie besaßen nach Ansicht der männlichen Freimaurer »genug Kultur und Verstand, um das Wesen der Freimaurerei zu verstehen«.[8] Insofern war das Rokoko progressiver als unsere Gegenwart.

Wie Aufzeichnungen aus den französischen Adoptionslogen belegen, waren jene Aristokratinnen, die sich für die Ideen der Aufklärung begeisterten und der Freimaurerei beitraten, besonders angetan von den »einigenden Gefühlen der Geistesverwandtschaft, Freundschaft und Liebe« in den Logen.[9] Aus den Archiven einer Adoptionsloge in Dijon ist zum Beispiel folgende euphorische Aufzeichnung bekannt: »Oh, meine Schwestern! Wie lieblich ist es für mich, dieses Wort auszusprechen. Wie süß ist es für mich, neue Bande mit Euch zu knüpfen, oder solche noch enger zu schnüren, die uns bereits verbinden.«[10]

Der Wunsch nach Verständnis als auch nach Unabhängigkeit vom männlichen Geschlecht erweckte bei diesen frühen Freimaurerinnen offenkundig das tiefere Gefühl für das, was man bis heute unter »Schwesternschaft« versteht: Einigkeit, Gleichheit, gegenseitige Unterstützung und Loyalität. Genau diese tiefgehenden seelischen und emotionalen Erfahrungen in den Frauenlogen beziehungsweise in den gemischten Adotpionslogen, gepaart mit den Freiheits- und Gleichheitsgedanken, die in den Salons zirkulierten, führten in Frankreich unter den Freimaurerinnen zu einer Art Proto-Feminismus – im positivsten Sinn des Wortes. In den Adoptionslogen unterrichteten männliche Freimaurer ihre »Schwestern« über die Vorstellung von den allgemeinen Menschenrechten, wovon für die Frauen die »Gleichheit von Mann und Frau« sicherlich das radikalste war.

Einige Adoptionslogen könnte man aus heutiger Sicht sogar als explizit feministisch bezeichnen. Sie gründeten einen »Amazonen-Orden« mit weiteren so genannten Hochgraden und stellten somit einen Bezug zu den mythischen Amazonen-Frauenherrscherinnen her. Interessant ist in diesem Zusammenhang, dass die Freimaurer-Amazonen auch Männer in ihren Reihen aufnahmen, dass allerdings die Leiterin des Ordens, die »Königin der Amazonen«, laut Statuten stets eine Frau sein musste.

Die neu aufgenommenen Schwestern mussten unter anderem schwören, dass »sie anerkennen, dass die männliche Dominanz ungerecht ist, dass sie das maskuline Joch abwerfen und bereit sind, in ihren Ehen die Herrschaft zu übernehmen«.[11]

Die bekannteste französische Freimaurerin dieser Epoche ist die als Schönheit gerühmte Prinzessin Marie Thérèse Louise de Lamballe. Sie war nicht nur eine intime Freundin der französischen Königin Marie Antoinette. Vor allem war sie die Großmeisterin der »Schottischen Frauen-Logen Frankreichs«. Das Adjektiv schottisch bezieht sich hier auf eine bestimmte Ritualform. Prinzessin Lamballe wurde von den Jakobinern während der Französischen Revolution hingerichtet.

Die Revolution von 1789 hinterließ natürlich auch tiefgehende Einschnitte bei den Adoptionslogen. Sie blieben zwar bestehen, sogar neue Logen wurden gegründet, jedoch der Ton unter den Freimaurerinnen änderte sich. Natürlich traten nunmehr auch bürgerliche Frauen der Freimaurerei bei, die neue Aspekte in die Logen trugen und den Blick der Mitglieder erweiterten. Diese Bürgerinnen waren nicht so sehr an hochgeistigen philosophischen Gesprächen und euphorischen Gefühlszuneigungen interessiert, sondern an der praktischen Umsetzung freimaurerischen Gedankengutes. So kümmerten sie sich vorrangig um die Armen und Hungrigen, deren Zahl nach der Revolution sprunghaft angestiegen war. Teilweise übten die Adoptionslogen kaum mehr ihre rituellen Zusammenkünfte aus, weil ihre weiblichen Mitglieder zu sehr mit Hilfsleistungen für Bedürftige beschäftigt waren.

Einen kurzzeitigen Höhepunkt erlebten die Frauenlogen noch einmal unter Napoleon Bonaparte beziehungsweise seiner Frau Josephine. Obwohl vier Brüder Napoleons Freimaurer waren sowie 22 seiner 30 Marschälle, trat er selbst nie der Bruderschaft bei. Die Grundphilosophie der Freimaurerei, Toleranz, passte auch nicht zum Wesen des Diktators, der sich selbst zum Kaiser ausrief. Insofern war Napoleon wenigstens ehrlich. Seine erste Frau Kaiserin Josephine hingegen ließ sich als Freimaurerin aufnehmen und hatte als Großmeisterin das Sagen über die beiden nach ihr benannten Frauenlogen in Straßburg und Mailand.

Nach der napoleonischen Ära und im Zuge der Restauration ab 1815 fand in der französischen Gesellschaft, wie überall in Europa, ein »roll back« statt. Alte Zöpfe wurden nicht nur für die Regierung des Landes hervorgeholt, sondern auch in den Wertvorstellungen. Die Rolle der Frau wurde wieder auf die einer Mutter und eines Heimchens am Herd zurückgedrängt, was sich auch auf die Entwicklung der Adoptionslogen auswirkte. Deren Niedergang und baldige Auflösung war eingeleitet.

Aber: Der Anfang war gemacht. Die Idee, auch Frauen in die Freimaurerei aufzunehmen, ging mit den französischen Adoptionslogen nicht einfach unter. War das Streben nach Freiheit und Gleichheit den Menschen in Frankreich nur wenige Jahre vergönnt, so hatte es sich hingegen seit 1776 in der Neuen Welt gefestigt und verstärkt. Es verwundert also nicht, dass schließlich Freimaurer der Vereinigten Staaten von Amerika die französische Idee der Adoptionslogen übernahmen und bis heute erfolgreich aufrechterhalten. Ihre Organisation nennt 1850 als Gründungsdatum. 1876 wird im »General Grand Chapter« der gemischte Orden als »Order of the Eastern Star« festgeschrieben.

Als Gründer gilt ein gewisser Rob Morris, seines Zeichens überzeugter Freimaurer, der irgendwann Zweifel daran hegte, dass das

Gute der Freimaurerei lediglich Männern vorbehalten sein soll. Vielleicht stand er auch unter dem Einfluss seiner Frau; er wäre nicht der erste oder letzte Freimaurer, demgegenüber die Ehefrau Unverständnis für die »männliche Geheimniskrämerei« ausdrückte.

Jedenfalls waren die ersten Frauen, die Rob Morris in seinen neuen Orden aufnahm, seine Frau, seine Töchter und einige Nachbarinnen. Danach reiste er durch die USA und warb erfolgreich für die »Eastern-Star-Freimaurerei«. Im Zuge der Ausdehnung amerikanischer Kultur rund um den Erdball, breitete sich der »Eastern Star« weltweit aus. Nach seinen Angaben umfasst diese gemischte amerikanische Freimaurer-Organisation weltweit eine Million Mitglieder, darunter auch viele in Deutschland.

Während in den USA die Frauen-Freimaurerei also etabliert war, stritt man in Europa noch – oder wieder – um die »richtige Freimaurerei«. Etwa zur gleichen Zeit als im reaktionären Ungarn eine Gräfin wieder aus der Bruderschaft hinausgeworfen wurde, nahmen progressive Freimaurer in Frankreich einen neuen Anlauf und initiierten eine Frau in die Freimaurerei. Am 14. Januar 1882 wurde die Journalistin Maria Deraismes, die sich für die Gleichstellung der Frau in der französischen Gesellschaft einsetzte, in die Loge »Les Libres-Penseurs du Pecq« eines Pariser Vorortes aufgenommen. Der Stuhlmeister der Loge, Léon Richer, selbst Redakteur, war dem politischen Anliegen seiner Kollegen gegenüber sehr aufgeschlossen und unterstützte die Aufnahme weiterer Frauen in die Freimaurerei. Voller Enthusiasmus rief er am Abend der Aufnahme von Maria Deraismes seinen Logenbrüdern zu: »Ihr habt heute den Mut gehabt, die restriktive Freimaurer-Orthodoxie herauszufordern. Man wird Euch nunmehr für Häretiker halten, weil ihr Reformatoren seid. Für Euch ist ein Vorurteil nunmehr Vergangenheit.«[12]

Leider stimmte die pathetische Vorhersage von Léon Richer nur für fünf Monate. Selbstverständlich löste der eigenmächtige Alleingang der Pecq-Loge innerhalb der französischen Freimaurer einen Sturm der Entrüstung aus. Die Logen-Brüder wurden derart unter Druck gesetzt, bis hin zur Einschüchterung, dass eine erneute Abstimmung über die Aufnahme Madame Deraismes durchgeführt wurde, bei der die Mehrheit der Logenmitglieder die Journalistin vom Bruderbund wieder ausschloss. Allerdings, eines konnte dieser Hinauswurf, ebenso wie bei der ungarischen Gräfin, nicht rückgängig machen: Beide Frauen waren offiziell als Freimaurerinnen initiiert und in die Geheimnisse des Bundes eingeweiht worden. Damit ist laut weltweit übereinstimmender Freimaurer-Ansicht der oder die Aufgenommene fürs Leben an die Freimaurerei gebunden.

Mit diesem Anspruch gründete Madame Deraismes zwölf Jahre später, am 4. April 1893, die aus Männern und Frauen bestehende Loge »Du Droit Humain« (Zum Menschenrecht), ein Schritt, der damals als extrem progressiv galt – als hätte es das Rokoko-Zeitalter nie gegeben – und der heute bestenfalls »zeitgemäß« zu nennen wäre, aber für etwa achtzig Prozent der Freimaurer weltweit immer noch jenseits jeglicher Diskussion ist.

Dennoch blieb die von »Schwester« Deraismes gegründete neue gemischte Freimaurerei in Europa nicht auf Frankreich beschränkt, sondern breitete sich, wenn auch nur in bescheidenem Maße, über zahlreiche Staaten Europas aus. In Deutschland traten gemischte Logen des Droit Humain (DH) erstmals in den 1920er Jahren auf. Heute heißt die deutsche Großloge, in der Männer und Frauen als Freimaurer gemeinsam zusammenkommen, »Orden Humanitas«.

Frauenlogen in Deutschland

Relativ spät erst folgte die Gründung von reinen Frauenlogen. In Deutschland dauerte es bis zum 30. Juni 1949, bis auch hier mit Ermutigung der Berliner August Horneffer, Großmeister der Großloge »Royal York Zur Freundschaft« und Erich Rüdiger, Großmeister der Großloge »Zu den Alten Pflichten« eine Frauenloge, oder, wie es damals hieß, »ein freimaurerischer Frauenzirkel«, entstand. Die damalige Presseagentur »dpd« zitiert Erich Rüdiger mit den Worten, die Gründung von Frauenlogen sei »ein Novum in der Geschichte der Freimaurerei« – eine leichte Übertreibung, wie wir wissen. Das ach so späte »Novum« war alleine neu für Deutschland.

Bis 1982 verblieb der freimaurerische Frauenzirkel mit dem Namen »Zur Humanität« unter dem Dach der Männer-Großloge »Alte Freie und Angenommene Maurer«, gründete aber anlässlich einer Umgestaltung der deutschen Großlogen eine eigene oberste Instanz, insbesondere da weitere Frauenlogen in Düsseldorf, Wetzlar und Mannheim dazugekommen waren. Inzwischen gibt es in ganz Deutschland vierzehn Frauenlogen, die der Deutschen Frauen-Großloge angehören. Bekannteste Vorkämpferin für das Recht deutscher Frauen, ebenfalls anerkannte Freimaurer werden zu können, ist Christa von Puttkamer. Ihr Slogan war, »die Wirkungen der Außenwelt nach seinen Wünschen umbilden.« Dieses Ziel ist zweifellos eines der wesentlichen der Freimaurerei als Ganzes: Zwar können Freimaurer selten die Außenwelt nach ihren Wünschen gestalten, wohl aber deren Wirkungen verändern oder lindern. Christa von Puttkamer gehörte vom 1. Juli 1949 bis zu ihrem Tode am 29. Juli 1995 der Berliner Frauenloge »Zur Humanität und Beständigkeit« an.

Andere europäische Länder folgten dem Beispiel Deutschlands sogar noch später: Die erste Frauenloge der Schweiz wurde am 26. April 1964 in Genf gegründet und trägt den Namen »Lutèce«. Inzwischen schließt die »Grand Loge féminine de Suisse« vierzehn Logen zusammen.

Nach Auskunft der Frauen-Großloge von Deutschland mit Sitz in Berlin kann jede Frau über 21 Jahren Freimaurerin werden, »sofern sie sich mit den Zielen der Freimaurerei – das heißt persönliches Engagement für Toleranz und Humanität – identifizieren kann, mit Interesse und Beharrlichkeit unsere Veranstaltungen verfolgt und nach einer Zeit des gegenseitigen Kennenlernens von der Loge als neues Mitglied akzeptiert wird.« Auch die femininen Logen führen ihre Aufnahme mittels einer Initiation, also einer rituellen Einführung, durch.

Die Ziele und Arbeitsweisen der deutschen Frauenlogen sind identisch mit denen der maskulinen Freimaurer. Auch sie nutzen symbolisch die traditionelle Bildersprache der alten Freimaurer. Dazu die Frauen-Großloge: »Daß manche freimaurerischen Symbole ehemals nur Männern vorbehaltenem Handwerk entsprechen oder von daher genommen sind, ist ohne Bedeutung, weil sie für allgemein menschliches Verhalten stehen. Nicht die äußere Form, sondern der Inhalt der Symbole ist ausschlaggebend.«

Außerdem beruft sich die deutsche Frauen-Großloge auf den griechischen Philosophen Seneca, wenn sie sagt: »Wir wollen daran festhalten, daß wir zur Gemeinschaft geboren sind. Unsere Gesellschaft gleicht weitgehend einem Steingewölbe, das zusammenbrechen würde, wenn die Steine sich nicht gegenseitig tragen, und das auf diese Weise zusammengehalten wird.«

Weltherrschaft

Längst erreicht, aber ...

»Wir müssen eine neue Welt bauen, eine viel bessere Welt, eine, in der die Würde des Menschen für ewig geachtet wird.«
Harry S. Truman,
amerikanischer Präsident und Freimaurer,
anlässlich der Eröffnung der UNO-Konferenz 1945

Ein junger Mann bittet bei einer deutschen Freimaurerorganisation um Auskunft über folgende Beobachtung: »Auf der EC-Karte der Postbank ist ein Hologramm, auf dem auf den ersten Blick Beethoven zu sehen ist. Bewegt man die Karte jedoch, so sieht man Helmut Kohl, der mit seinen Augen blinzelt und seine rechte Hand ans Ohr hält. Mir wurde gesagt, daß dies ein Freimaurer-Zeichen sein könnte. Ist dem so, und was hat die Postbank damit zu tun? Was könnte es sonst bedeuten?«

Was der junge Mann in seiner Anfrage schildert, gehört zum Standardrepertoire der Verschwörungsliebhaber, die gerne hinter den Dingen suchen und natürlich auch immer etwas finden. Keiner von ihnen hat indes je selbst eine Antwort auf die Frage nach dem Sinn der angeblichen Geheimzeichen. Warum sollte Helmut Kohl auf einem Hologramm hinter Beethoven versteckt blinzeln? Nur weil »jemand« sagt, dies sei ein Freimaurer-Zeichen, sollen Freimaurer diese unsinnige Frage beantworten können. Und weil sie keine Antwort darauf geben können, überzeugt gerade dies einen eingefleischten Verschwörungsparanoiker von der Richtigkeit seiner Behauptung. Eine nicht aus der Welt zu schaffende These ist die, dass Freimaurer nach »der Weltherrschaft« streben, was immer damit gemeint sein könnte. Hartnäckig vertreten wird diese »Furcht« von den unterschiedlichsten Strömungen, genannt seien Neo-Nazis, Kommunisten, Islamisten und christlich-religiösen Fanatiker.

Man möchte diese Angstmacher dahingehend beunruhigen, dass die von ihnen beschworene Weltherrschaft in gewisser Weise ja längst erreicht ist: in Form der Vereinten Nationen, deren geistige Väter immerhin die beiden Freimaurer Franklin Delano Roosevelt und Winston Churchill sind. Allerdings zog bei der Gründung dieser vermeintlichen Weltherrschaft auch der russische Diktator Josef Stalin mit den beiden an einem Strang. Und der war wahrlich kein Freimaurer. Und die Präambel und die UNO-Charta wurden ebenfalls nicht von Freimaurern entworfen oder verfasst.

Dennoch passen sowohl der alte Völkerbund als auch die Vereinten Nationen zweifellos in das Weltbild der international verbreiteten Freimaurer. Ihr Streben richtet sich – wie auf Staatenebene oft genug bewiesen – nicht nach diktatorischer Dominanz, sondern nach Verbreitung von Demokratie und Freiheit. In keiner Gesellschaft wird – zumindest von der Schicht der Intellektuellen – bestritten, dass die Gleichstellung von Rassen und Geschlechtern, dass freie Meinungsäußerung, Bewegungsfreiheit und Gerechtigkeit, kurzum, dass »Demokratie« erstrebenswert ist. Deshalb ist Demokratie ein Reizwort für alle Autokraten und Despoten. Deshalb wird den Freimaurern dort massiver Widerstand geleistet, wo eine machtbesessene Elite ihre Privilegien nicht verlieren möchte, und sei es nur die Herrschaft von Männern über die Frauen. Deshalb auch lenken diese Autokraten und »traditionellen Gesellschaften« von sich ab, indem sie Freimaurer verdächtigen.

Allerdings liegt das ach so Schlechte auch manchmal ganz nah. In Großbritannien brach angesichts einiger Strafrechtsfälle, die manchem merkwürdig erschienen, 1997 eine Anti-Freimaurer-Hysterie aus, die in dem Vorwurf gipfelte, die englische Polizei und Justiz sei von Freimaurern »unterwandert«, die kriminelle Freimaurer entweder gar nicht erst verhaften oder zur Flucht aus dem Gefängnis verhelfen würden. Das »Home Affairs Select Committee« des englischen Parlaments nahm diese McCarthy-hafte Anschuldigung so ernst, dass es die Vorwürfe untersuchte und am Ende empfahl, englische Polizisten und Juristen sollten ihre Logen-Mitgliedschaft in einem Register bekannt geben.[1]

Im Februar 2005 fragte Lord Pendry aus dem englischen Oberhaus bei der Regierung nach, »welche Polizei-Abteilungen weiterhin die Mitgliedschaft von Freimaurern in ihren Reihen registrieren, wie viele Polizisten des Großraumes Manchester sich als Freimaurer be-

Senator und Präsident Harry S. Truman war 1940 auch Großmeister von Missouri (Gemälde von Greta Kempton, 1949)

kannt gegeben haben, und welcher Fortschritt im Allgemeinen damit gemacht worden ist, die Mitgliedschaft von Freimaurern unter den Polizeibehörden öffentlich bekannt zu geben.«[2]

Antwort bekam Lord Pendry von der Baroness Scotland of Asthal, die erklärte: »Seit 1999 ist im Polizeidienst die freiwillige Angabe über eine Mitgliedschaft bei den Freimaurern eingeführt worden. [Allerdings] gibt es keine gesetzliche Grundlage für ein solches Register, das nur intern geführt wird. Wir üben keine zentrale Kontrolle darüber aus, welche Polizeibehörden solche Register weiterhin führen.«[3]

Es ist nicht auszuschließen, dass in anderen europäischen Ländern ähnliche Vorbehalte gegen Freimaurer existieren. In Griechenland zum Beispiel ist es unerwünscht, dass Beamte und Diplomaten einer Loge angehören. Dennoch gibt es rund achttausend griechische Freimaurer. Für Deutschland kann festgehalten werden: hier gibt es weder eine öffentliche Ablehnung noch eine besondere Zuneigung zu den Weltbrüdern. Nicht viel anders sieht es in Fernost und in Afrika aus, wo sich die Philosophie der Freimaurer durch Händler und Soldaten ausgebreitet hat.

Freimaurerei in Japan

Der erste Freimaurer erreichte Japan zwar schon 1779, sein Besuch blieb aber ohne jeglichen erkennbaren Einfluss. Es war der holländische Kaufmann Titsingh, der von Batavia (Indonesien) aus Japan zwischen 1779 und 1784 mehrfach besuchte und in Nagasaki einen Handelsposten eröffnete.

Die erste Loge in Japan wurde 1866 von Ausländern eröffnet und trug den Namen »Yokohama Lodge No. 1092«. Allerdings bestand die japanische Regierung darauf, dass sich die ausländischen Freimaurer »nicht öffentlich zur Schau stellen«, sondern weitgehend verborgen bleiben. Dies ist ein einmaliger Fall in der Geschichte der Freimaurerei, denn überall sonst wurde den Freimaurern ja vorgeworfen, sie wollten im Verborgenen bleiben, während in Japan die Regierung nun ausdrücklich auf Geheimhaltung pochte und gleichzeitig die Anwerbung von Japanern untersagte. Weitere international zusammengesetzte Logen folgten. Es gab vor allem britische, holländische, amerikanische, französische und deutsche Freimaurer in Japan. Einen besonderen Ruf in der Öffentlichkeit erarbeitete sich zum Beispiel der deutsche Freimaurer und Kaufmann E. Fischer, der in der zweiten Hälfte des 19. Jahrhunderts half, die Stadt Kobe zu modernisieren.

Da zu Hause unerwünscht, fanden meist nur Japaner, die sich im Ausland aufhielten, zur Freimaurerei. Aus den 1860er Jahren ist die Aufnahme von Japanern in holländische Logen bekannt, und der erste japanische Botschafter in England, Graf Tadasu Hayashi, wurde in London zum Freimaurer. Es ist davon auszugehen, dass seit Beginn des 20. Jahrhunderts japanische Freimaurer auch die internationalen Logen in ihrem Land besuchten. Darüber liegen indes keine genauen Informationen vor. Noch in den überwiegend »ausländischen« Kinderschuhen, wurde die Freimaurerei in Japan in den 1930er Jahren seitens des zunehmend militanter werdenden Kaiserreichs beargwöhnt und wenig später verboten.

Es war nicht nur die Nähe zum »Achsen-Freund« Deutschland, die die Regierung dazu bewog, japanische Freimaurer plötzlich einer »jüdisch-freimaurerischen« Verschwörung zu beschuldigen, sondern lange vorher schon gab es Einflüsse aus den beiden klassischen Anti-Freimaurer-Ländern: Russland und Frankreich.

Mit den unsäglichen »Protokollen der Weisen von Zion« (auf Japanisch *Shion kenja no giteisho*) wurden japanische Offiziere von weißrussischer Seite aus vertraut gemacht. Hier erfuhren sie erstmals auch von der »dem Judentum nachgesagten intensiven Verkettung mit dem Freimaurertum«.[4]

In einer jüngsten Studie zu dem Thema heißt es: »Japan hat später [...] die schonungslose Gleichsetzung von Judentum und Freimaurertum der Nationalideologen bereitwillig übernommen.«[5] In den dreißiger Jahren waren im Zuge eines ansteigenden Nationalismus und Militarismus in Japan so genannte Forschungsgesellschaften entstanden, deren bedeutendste unter der Bezeichnung »Studiengruppe für Internationale Politik und Wirtschaft« (Kokusai Seikei Gakkai) 1937 mit Unterstützung des japanischen Außenministeriums geschaffen wurde. Ihr Gründer und Direktor Shiôden profilierte sich nachhaltig mit der Herausgabe des aufwendigen Jahrbuches »kokusai himitsuryoku kenkyû« (Forschungen über internationale Verschwörungen). Shiôden, auch bekannt unter seinem Pseudonym »Fujiwara«, war Zögling französischer Militärakademien und während des Ersten Weltkrieges als Militärattaché in Paris eingesetzt, wo er sich nach eigenen Angaben von André Spires Schrift »Les Juifs et la Guerre« (Yûdayajin to Taisen) zur Beschäftigung mit »Judenfragen« hatte inspirieren lassen. Seit 1925 war er in Japan mit antisemitischen Publikationen hervorgetreten.[6] Als Tennô-Fanatiker und Verfechter des kaiserlichen Systems propagierte er eine Kombination aus traditionell fremdenfeindlichem Nationalismus und japanischem Antisemitismus.

Während eines Besuches in Deutschland 1938 nahm Fujiwara alias Shiôden im Rang eines kaiserlichen Generals am Antisemitismus-Kongress der Propaganda- und Nachrichtenorganisation »Weltdienst« in Erfurt und am Reichsparteitag in Nürnberg teil. Dort wurde der japanische Gast von Dr. Hanns Eisenbeiß, Mitarbeiter des Weltdienst-Institutes zur Erforschung der Judenfrage, durch ein von den Nazis errichtetes Freimaurermuseum geführt. Nach der »unmittelbaren« Begegnung mit dem Freimaurertum ließ Shiôden auf dem Weltdienst-Kongress seinem Zorn freien Lauf: »Die jüdische Freimaurerei zwingt die Chinesen, ihr Land in eine Speerspitze für einen Angriff auf Japan umzuwandeln. Auf diese Weise zwingt sie auch Japan, sich gegen diese Gefahr zu verteidigen. Japan ist im Krieg nicht mit China, sondern mit der Freimaurerei, die von General Chian-Kai-Shek repräsentiert wird, dem Nachfolger seines Freimaurer-Meisters Sun-Yat-Sen.«[7]

Über die Eindrücke Shiôdens vom Reichsparteitag schrieb das Nazi-Parteiblatt »Der Stürmer« in typischem Jargon: »Die Kundgebungen des Reichsparteitages bewegten den General tief. Fanden doch diese ungeheuren Zusammenballungen des deutschen Rassenwillens in seiner rassisch reinen Seele ein so lebendiges Echo! [...] Er fühlte die Größe des Führers, der ein 80-Millionen-Volk zu einem Willen zusammengeschweißt hat. Als der Führer [...] die Treppe herunterkam, sagte der General: ›Jetzt kommt der Befreier der Menschheit!‹«[8]

Shiôden quittierte seine Eindrücke in Deutschland mit einer Eintragung in ein Gästebuch: »Ceux qui ne connaissent pas la question juive n'ont pas le droit de parler sur l'avenir du peuples (Wer die Judenfrage nicht kennt, hat nicht das Recht, über die Zukunft der Völker zu reden.) gez. Fujiwara«[9]

Solchen Angriffen konnten die in Japan lebenden ausländischen Freimaurer nicht lange stand halten. Von 1937 bis 1940 wurden sämtliche Logen seitens der Regierung geschlossen. Unmittelbare Verfolgungen japanischer Freimaurer sind indes nicht bekannt. Nach dem Zweiten Weltkrieg eröffneten eine englische und eine schottische Loge als erste wieder ihre Pforten in Japan. Zwischen 1947 und 1956 wurden insgesamt 16 Freimaurerlogen in Japan gegründet, insbesondere ermutigt durch den Oberkommandierenden der amerikanischen Streitkräfte im Pazifik, General Douglas MacArthur. Er war nicht nur selbst Freimaurer, der die Bruderschaft als eine weitere Möglichkeit betrachtete, Japan zu demokratisieren, sondern er hegte auch große Sympathie für die Japaner. Sobald der Krieg vorbei war, zeigte sich MacArthur milde gestimmt und unterstützte die Freimaurerei nach Kräften. Dennoch blieben die Japaner der Bruderschaft gegenüber noch lange Zeit verschlossen. Erst im Jahr 1950 wurden sieben Japaner in Japan zu Freimaurern erhoben – scherzhaft auch »die glorreichen Sieben« genannt. Im März 1956 formten dann fünfzehn philippinische Logen in Japan die erste Großloge von Japan, die im Jahr 1972 die Zahl von 4786 Mitgliedern erreichte. Wie sich später herausstellte, sollte dies bereits der Höhepunkt japanischer Freimaurerei gewesen sein. Danach ging es bergab. Derzeit zählt die Großloge von Japan lediglich etwa zweitausend Mitglieder, darunter zahlreiche in Japan lebende Ausländer.

China, Philippinen, Indien und die Maurer

Im benachbarten »Reich der Mitte«, in China, landeten als erste Freimaurer schwedische Händler in der Provinz Kanton (Guangzhou) im Jahr 1759. Neun Jahre später wurde dort die englischsprachige Loge »Amity No. 407« eröffnet, die aber bis zum Ende des 18. Jahrhunderts mangels Zuspruch wieder schließen musste. Es folgten britische Logengründungen in Hongkong Mitte des 19. Jahrhunderts und von dort aus auch in Kanton und Shanghai sowie weiteren Hafenstädten. Aber auch in Nanking, Peking und Chengdu wurden im Zuge der Öffnung Chinas Freimaurerlogen von Ausländern gegründet. Für Chinesen war es indes nur unter absoluter Geheimhaltung möglich, einer dieser Logen beizutreten,[10] da die Quin-Dynastie die Freimaurerei als einen »schädlichen westlichen Einfluss« ablehnte. Doch reichte ihr Einfluß offenbar nicht überall aus. Der erste öffentlich bekannte chinesische Freimaurer war Shan Hing Yung, ein Leutnant zur See der Kaiserlichen Marine, der 1889 in Kanton in eine Loge aufgenommen wurde. Andere frühe chinesische Freimaurer stammten aus dem Adel, wie der Feudalherr Kai Ho Kai und der »Ehrenwerte« Wei Yuk.

Zu Beginn des zweiten chinesisch-japanischen Krieges 1937 bis 1945 verfolgten die siegreichen Japaner in allen von ihnen besetzten Gebieten chinesische und ausländische Freimaurer. Sie wurden grundsätzlich verhaftet und interniert, manche auch hingerichtet. Nach dem Zweiten Weltkrieg blühte die Freimaurerei in China schlagartig wieder auf. So sehr sogar, dass im Jahr 1949 die Großloge von China gegründet wurde. Bemerkenswert ist, dass sich trotz der Gründung der kommunistischen »Volksrepublik China« unter Mao Tse-tung im gleichen Jahr die chinesischen Freimaurer in der Regel weiterhin ungehindert in ihren Logen treffen konnten. Einzige Ausnahme bildeten jene Logen, die sich in dem berühmten und großen »American Masonic Temple of Shanghai« trafen; darunter war auch die Großloge von China. All jene mußten 1952 ihre »Arbeit« einstellen. Der Maoismus hat zwar keine Freimaurer verfolgt, aber auch nicht begünstigt. Über die Freimaurer in der »Volksrepublik China« liegen weder Zahlen noch Informationen vor. Hauptstützpunkt der chinesischen Freimaurer ist die einstige britische Kronkolonie Hongkong, in der es 29 Logen mit 1500 Freimaurern gibt.

In Asien am meisten Fuß gefasst hat die Freimaurerei ausgerechnet im einzigen katholischen Land, auf den Philippinen. Dort gibt es heute unter den 69 Millionen Philippinos schätzungsweise zehn- bis zwölftausend Freimaurer, also fast so viele wie in Deutschland. Sie haben sich in drei Großlogen organisiert. Ihr berühmtester freimaurerischer Landsmann ist Emilio Aguinaldo y Famy, ein philippinischer »George Washington«. Er begann 1898 eine erfolgreiche Revolution gegen die spanische Kolonialmacht, wehrte sich 1899 gegen Übernahmegelüste der USA, führte sein Land in die Unabhängigkeit und wurde von 1899 bis 1901 der erste Präsident der Philippinen. Ihm wird nachgesagt, ein begeisterter Freimaurer gewesen zu sein. In einer seiner Reden nach seiner Präsidentschaft bekannte er: »Die Revolution war freimaurerisch inspiriert, freimaurerisch angeführt und freimaurerisch ausgeführt. Und ich wage hinzuzufügen, dass die erste Philippinische Republik, deren Präsident ich gewesen bin, hauptsächlich durch die Freimaurer erreicht wurde.«[11]

Während der Revolution galt für Aguinaldo ein Freimaurer einzig aufgrund seiner Zugehörigkeit zur Bruderschaft bereits als qualifiziert für eine Offiziersposition, später auch für Ministerposten in seiner Regierung. Diese Art Nepotismus bescherte dem ersten Präsidenten jedoch eine kurze Amtszeit.

Indien ist eine weitere Hochburg der Freimaurer in Asien. Dort wurde die erste Loge bereits 1730 in Kalkutta durch englische Händler und Soldaten gegründet. In Indien gibt es eine breite Vielfalt verschiedenster Freimaurer-Riten, angefangen bei dem alt-englischen über schottisch, irisch, holländisch, dänisch, französisch, versehen mit einem kräftigen Schuss indischer Brahmanen-Weisheit.

Die ersten Inder, die Freimaurer wurden, traten zu Beginn des 19. Jahrhunderts den englischen Logen bei und stammten allesamt aus der herrschenden Oberschicht, wie der moslemische Nawab Omdat-ul-Omrah, Vizekönig von Carnatic. Der zweite indische Freimaurer wurde 1812 Bandeh Ali Khan in Kalkutta. Der erste Hindu hieß Ranganath Sastry und wure 1857 in einer Loge in Madras aufgenommmen; 1861 folgte der erste Sikh namens Duleep Singh. Der weltweit berühmteste indische Freimaurer ist Pandit Motilal Nehru, ein brahmanischer Jurist und Politiker aus Kaschmir in Allahabad, der in Kanpur einer Loge beitrat. Er ist Vater von Jawaharlal Nehru, dem ersten Premierminister Indiens, sowie Großvater von Indira Gandhi, ebenfalls Premierministerin.

Neben Nehru ragt international auch der Hindu-Philosoph Swami Vivekananda aus der Menge indischer Freimaurer heraus. Er wurde 1884 in Kalkutta zum Freimaurer erhoben und zählt zu den geistig einflussreichsten Persönlichkeiten Indiens im ausgehenden neunzehnten und beginnenden zwanzigsten Jahrhundert. Der Westen wurde auf ihn aufmerksam, als er auf einem Weltkongress der Religionen in Chicago 1893 den Hinduismus vorstellte. Vivekananda offenbart in seinen zahlreichen Schriften seine breite Kenntnis morgenländischer und abendländischer Kultur und Religionen und hat sich intensiv mit Yoga und Meditation beschäftigt. Seine Werke sind für Aufgeschlossene bis heute aktuelle Anleitungen zur fernöstlichen Philosophie.[12] In den USA setzte er sich vor allem für das gegenseitige Verständnis von orientalischer und westlicher Kultur, Philosophie, Religion und Wissenschaft ein.

Die international berühmten deutschen Orientalisten des 19. Jahrhunderts, Max Müller und Paul Deussen, verehrten den Hindu-Philosophen, und der französische Literaturnobelpreisträger Romain Rolland verglich Vivekanandas Sprache mit der Musik Beethovens. Zuhause gilt er bis heute als »patriotischer Heiliger des modernen Indiens«. Nahezu alle führenden indischen Politiker bekennen, dass sie sich vom philosophischen Denken Swami Vivekanandas beeinflussen und leiten lassen. Vivekananda war ein Freimaurer in Reinkultur: Er dachte national und international, begründete sein tägliches Handeln auf Reflektion und konsequenter Anwendung philosophischer Erkenntnisse und setzte sich nachhaltig für das Verständnis zwischen den Religionen und Völkern ein; seine in seinen Schriften weitergegebenen Erkenntnisse sind universal und zeitlos. Vivekananda ist *das* Vorbild für Freimaurerei schlechthin.

Afrikanische Machtspiele

Auch in Afrika ist die Freimaurerei »dank« der ehemaligen Kolonialmächte Frankreich und Großbritannien verbreitet, allerdings zahlenmäßig nicht erfasst; außerdem kann sie nicht überall als Aushängeschild für die Weltbruderschaft gewertet werden. Omar Bongo zum Beispiel, seit 1967 Präsident von Gabun auf Lebenszeit, ist zwar Freimaurer geworden, aber steht mit seinem Handeln nicht beispielhaft für die Werte der Bruderschaft. Zwar ist er mit der Kennedy-Familie befreundet und hat sich auf politischer Ebene mehrfach als Vermittler in afrikanischen Kriegen und Krisen betätigt. Aber er zählt zu den reichsten Männern der Welt, ungeachtet der Armut in seinem Land. Bongo gilt als bestechlich, war zum Beispiel in den Skandal um den französischen Ölkonzern Elf Aquitaine verwickelt, von dem er über Jahre hinweg hohe Provisionen erhalten haben soll. Am 15. Juni 2005 empfing ihn Bundeskanzler Gerhard Schröder in Berlin zu einem Gespräch im Kanzleramt. Im Mittelpunkt der Unterredung stand »die Reform der Vereinten Nationen«, sprich, der Wunsch Schröders nach einem permanenten Sitz im Weltsicherheitsrat, für den der Bundeskanzler bereit war, die Stimme Bongos zu kaufen. Offiziell wird solch eine Bestechung dann als »wirtschaftliche Zusammenarbeit« kaschiert.

Ähnlich sieht es mit Denis Sassou Nguesso aus. Er wurde in einer französischsprachigen Loge zum Freimaurer erhoben und später Präsident der Republik Kongo. Seit Januar 2006 ist er zudem Vorsitzender der Afrikanischen Union, also durchaus in Positionen, in denen er dem gebeutelten Kontinent helfen könnte. Dies ist aber nicht der Fall. Im Gegenteil: Sassou Nguesso hat sich hemmungslos an seinem Volk bereichtert und verschwendet für sich persönlich jene Gelder, die eigentlich dem Land als Entwicklungshilfe zufließen sollten. Seine Hotelrechnung während der letzten UN-Vollversammlung im September 2005 in New York belief sich auf 300 000 Dollar.[13]

Pascal Lissouba, ebenfalls Freimaurer und ehemaliger Präsident der Republik Kongo, lebt zum wiederholten Maße seit 1997 im Exil, zunächst in London, derzeit in Paris. Er hat sich seit vielen Jahren mit Sassou Nguesso völlig überworfen. Zwischen beiden »Freimaurern« tobte 1997 eine zehntägige bewaffnete Auseinandersetzung, die Lissouba verlor. Sassou Nguesso erklärte sich zum neuen Präsidenten. Für seinen Sturz als Präsident macht Lissouba Frankreich und den Konzern Elf Aquitaine verantwortlich.

Die erste französischsprachige Freimaurerloge Afrikas wurde 1781 im Senegal eröffnet. Unter den französischen »Brüdern« in Afrika findet sich eine Reihe ehrenhafter Streiter für Freiheit und Gerechtigkeit. Zum Beispiel die beiden Verfechter der Abschaffung der Sklaverei in französischen Hoheitsgebieten: Victor Schoelcher und Abbé Grégoire. Schoelcher gelang es erst nach vielen Anläufen 1848 das Sklaverei-Verbot durchzusetzen. Dass es Freimaurer waren, denen sie ihre Freiheit zu verdanken hatten, haben sich freigelassene Sklaven und ihre Nachkommen vor allem auf den Westindischen Inseln gemerkt. Dort ist freimaurerischer Einfluß vielerorts erkennbar, allerdings gelegentlich anders, als ihn sich Freimaurer wünschen. Denn es finden sich freimaurerische Elemente auch im haitianischen Voodoo-Kult, wenngleich meist auf Symbolik und Ritus beschränkt.[14]

Ein herausragender Freimaurer war auch Félix Eboué, ursprünglich aus Französisch-Guayana. Er mobilisierte im Jahr 1940 den Tschad für Charles de Gaulles Exil-Regierung in London und riss danach auch Französisch-Äquatorialafrika sowie Kamerun mit sich, zu einer Zeit, als gerade das Vichy-Regime begann, mit den Deutschen zu kollaborieren und die Freimaurer in Frankreich zu verfolgen.

Da nach dem Zweiten Weltkrieg vor allem in afrikanisch-französischen Freimaurerlogen Verständnis für den Unabhängigkeitswillen der Kolonien gezeigt und aktive Unterstützung praktiziert wurde, traten immer mehr Afrikaner den Logen bei. 1960, im großen Jahre der Unabhängigkeit vieler afrikanischer Staaten, lösten sich auch die Freimaurerlogen von ihrem Kolonial-Mutterland und breiteten die Freimaurer-Philosophie selbständig über den Kontinent aus, verfielen aber in ihren Organisationsstrukturen dem Fehler, die französische und europäische Uneinigkeit unter Freimaurern zu übernehmen. So reflektieren die afrikanischen Freimaurerlogen sowohl den innerfranzösischen Zwist zwischen dem atheistischen »Grand Orient« und der regulären Großloge »Grand Loge de France« als auch die englisch beeinflussten Ausrichtungen.

Den französischen Freimaurern wird – meist von englischen – Kritikern politischer Einfluss auf die Afrikapolitik ihrer Regierung vorgeworfen, der nicht immer Gutes für die Menschen südlich der Sahara gebracht habe. Beispielsweise wird darauf verwiesen, dass sich während der Fünften Republik die beiden französischen Freimaurer Christian Nucci (Grand Orient de France) und Jaques Godfrain (Grande Loge de France) als »Minister für Zusammenarbeit« in afrikanische Angelegenheiten eingemischt hätten. Guy Penne, Afrika-Berater des verstorbenen Präsidenten François Mitterrand, gehört ebenfalls dem »Grand Orient« an. Desgleichen der ehemalige Botschafter Fernand Wibaux und der verstorbene Jacques Foccart, beide Grand-Orient-Freimaurer und Afrika-Berater für Präsident Jacques Chirac, um nur einige Beispiel zu nennen. Dem ist entgegenzuhalten: Als Minister und Diplomaten mussten sie ja wohl ihrer Aufgabe gerecht werden. Dass die Genannten privat auch Freimaurer waren, kann nicht dreist als »Beweis« für eine »Afrika-Politik der französischen Freimaurer« herangezogen werden, wie oft im englischsprachigen Raum gemunkelt wird.

Seit 1992 treffen sich französischsprachige Freimaurer aus ganz Afrika inklusive Madagaskar sowie andere »Humanisten und Bruderschaften« zu einer jährlichen Konferenz in einer der afrikanischen Hauptstädte. Die Delegiertenzahl liegt bei stolzen 600, was einen Rückschluss auf eine hohe Gesamtzahl an Freimaurern in Afrika zulässt, wenngleich keinerlei offizielle Zahlen aus irgendeinem afrikanischen Land zu erfahren waren.

Auch Afrika kennt Beispiele irrationaler Verfolgung von Freimaurern. Die schlimmste Hetzjagd gegen Freimaurer wurde 1963 in der Elfenbeinküste ausgerufen, als der damalige Präsident Félix Houphouët-Boigny fürchtete, er sei das Ziel diverser Verschwörungen. In sein Weltbild passte, dass die bekannten Freimaurer der Elfenbeinküste gleichzeitig der links-liberalen »Demokratischen Partei« angehörten, namentlich Jean-Baptiste Mockey, Jean Konan Banny, Amadou Thiam und Ernest Boka. Sie wurden verhaftet und gefoltert, Ernest Boka getötet und die Freimaurerei verboten. 1971 gab der

Diktator Houphouët-Boigny zu, dass die angeblichen Verschwörungen gegen ihn auf Erfindungen seines Polizeichefs beruhten. Die Beschuldigten wurden öffentlich rehabilitiert, Jean-Baptiste Mockey erhielt sogar ein Ministeramt. Auch die Freimaurerei wurde wieder zugelassen und zwar auf Initiative des damaligen Korrespondenten von »Le Monde«, Pierre Biarnès.

Diktatoren haben immer ein Problem mit Freimaurern. Folglich verbot im einstigen Zaire (jetzt wieder Kongo) »Präsident« Mobutu bei Machtantritt im Jahr 1965 die Freimaurerei, ließ sie aber 1972 erneut zu. Die Gründe dafür bleiben obskur.

In Madagaskar war unter den marxistischen Regierungen die Freimaurerei verboten. Erst seit der Wahl Präsident Zafys im Jahr 1993 ist sie erlaubt und erfreut sich großer Beliebtheit. Bereits 1996 erfolgte die Gründung einer Großloge von Madagaskar. Außerdem gibt es noch den »Großritus von Madgaskar«, der dem »Grand Orient de France« nahe steht.

Überall dort, wo marxistische Präsidenten ihre Länder lenkten, wurden Freimaurer verboten, wie zum Beispiel unter Sékou Touré in Guinea, unter Modibo Keita in Mali und unter Mathieu Kérékou in Benin. Fily Dabo Cissok und Hammadoun Dicko, beide aus Mali, sowie Barry Diawandou und Barry Ill in Guinea, namhafte Freimaurer, die ihre autokratischen Regime ablehnten, wurden inhaftiert und gefoltert.[15] Hammadoun Dicko ist heute Außenminister von Mali. In Benin gelang es Afrika-Experten des Grand-Orient-Freimaurers Mitterand im Jahr 1980 den Diktator Kérékou zu überzeugen, Freimaurerlogen wieder zuzulassen. In Liberia richtete der Unteroffizier Samuel Doe nach seinem Staatsstreich im Jahr 1980 ein Massaker unter Freimaurern an. Unter den Getöteten war auch der gestürzte Präsident und Freimaurer Tolbert.

Obwohl die gegenwärtigen arabischen Islam-Gelehrten und Islamisten Freimaurerei als »satanisch« geiseln, beteiligen sich die islamischen Gesellschaften und Staaten Afrikas nicht an den arabischen Hasstiraden gegen Freimaurer. Es gibt zahlreiche afrikanische Muslime, die Freimaurer sind und damit das gelebte Gegenbeispiel zu der Behauptung aus Mekka und Teheran liefern, Islam und Freimaurerei seien unvereinbar.[16] Im Senegal zum Beispiel finden sich zahlreich Freimaurer in Führungspositionen, obwohl das Land überwiegend muslimisch geprägt ist. Und in Dschibuti sind jüngst drei weitere Logen eröffnet worden.

Die »Le Monde«-Autorin Claude Wauthier fragte vor kurzem, warum ausgerechnet die Freimaurerei in Afrika auf besondere Zustimmung und Verbreitung stieß, und liefert folgende Erklärung: »Afrikaner haben eine lange Erfahrung mit Geheimgesellschaften. Die gibt es in den meisten Dorfgesellschaften, wo sie laut Ethnologen Eric de Rosny ein effektives Gegengewicht zur Macht der traditionellen Häuptlinge bilden.«[17] Auch der quasi-esoterische und mystische Aspekt der Freimaurerei hat afrikanische Intellektuelle angezogen, wie zum Beispiel den berühmten Schriftsteller Hampaté Ba aus Mali, einen Muslim, der überzeugt war, die Freimaurerei würde Ökumene und Versöhnung unter den fundamentalistischen Mono-Gott-Religionen fördern.

Neben dem spirituellen Aspekt verfolgen afrikanische Logen aber auch sehr gewissenhaft die gesellschaftspolitischen Prozesse ihrer Länder. Anders als in Europa, fühlen sie sich aufgefordert, sich öffentlich einzumischen. Sie gehen mit teilweise vorbildlichen Beispielen voran, wie Freimaurer als Bruderschaft gesellschaftlich aktiv sein können, zumeist als Moderatoren und Schlichter zwischen Konfliktparteien. Wer in Deutschland käme auf die Idee, den Großmeister der Vereinigten Großlogen von Deutschland zu bitten, als Schlichter im Tarifstreit des öffentlichen Dienstes tätig zu werden? Genau so eine Aufgabe stünde ihm und der Freimaurerei gut zu Gesicht, aber auf diese kühne Idee würde er noch nicht einmal selbst kommen. Leider. In Benin hingegen setzte sich die Großloge 1989 erfolgreich für die Rückkehr eines Mehrparteiensystems ein, betrieb Lobby-Arbeit für Toleranz unter politischen Widersachern und half so nachweislich, gewaltsame Ausschreitungen zu verhindern. Ähnliches versuchten die Freimaurer Togos, als sie 1993 zwischen Präsident Eyadema und seinen politischen Gegnern vermittelten. Es gelang ihnen zwar nicht, beide zu versöhnen, aber sie versuchten es wenigstens. Gleiches ist bekannt aus zahlreichen anderen afrikanischen Ländern. Wer in Afrika die Freimaurer außer Acht läßt, versteht einen wesentlichen Teil der politischen Prozesse nicht. Auf dem »schwarzen Kontinent« zeigt sich jedoch auch die schmale Gratwanderung zwischen den Freimaurerforderungen nach Toleranz und sozialer Gerechtigkeit auf der einen Seite, und der Durchsetzbarkeit dieser Prinzipien auf der anderen Seite.

»Freimaurer müssen ausradiert werden«

Warum Islamisten und die Hamas Freimaurer hassen

> *»Freimaurer sind eine geheime Gesellschaft [...] mit einer subversiven Zielsetzung; sie fördern die Trennung von Religion und Staat sowie satanische Werte und versuchen mittels ihrer Geheimorganisationen die Welt unter Kontrolle zu bringen. [...] Laut einigen Experten gehörten auch die jüdischen Gründerväter des Zionismus dieser okkulten Organisation an und nutzten deren Einrichtungen, um den Plan auszuhecken, Palästina den Einheimischen wegzunehmen.«*
>
> Al-Jazeera, arabisches Fernsehen[1]

Istanbul, den 9. März 2004: Dutzende von Freimaurern sind zu einem Abendessen in ihrer Loge zusammengekommen. Da stürmen drei unbekannte Männer die Tafelrunde, schießen mit halbautomatischen Waffen wild um sich und zünden Sprengsätze, die sie an ihren Körpern befestigt haben. Die Bilanz: zahlreiche Verletze und drei Tote, darunter einer der Attentäter. Im November 2003 war Istanbul schon mehrfach durch Selbstmordattentate auf zwei Synagogen sowie auf das Britische Konsulat und eine britische Bank erschüttert worden. Damals räumten die türkischen Behörden einen Al-Kaida-Hintergrund ein. Im Falle des Attentats auf die türkische Freimaurerloge wollte die Polizei keinen solchen Zusammenhang herstellen.

Laut Bericht der Nachrichtenagentur Associated Press (AP) habe einer der Attentäter während des Angriffs wiederholt gerufen: »Allahu Akbar!« (Gott ist groß!). Ein anderer Attentäter, der sich selbst verletzte, rief »Nieder mit der israelischen Loge!« Wie AP weiterhin berichtete, sagten Freimaurer der überfallenen Loge aus, sie hätten in den vorangegangenen Wochen Morddrohungen via Handy erhalten, in denen sie außerdem als »zionistische Kollaborateure« beschuldigt worden seien.[2]

Der türkische Terrorismusexperte Nihat Ali Özcan sagte zu dem Vorfall, auch wenn Bin Ladens Terrornetzwerk Al Kaida das Attentat nicht geplant haben sollte, so sei davon auszugehen, dass es zumindest von Al Kaida inspiriert worden ist. Al Kaida oder nicht – fest steht: Abgesehen von der Türkei und Marokko werden Freimaurer in der muslimischen Welt abgelehnt und verfolgt. In arabischen Medien und teilweise auch von arabischen Regierungen wird oftmals das gesamte Nazi-Repertoire gegen Freimaurer wiederholt. Es sind nicht nur radikale Islamisten, die Freimaurer als Mordziele ausgesucht haben. Auch im Iran und in Saudi Arabien werden Freimaurer exekutiert. Offiziell gibt es in diesen Ländern gar keine Freimaurer. Denn ihnen wird vorgeworfen, für »westliche Demokratie und Toleranz« einzutreten, sich mit »Juden gemein« zu machen und – als wichtigstes Argument – den Islam nicht als alleinige Religionsform anzuerkennen.

Besonders die im Gaza-Streifen gegründete Terror-Organisation Hamas[3] hat die gesamten Nazi-Vorurteile gegen Freimaurer aus den Schriften Alfred Rosenbergs und aus Hitlers »Mein Kampf« übernommen und sie als Tatsachen 1988 in ihre Gründungscharta aufgenommen. Sie fordert in ihren 34 Charta-Artikeln nicht nur die totale Vernichtung Israels, sondern auch, dass die Freimaurer als »Handlanger der Zionisten ausradiert« werden müssen. Da die Hamas am 26. Januar 2006 die Wahlen zum Palästinenser-Rat gewonnen hat, ist damit zu rechnen, dass die politisch gestärkte und nunmehr auch demokratisch legitimierte Hamas ihre Ziele weiterhin unnachgiebig verfolgen wird. Sie hat keinen Grund – wie Europäer denken – darüber zu verhandeln oder Zugeständnisse zu machen.

Die Hamas-Charta

Die Hamas-Charta liegt leider nicht auf Deutsch vor. Noch nicht einmal die Deutsch-Arabische Gesellschaft in Berlin hielt es bisher für nötig, diese Charta zu übersetzten, drängt aber deutsche Abgeordnete, mit Hamas-Vertretern zu sprechen.[4] Ob wirklich jedem »Unterhändler« klar ist, auf was er sich da einlässt? In perfider Weise werden in der Hamas-Charta sämtliche westliche Hilfsorganisationen, die in den Palästinensergebieten tätig sind, verteufelt und als Helfershelfer des »Feindes« – damit ist Israel gemeint – hingestellt. Die »Protokolle der Weisen von Zion« werden in Artikel 32 der Charta ausdrücklich beim Namen genannt und die bekannten Hirngespinste als Tatsachen wiederholt sowie ein Konglomerat von generellen »Feinden des Islam« erfunden. Deshalb seien hier drei wesentliche Artikel der Hamas-Charta im vollen Wortlaut wiedergegeben, schwülstig und verdreht, ähnlich dem Nazi-Jargon der dreißiger Jahre.

Artikel 17:

»Im Kampf um die Befreiung ist die Rolle der moslemischen Frau nicht minder zu bewerten als die des moslemischen Mannes. Sie schafft den Mann. [Deshalb] ist ihre Rolle in der Anleitung und Erziehung der neuen Generationen wichtig. Die Feinde haben erkannt, wie wichtig ihre Rolle ist. Sie glauben, wenn sie in der Lage sind, sie in einer Weise zu dirigieren und großzuziehen, die ihren Wünschen zusagt, nämlich weit entfernt vom Islam, dann haben sie den Kampf gewonnen. Deshalb sieht man, wie sie ständig versuchen, mittels Informationskampagnen, Filmen und Unterrichtsplänen für Schulen diesem Ziel nahe zu kommen. Dafür nutzen sie ihre Lakaien, die von zionistischen Organisationen unter den verschiedensten Namen und Erscheinungsformen infiltriert worden sind, wie die Freimaurer und die Rotarier-Klubs, Spionagegruppen und andere, die allesamt nichts weiter sind als Zellen der Subversion und Saboteure. Diese Organisationen schöpfen aus reichlichen Quellen, die sie in die Lage versetzen, ihre Rolle in den Gesellschaften zu spielen, einzig zu dem Zweck, die zionistischen Ziele zu erreichen und jene Pläne zu vertiefen, die dem Feind dienen. Diese Organisationen operieren ohne den Islam und ihre Mitarbeiter haben keinen Bezug dazu. Die islamischen Völker sollten ihre Rolle wahrnehmen, indem sie sich mit den Verschwörungen dieser Saboteure auseinandersetzen.

An jenem Tag, an dem der Islam (in Palästina) in der Lage ist, die Lebensumstände zu bestimmen, werden diese Organisationen, die dem Islam und der Menschlichkeit feindlich gesinnt sind, ausradiert.«

Dieser Tag ist seit dem 26. Januar 2006, dem Wahlsieg der Hamas, gekommen.

In Artikel 22 ereifert sich die Palästinenser-Organisation weiterhin:

»Seit langem schon haben die Feinde geschickt und mit Präzision geplant, wie sie das, was sie erreichen wollen, erreichen. Sie haben jene Fälle (bereits) eingeplant, die die gegenwärtigen Ereignisse betreffen. Sie strebten danach, riesige Mengen an materiellem Wohlstand anzuhäufen, den sie einzig für die Verwirklichung ihres Traumes ausgeben. Mit ihrem Geld haben sie die Kontrolle über die Weltmedien errungen, über die Nachrichtenagenturen, die Presse, über Verlage, Rundfunkstationen und andere. Mit ihrem Geld haben sie Revolutionen in vielen Teilen der Welt finanziert, mit dem Ziel, ihre Interessen zu erreichen und eines Tages die Früchte zu ernten. Sie steckten hinter der Französischen Revolution, hinter der Kommunistischen Revolution (von 1917) und hinter den meisten anderen Revolutionen, von denen wir gehört haben oder hören. Mit ihrem Geld haben sie in verschiedenen Teilen der Welt geheime Gesellschaften gegründet, wie die Freimaurer, die Rotarier- und Lionsklubs und andere, mit dem Ziel, Gesellschaften zu unterwandern und ihre zionistischen Interessen zu erreichen. Mit ihrem Geld waren sie in der Lage, Kaiserreiche zu kontrollieren und sie dazu anzustiften, viele Länder als Kolonien zu unterwerfen und dort Korruption zu verbreiten, so dass sie deren Ressourcen ausbeuten konnten.«

Artikel 28:
»Die zionistische Invasion ist eine böse Invasion. Sie lässt sich nicht davon zurückhalten, sämtliche Methoden anzuwenden, alle bösen und verächtlichen Wege zu nutzen, um ihr Ziel zu erreichen. Bezüglich ihrer Infiltration und ihrer Spionageoperationen stützt sie sich besonders auf jene Geheimorganisationen, die sie gegründet hat, wie die Freimaurer, die Rotarier- und Lionsklubs, sowie weitere Sabotagegruppen. All diese Organisationen, ob geheim oder öffentlich, arbeiten im Interesse des Zionismus und gemäß dessen Anweisungen. Sie zielen darauf, die Gesellschaften zu unterwandern, deren Werte zu zerstören, das Gewissen der Menschen zu korrumpieren und den Charakter zu verderben sowie den Islam zu vernichten. Sie stecken hinter dem Drogenhandel und dem Alkoholismus in jeder Form, damit sie ihn kontrollieren und ausbreiten können.«[5]

Allein diese drei Auszüge aus der Charta zeigen schon, dass die Hamas faschistisches Gedankengut verbreitet. Hamas ist die Abkürzung für »Harakat el-Mukawame el-Islamije« und heißt auf deutsch »Bewegung des islamischen Widerstands«. Das arabische Wort »Hamas« bedeutet zudem übersetzt »Begeisterung« oder »Eifer«. Die Hamas gilt – mit Ausnahme der arabischen Staaten – weltweit als radikal-islamische Organisation und ist für hunderte von Selbstmordattentate und Terrorakte verantwortlich, mit dem Ziel, den Friedensprozess im Nahen Osten zu verhindern. Als ihr Gründer und geistiger Führer galt Scheich Achmed Jassin aus Gaza.

Religiös ähnelt die Hamas den sunnitisch-fundamentalistischen Moslembrüdern Ägyptens, die 1981 Präsident Anwar al-Sadat ermordeten. Die Hamas wird seit vielen Jahren aber auch vom schiitisch-aggressiven Iran finanziell unterstützt. In der Diskussion über den Widerstand des palästinensischen Volkes gegen Israel bleibt das politische Bild der islamistischen Hamas in der westlichen Wahrnehmung meist unklar. Mit den von ihr organisierten Selbstmordattentaten und ihren Wohlfahrtseinrichtungen scheint sie manchen westlichen Journalisten und Politikern gar als ein legitimierter Teil des palästinensischen Widerstandes. Doch, wie in anderen Artikeln der Charta zum Ausdruck kommt, strebt die Hamas nicht die »Befreiung« der Palästinenser an, sondern die Errichtung einer klerikalen islamistischen Herrschaft. Wer mit Palästinenserinnen spricht, spürt die Angst vieler Frauen vor diesem islamischen Fundamentalismus, der es in den vergangenen Jahrzehnten geschafft hat, den Islam als Religion zu »kidnappen« und für seine politischen Ziele zu nutzen.

Dabei wissen gerade Freimaurer, dass der Islam keine aggressive Religion ist. Sie haben – insbesondere in den USA und in Afrika – viele Muslime in ihren eigenen Reihen, die ihre Brüder über den Koran und andere islamische heilige Schriften unterrichten. Diese wehren sich vehement gegen die Vereinnahmung des Islam durch Radikale, finden aber selten Gehör in der Öffentlichkeit. In seiner Funktion als Groß-Kaplan der Großloge von Washington, D. C., hat beispielsweise der Muslim Bilal M. Raschid in einem Artikel im Organ der Großloge die wesentlichen friedlichen und humanitären Glaubenslehren des Islam vorgestellt.[6] Aber sein Werben um Toleranz richtet sich an die falsche Zielgruppe. Freimaurer braucht er nicht von den wahren Glaubenslehren des Islam zu überzeugen. Es sind vielmehr die so genannten islamistischen Terroristen, an die sich Bilal M. Raschid wenden müsste, oder die arabische Öffentlichkeit. Genau diese Auseinandersetzung findet jedoch nicht statt, obwohl sie mehr denn je nötig wäre, denn die Angriffe auf Freimaurer in der islamischen Welt nehmen seit dem Terroranschlag vom 11. September 2001 auf die USA auffallend zu. Am 16. Oktober 2003 ermahnte der malaysische Premierminister Mahathir bin Mohamad auf dem zehnten Gipfeltreffen der Staatschefs von 57 moslemischen Ländern in seiner Eröffnungsrede, Muslime sollten ihren Verstand nutzen, um Juden zu bekämpfen, die »die Welt durch Stellvertreter regieren«.[7] Wer als Stellvertreter gemeint ist, ist inzwischen in allen muslimischen Ländern klar: Es ist die Hamas-Definition: Freimaurer, Rotarier und Lions Clubs. Auf die weitere Juden-Hetze Mahathirs sei hier verzichtet.

Denn an anderer Stelle ist die Propaganda noch radikaler: Ende 2004 begann der neue ägyptische Satelliten-Kanal »Dream TV« eine 41-teilige Serie auszustrahlen, die als »geschichtliches Drama« gekennzeichnet war. Es handelte sich um nichts anderes als um die Verfilmung der »Protokolle der Weisen von Zion«! Die Serie wurde selbstredend zur besten Sendezeit ausgestrahlt, nämlich an den Ramadanabenden.[8]

Die »Weisen von Zion« heute

Es waren christliche Palästinenser, die erstmals im Jahr 1921 die Fälschung der »Protokolle der Weisen von Zion« ins Arabische übersetzten. Seither stehen sie auf den Bestsellerlisten der Region. In keiner anderen Sprache sind die »Protokolle« sooft aufgelegt worden wie im Arabischen.[9] In den sechziger Jahren überreichte der ägyptische Präsident Gamal Abdel Nasser Ausgaben der »Protokolle« mit einem Vorwort seines Bruders Shawqi als Gastgeschenk an ausländische Journalisten. Jordanische Schulen nahmen sie als Tatsachen in ihre Curricula auf. Die Saudis gingen sogar soweit, die »Protokolle« in verschiedenen Sprachen als Geschenk an Besucher in ihren Botschaften zu verteilen.[10]

Vor einigen Jahren verschenkten die Saudis an ihrer Bonner Botschaft das Buch »Freimaurerei« von Muhammad Safwat al Saqqa Amini und Sa'di Abu Habib, in dem den Freimaurern »nachgewiesen wird«, dass sie in Wahrheit von »Zionisten« gegründet wurden und ihre Aufgabe die kulturelle Unterwanderung von Nichtjuden sei. Auf der Website der »Großloge der Alten Freien und Angenommenen Maurer von Deutschland« wird darüber berichtet, »dass der Attaché für islamische Angelegenheiten der Botschaft von Saudi-Arabien in Bonn als offizielles Präsent ein schlecht aus dem Arabischen ins Deutsche übersetztes Buch verschenkte, in dem der Unsinn bar jeglichen wissenschaftlichen Hintergrunds auf sage und schreibe 130 Seiten ausgewalzt wird. Sehr zu bedauern ist, dass seine Exzellenz, der Botschafter, der im Mai 1997 in dieser Sache sehr, sehr höflich angeschrieben worden war, bis heute offenbar keine Zeit fand, den Brief zu beantworten.«

Aus all den Erfahrungen mit nahöstlichen Publikationen über Freimaurer und »Zionisten« geht hervor: Die »Protokolle der Weisen von Zion« in Kombination mit den Schriften des nationalsozialistischen Chefideologen Alfred Rosenberg sind seit langem ein Standard-Handbuch für Politiker, Journalisten und Agitatoren der Region. Der wahre Hintergrund der »Protokolle« wird einfach als »jüdische Gegenpropaganda« abgetan. Wer Politik im Nahen Osten betreibt, sollte sich dieser Aspekte bewußt sein.

Dabei entbehrt es nicht einer gewissen Ironie, dass der mythische Gründungsvater der Freimaurer, Hiram Abiff, ein Phöniker war. Und Nachkommen der Phöniker sind Libanesen und Palästinenser. Auch der berühmte Freiheitskämpfer gegen die französische Kolonialmacht in Nordafrika, Abd el-Kader, der heute wieder von Islamisten als Vorbild eines Kämpfers gegen den Westen gepriesen wird, war ein Freimaurer. Das wird aber tunlichst verschwiegen. Dabei ist der damalige algerische Emir Abd el-Kader wirklich ein vorbildlicher Mensch seiner Zeit gewesen. Er hat während seines Exils in Syrien Christen während eines Massakers in Damaskus im Jahr 1860 in Schutz genommen. 1864 nahm ihn dann der »Grand Orient de France« als Freimaurer auf.

Die Freimaurerei war einst im gesamten arabischen Raum verbreitet. In Ägypten etwa beeinflussten die beiden Freimaurer al-Afghānī und Mohammed Abduh die Entwicklung ihres Landes zur republikanischen Staatsform. In Syrien wurde 1748 in Aleppo die erste Freimaurerloge gegründet. Bis 1953 gab es in Syrien insgesamt 24 Logen. Die Machtübernahme durch die sozialistische Diktatur des Hafis Al-Assad machte die weitere freimaurerische Arbeit jedoch unmöglich. Im Irak entstand 1918 die erste Loge.1958 war es mit der Freimaurerei vorbei. Unter General Abd al-Karim Qasim wurde die britische Kontrolle des Landes beendet. Er stürzte den pro-britischen König Faisal II., proklamierte eine Scheinrepublik und ließ alle Logen schließen, da er in den Freimaurern einen verlängerten Arm der britischen Interessen sah. Trotzdem scheint es weiterhin Freimaurer im Irak gegeben zu haben. Denn 1975 stellte der Diktator Saddam Hussein Freimaurerei nochmals ausdrücklich unter Todesstrafe.

Seit 2004 gibt es wieder Freimaurerlogen im Irak, jedoch unter größter Geheimhaltung, da sie andernfalls begehrtes Ziel für Islamisten wären.

Im Jemen gab es vorübergehend zwei englische Logen, jedoch ohne jeglichen Einfluss auf Einheimische. In Saudi-Arabien gibt es amerikanische Logen und sogar eine deutsche, die jedoch sehr zurückhaltend arbeiten müssen. Saudis ist strikt untersagt, Freimaurer zu werden. Diese Logen sind nur für Ausländer. Im Iran hatte schon der Schah stets einen großen Respekt vor den Freimaurern als verlängertem Arm der Briten. Er vermutete ständig Verschwörungen gegen sich, verbot Freimaurerei aber nicht. Damit räumte dann das Mullah-Regime auf. Anfang 1980 wurde das Vermögen der iranischen Freimaurer konfisziert, viele von ihnen eingesperrt. Wer fliehen konnte, verließ das Land. Seither existiert eine iranische Exil-Loge in Washington. Eine Rückkehr in ihre Heimat ist auf Dauer nicht in Sicht. Gleiches gilt für rund zweiundzwanzig weitere islamisch geprägte Länder.

Es ist durchaus nachvollziehbar, warum totalitäre (islamische) Regime Freimaurer in ihrem Hoheitsbereich nicht dulden. Nicht aus Angst vor Verschwörungen und Putschgefahr, wie sie glauben machen wollen, sondern weil Freimaurer freies Denken propagieren. Überall dort, wo ihnen dies gelingt, haben sie auch Zulauf unter Moslems. Denn jene Moslems, die in freien Gesellschaften leben, erkennen oft auf den ersten Blick, welche Gemeinsamkeiten ihre Religion und Philosophie mit den Freimaurern hat. Außerdem ist in jenen muslimischen Gemeinden, in denen nicht primär die »Protokolle der Weisen von Zion« verkauft werden, sondern wissenschaftliche Werke über den Islam, bekannt, dass Teile der moslemischen Kultur die Freimaurerei mitbegründet haben.

Was hat die Kathedrale von Washington mit Berlin zu tun?

Ein persönliches Nachwort

> *»Die Freimaurerei ist die große Friedensbewegung der Welt. Wo immer es sie gibt, kämpft sie dafür, internationale Schwierigkeiten und Auseinandersetzungen zu verhindern.«*
>
> Albert Pike, namhafter amerikanischer Freimaurer

Die Schweiz ist das einzige Land, in dem jemals darüber abgestimmt wurde, ob die Freimaurer zugelassen oder verboten werden sollen. Denn Anfang des 20. Jahrhunderts gab es von politisch konservativer Seite Bestrebungen, die Freimaurerei zu ächten. Oberst Arthur Fonjallaz, der Führer der rechtsextremen Front in der Schweiz, lancierte bereits 1923 eine Initiative für ein Verbot der Freimaurerei. Am 28. November 1937 kam es zur Volksabstimmung und das »Schweizervolk« lehnte die Initiative mit einem Stimmenverhältnis von 2:1 ab. Wie würde eine solche Abstimmung wohl heutzutage ausfallen, zum Beispiel in Deutschland?

Wenn man sich vor Augen führt, dass in Deutschland ein Museum mit dem Programmpunkt »Schreiben wie Gauner und Freimaurer« um Publikum werben kann, wäre das Ergebnis der Volksabstimmung vielleicht gar nicht so günstig für die Freimaurer. Denn die Verknüpfung von »Gauner und Freimaurer« offenbart, dass die Freimaurer hierzulande ein Image-Problem haben. Eigentlich müsste so ein Programmtitel lauten »Schreiben, so toll wie die Freimaurer Goethe, Lessing, Rückert, Heine und Chamisso«. Oder: »Malen, so toll wie die Freimaurer Lovis Corinth und Marc Chagall«. Aber nein, bis heute wird vielerorts in Deutschland eine Negativ-Konnotation zu den Freimaurern hergestellt, trotz ihrer Verfolgung im »Dritten Reich«, trotz zehn Friedensnobelpreisträger in ihren Reihen.

Ein gerüttelt Maß Schuld an der Entstehung und nachhaltigen Verbreitung dieses Negativbildes und der unsinnigsten Verschwörungsthesen, die Freimaurern angelastet werden, hat die katholische Kirche. Aufgrund der von ihr verbreiteten Taxil-Erfindungen und den gehässigsten Papst-Bullen in der Geschichte des Vatikans fingen Extremisten an, die Freimaurer als »Dunkelmänner« für ihre politischen Ziele zu missbrauchen: von den Nazis bis hin zu den heutigen Islamisten, die gelegentlich auch auf Papstbullen Bezug nehmen, wenn sie belegen wollen, dass Freimaurer die »Ungläubigsten unter den Ungläubigen« sind.

Konfrontiert man Kirchenvertreter mit diesen Feststellungen, verweisen diese gerne darauf, dass im Codex Iuris Canonici (Kodex des kanonischen Rechts) vom 25. Januar 1983 Freimaurer oder Logen nicht mehr – so wie zuletzt 1917 – expressis verbis als von der Kirche Auszuschließende erwähnt werden. Wie jedoch der damalige Kardinal Joseph Ratzinger (nun Papst Benedikt XVI.) am 26. November 1983 in seiner Funktion als Präfekt der Glaubenskongregation hervorhob, begibt sich ein Katholik, der zum Freimaurer wird, nach wie vor »in den Stand der schweren Sünde«, was im katholischen Kirchenrecht einer selbst vorgenommenen Exkommunizierung gleich kommt. Wir wissen, dass sich die katholische Kirche mit dem Einräumen von Irrtümern oder eigener Schuld sehr schwer tut. Für die Rehabilitierung Galileos brauchte sie rund fünfhundert Jahre. Bis zum Eingeständnis einer Mitschuld an der Verfolgung von Juden verging nicht ganz so viel Zeit. »Bereits im März 2000 hat der damalige Papst Johannes Paul II. Fehler seiner Glaubensgemeinschaft an den Juden in den vergangenen Jahrhunderten zugegeben. Allerdings bat der Papst nicht die Opfer um Vergebung, sondern Christus. Damit hat er den Apparat der Kirche weitgehend unberührt gelassen und die blutigen Fehler der Religion zu menschlichen Unterlassungen gemacht«, kommentierte damals der Journalist Detlev Lücke.[1] Dennoch wurde diese Entschuldigung weltweit als »große Geste« gewertet. Gerade deutsche Kirchenmänner haben sich für diesen Schritt des Papstes stark gemacht. So verwundert es nicht, dass Jahre später der Vorsitzende der Deutschen Bischofskonferenz, Kardinal Karl Lehmann, am 20. März 2006 in Berlin von einer jüdischen Organisation den Abraham-Geiger-Preis verliehen bekam. Gewürdigt wurde die »Offenheit, Mut, Toleranz und Gedankenfreiheit« des Preisträgers, der sich besonders für den katholisch-jüdischen Dialog innerhalb der Kirche stark gemacht habe.

Solch ein Dialog wäre auch zwischen Kirche und Freimaurern wünschenswert. Die Freimaurer haben ihn mehrfach gesucht, zuletzt in den siebziger und achtziger Jahren des 20. Jahrhunderts, sind aber bei der katholischen Kirche auf Unverständnis gestoßen. Das heißt nicht, dass dies so bleiben muss. Auf eine Entschuldigung des Vatikans für den Rufmord an Freimaurern braucht die Bruderschaft nicht zu hoffen. Aber sie kann eine zunehmende Tendenz zur Toleranz seitens der katholischen Kirche wahrnehmen. Santiago Río, Mitglied der Großloge Spaniens, betonte etwa Anfang 2006 in einem Zeitungsinterview: »Ich bin ein praktizierender Katholik, und der frühere Erzbischof von Canterbury war ebenfalls Mitglied der englischen Freimaurerei.« Mit der Kirche gebe es keine Spannungen, unterstrich der spanische Freimaurer. Zweifellos habe das frühere Kirchenrecht die Mitglieder der Freimaurerei exkommuniziert. Auch heute gebe es in gewissen kirchlichen Bereichen noch einiges Zögern, »aber im Allgemeinen ist das Problem überwunden«.[2]

Das sind neue Töne – vor allem von Freimaurerseite. Ähnliches ist auch aus den USA zu erfahren. Am 19. April 2006 wagte sich der Benediktiner-Mönch James Wiseman, der dem Kloster St. Anselm in Washington angehört, in die »Höhle des Löwen«. Wiseman, der zu einem der führenden katholischen Vordenker der USA zählt, sprach in der überfüllten Washingtoner Loge »Benjamin B. French No. 15« über christliche Spiritualität und Mystik. Eine solche Begegnung ist in den USA, wo die katholische Kirche selbst nur den Rangplatz einer Sekte einnimmt, offenkundig leichter möglich als in Deutschland, wo nur zwei christliche Glaubensrichtungen dominieren: die evangelisch-lutherische und die katholische. Dennoch sollten sich deutsche Freimaurer ermutigt fühlen, den Dialog mit beiden Kirchen immer wieder neu zu suchen. Denn letztlich gibt es mehr Gemeinsames als Trennendes.

Zudem ist eine historisch belastete Gegnerschaft wie die der katholischen Kirche nicht in allen christlichen Glaubensrichtungen anzutreffen. Die Kathedrale von Washington, zu der 1907 der Freimaurer und Präsident Theodore Roosevelt im Freimaurerritus den Grundstein legte – im Beisein des anglikanischen Bischofs von London – ist ein Stein gewordener Ort, an dem die freimaurerische Philosophie der Toleranz ihren Höhepunkt erreicht: Die Kathedrale steht grundsätzlich allen christlichen Glaubensrichtungen offen und bei Bedarf auch anderen Religionen. Am Trauergottesdienst nach dem Terrorangriff des 11. September 2001 versammelten sich drei Tage später Vertreter aller Religionen der USA in der Kathedrale. »Wir wenden uns an Dich, unseren Herrn, in einer Zeit des nationalen Schmerzes und der Trauer«, eröffnete Muzzammil Siddiqui, der Vorsitzende der Islamischen Gesellschaft Nordamerikas, den Gebetsgottesdienst in Arabisch.[3]

Nachdem am 29. Mai 1993 vier junge Deutsche in Solingen Feuer im Haus der türkischen Familie Genç gelegt hatten und fünf kleine Mädchen verbrannten, gab es keinen gemeinsamen Trauergottesdienst von Christen und Muslimen. Ich erinnere mich, dass sich die türkische Trauergemeinde in einer Kölner Moschee zusammenfand, obwohl diese Tat auch Anlass für eine »Zeit des nationalen Schmerzes und der Trauer« hätte sein müssen.

Vielleicht liegt es daran, dass es in Deutschland keine »Kathedrale von Washington« gibt. Selbst die Freimaurer finden sich in der Kathedrale der amerikanischen Hauptstadt wieder. Nachdem man das Hauptschiff betreten hat, steht rechts im Seitenschiff eine überlebensgroße Statue von George Washington, zu dessen Füßen das Freimaurersymbol »Zirkel und Winkelmaß« versehen mit dem »G« abgebildet ist. Wäre eine solche Ehrung in einer deutschen Kirche denkbar?

Der protestantische Berliner Dom könnte sich als eine solche überkonfessionelle Begegnungsstätte eignen. Auch Freimaurer sind schon da – in der Hohenzollerngruft unter dem Dom. Was die katholische und manchmal auch die evangelische Kirche außer Acht lassen, ist, dass sich Freimaurer intensiver als alle anderen Bevölkerungsteile mit Religion beziehungsweise Religionen befassen. Sie müssen dies tun, schon aufgrund ihrer philosophischen Studien, zu denen sie von Mitbrüdern angehalten werden. Jene, die den Freimaurern Gottlosigkeit vorwerfen, nehmen stets Bezug auf den »Grand Orient de France«, der Atheismus zulässt. Aber dieser repräsentiert nicht die weltweit sechs Millionen Freimaurer, sondern nur einige tausend französische Brüder. Am Tempel von Delphi stand: »Erkenne Dich selbst«. Dies ist die Hauptforderung an jeden Freimaurer-Lehrling. In der Öffentlichkeit weniger bekannt ist, dass auf der Innenseite des Tempels von Delphi der Spruch eine Fortsetzung fand: »Und Du erkennst Gott«. Neunundneunzig Prozent der Freimaurer wissen, wie wahr diese antike Weisheit ist.

Wo Freimaurer verboten sind und verfolgt werden, herrscht Totalitarismus, Willkür und oft auch wirtschaftliche Rückständigkeit. Wer Freimaurer denunziert, stellt sich auf eine Stufe mit Hitler, Mussolini, Stalin, Ayatollah Khomeini und Osama Bin-Laden.

Das weithin sichtbare Freimaurer-Denkmal in Alexandria, Virginia

Der Journalist Gerd-Klaus Kaltenbrunner bescheinigt »einer Geheimorganisation wie den Freimaurern« aufgrund ihrer Weltbürgerlichkeit, in der Staatsbürgerschaft und Herkunft keine Rolle spielen, eine Neigung, »aus der sich friedensstiftende oder friedenssichernde, zumindest den Krieg [...] mildernde Wirkungen ergeben«.[4]

Wie die vorangegangenen Seiten zeigen, tragen Freimaurer aber auch einen revolutionären Charakter in sich, revolutionär im Sinne von »verändern wollen«. Sie mögen in ihrem Hauptverbreitungsgebiet England und in weiten Teilen der USA oftmals von Außenstehenden geringschätzig als »Boys Club« abgetan werden, auch wenn die »Boys« bereits 70, 80 Jahre alt sind. Weltweit gibt es in ihren Reihen indes »Brüder«, die die Ungerechtigkeiten dieser Welt nicht tolerieren. Die Großloge der Freimaurer von Portugal, die erst seit 1974 wieder zugelassen ist, hat sich im Jahr 2006 zum Beispiel entschlossen, einen Schritt in Richtung »Entmystifizierung« der Freimaurerei zu tun, wie ihr Großmeister Alvaro Carva vor der Presse bekannt gab. Er lud erstmals am 23. März die Öffentlichkeit zu einem Freimaurerkongress ein. Carva machte deutlich, dass es seiner Meinung nach eine der Aufgaben der Freimaurer ist, Frieden zu stiften und bereits begonnene Friedensprozesse zu unterstützen. Als Beispiel nannte Carva die Friedensprozesse in Ost-Timor, einer einstigen portugiesischen Kolonie sowie im Nahen Osten.

Weil »Hinsehen« eine Freimaurer-Pflicht ist, haben sie sich schon seit Anbeginn auf humanitären Gebieten engagiert. Schon 1753 eröffneten Freimaurer ein »Findelhaus« in Stockholm und ein Waisenhaus in Wien. Australische Freimaurer haben seit vielen Jahren einen »Buschfeuer- und Tsunami-Hilfsfond« eingerichtet und machen mit *Scholarships* zahlreichen Jugendlichen ein Studium oder eine Ausbildung möglich. Ähnliches, je auf die Bedürfnisse der Region zugeschnitten, kann über die ganze Welt berichtet werden. In Deutschland unterhält die Große Landesloge der Freimaurer die so genannte Zinnendorf-Stiftung in Hamburg-Eppendorf. Diese gibt schwerstpflegebedürftigen jüngeren Menschen ein Zuhause, indem sie in einem Wohnhaus Einzel-Appartements zur Verfügung stellt. Hier wird versucht, den Behinderten umfassende Hilfestellung für ein Höchstmaß an eigenständiger und menschenwürdiger Lebensgestaltung zu geben.

Die freiwillige Verpflichtung zur *charity, charité*, aktiven Nächstenliebe ist Teil des orientalischen Erbes der Freimaurer. Die sechs Millionen Freimaurer in aller Welt spenden täglich zusammengenommen rund drei Millionen Euro für einen guten Zweck. Sie unterhalten Hospitäler und Schulen, kümmern sich um kriegsversehrte und kriegsgeschädigte Kinder aus Tschetschenien, Beirut und Liberia und finden alles in allem, dass die Weltpolitik unserer Tage keine geeigneten Antworten auf die dringendsten Herausforderungen bietet.

Die Mängel beginnen in jedem einzelnen Land. In rund 150 der 188 bei der UNO gemeldeten Staaten sind die Unzulänglichkeiten bezüglich sozialer Gerechtigkeit, Gleichstellung von Mann und Frau, Meinungs- und Religionsfreiheit, der Basis-Menschenrechte überhaupt, so gravierend, dass man bei näherem Hinsehen gar nicht glauben mag, dass es dies in unserer modernen Zeit überhaupt gibt. Aber auch in Westeuropa ist vieles nicht in Ordnung, sind sogar Rückschritte fest-

Blick in den Tempel des schottischen Ritus in Washington, unweit des Weißen Hauses

zustellen. Oftmals triumphiert lächerlicher Parteienzank und Machterhalt über Sachfragen. Demokratien verkommen zu Parteioligarchien. Abgeordnete erhöhen hemmungslos und ungebremst ihre Diäten, während sie neue Steuerereinnahmen beschließen. Die gleichen Politiker haben aber jahrzehntelang keine Lösung für die nachhaltigen Probleme wie Arbeitslosigkeit, Werteverfall, Altersarmut, Migrationselend und Fremdenfeindlichkeit gefunden. Wo keine Werte für Staat und Gesellschaft vermittelt werden, keine Selbstverantwortung und Verantwortung gegenüber dem Nächsten gelehrt und gelebt wird – *»lead by example«* heißt zum Beispiel eine der Devisen der American Boy Scouts – da kann auch kein innerer Friede herrschen. Wo es keinen inneren Frieden gibt, wird auch kein Weltfrieden erreicht. Stattdessen setzen Politiker im Westen immer öfter auf »Peace Keeper«. Soldaten werden in Armutsstaaten entsandt und sollen dort das richten, wozu die Politik keinen Mut hat.

Immer öfter gilt außerdem als *smart*, wer sein Amt dazu nutzt, sich persönlich zu bereichern, und sei es amtsbezogen in der Zeit danach.

Wo gibt es heute noch in der Politik das Denken eines Freimaurers Stresemann, der sich nicht zu schade war, nach seinem Rücktritt als Kanzler bereitwillig ins zweite Glied als Außenministers zu treten, um dort Größeres zu vollbringen? Oder wo gibt es den freiwilligen Verzicht auf Macht wie ihn George Washington vorlebte, der von allen Führungspositionen, die er innehatte, stets freiwillig zurücktrat, sobald sein Auftrag erfüllt war. Er musste nicht von einem seiner überdrüssigen Volk aus dem Amt gewählt werden. Er selbst beschränkte sein Präsidentenamt auf maximal acht Jahre, also zwei Amtszeiten. Das ist wahre Größe, die auf Werten und Grundsätzen und nicht auf Beliebigkeit und Populismus basiert.

Aus all diesen und vielen weiteren Gründen haben sich Freimaurer und Freimaurerinnen aus den USA, aus Kanada, Deutschland, Frankreich, Spanien, der Türkei und Indien zusammengetan und am 26. März 2006 ein freimaurerisches Friedensinstitut gegründet, das »Masonic Peace Institute« (MPI) mit Hauptsitz in Maryland, USA. Ziel ist es, freimaurerische Kräfte zu bündeln und sich für Friedensprozesse zu engagieren sowie für soziale und gesellschaftliche Gerechtigkeit.

Ziel ist es auch, den Geist der Aufklärung dort neu zu beleben, wo er gerade verkommt und dorthin zu tragen, wo er offenbar nie ankam; es ist der Geist des Preußen Friedrichs des Großen und des Amerikaners George Washington, des Franzosen Lafayette und des Italieners Garibaldi, des Venezolaners Bolívar und des Chinesen Sun Yat-Sen, des Arabers Abd el-Kader und des Inders Swami Vivekananda.

Freimaurer waren zu Beginn des 18. Jahrhunderts ihrer Zeit um 200 Jahre voraus. Viele Nachfolgende sind ihrer Zeit voraus geblieben, aber innerhalb der Freimaurerei gilt es, sich dessen wieder stärker zu erinnern. Deshalb schließe ich mit den Worten des schottischen Freimaurers Sir Walter Scott:

»Men do not live in the past.
They merely look back.
Forward is the universal cry.«

*

*(Der Mensch lebt nicht in der Vergangenheit.
Er blickt höchstens mal kurz zurück.
Vorwärts heißt weltweit die Devise.)*

Bekannte Freimaurer

Arabische Welt

Abd el-Kader, Ibn Muhyï (1808–1883), Kabylenfürst in Algerien, arabischer Emir, der sich in den Kolonialkriegen gegen Frankreich durch ritterliche Gesinnung auszeichnete.

König Hussein von Jordanien (1935–1999), Nachkomme des Propheten Mohammeds, trat für Versöhnung mit Israel ein.

Ismail Pascha (1830–1895), Vizekönig von Ägypten; auch sein Sohn Tewfik Pascha, ebenfalls Vizekönig Ismail Pascha sowie dessen Sohn Tewfik Pascha.

China

Chiang-Kai-Shek (1887–1975), General und Politiker, politischer und militärischer Gegner des Kommunisten Mao, Gründer der Chinesischen Republik Taiwan.

Sun Yat-Sen (1866–1925), chinesischer Philosoph, Revolutionsführer und Staatsmann, Gründer der Kuomintang und erster provisorischer Präsident der Republik China.

Deutschland

Ludwig Bechstein (1801–1860), Märchendichter.

Gebhard Leberecht von Blücher, Fürst von Wahlstadt (1742–1819), preußischer Feldmarschall, siegte zusammen mit seinem englischen Freimaurerbruder Wellington in Waterloo 1815 über Napoleon.

Karlheinz Böhm (geb. 1926), Schauspieler, Gründer der Hilfsaktion »Menschen für Menschen« in Afrika.

Holger Börner (1931–2006), SPD-Politiker und ehem. hessischer Ministerpräsident.

Alfred Brehm (1829–1884), berühmter Zoologe.

Adalbert von Chamisso (1781–1838), deutscher Naturforscher und Dichter.

Thomas Dehler (1897–1967), FDP-Politiker, wegen seiner jüdischen Frau von der Nazi-Zeitung »Der Stürmer« verunglimpft und als »wehrunwürdig« eingestuft, später Bundesminister der Justiz, schwere Differenzen mit Adenauer.

Johann Gottlieb Fichte (1762–1814), Philosoph.

Johann Georg Forster (1754–1794), Naturforscher, Ethnologe, Revolutionär, nahm an der zweiten Weltumsegelung James Cooks teil, lieferte wichtige Beiträge zur vergleichenden Länder- und Völkerkunde der Südsee. Als deutscher Jakobiner gehörte er zu den Protagonisten der kurzlebigen Mainzer Republik.

Ferdinand Freiligrath (1810–1876), deutscher Dichter und Freiheitssänger.

Friedrich II. von Preußen (1712–1786), auch Friedrich der Große und »der Alte Fritz« genannt, führte die Freimaurerei in Preußen ein.

Johann Wolfgang von Goethe (1749–1832), Dichter der Klassik und der Aufklärung.

Graf August-Wilhelm Neidhardt von Gneisenau (1760–1831), preußischer Generalfeldmarschall.

Karl August Freiherr, später Fürst von Hardenberg (1755–1822), preußischer Staatsmann und Reformer.

Johann Gottfried Herder (1744–1803), deutscher Dichter und Philosoph, 1766 in einer Loge in Riga aufgenommen.

Heinrich Hoffmann (1809–1894), deutscher Mediziner, Humanist, Schriftsteller (»Struwwelpeter«).

Gotthold Ephraim Lessing (1729–1781), Dichter der Aufklärung.

Felix Graf von Luckner (1881–1966), deutscher Seeoffizier, Admiral, Schriftsteller und Forschungsreisender.

Reinhold Maier (1889–1971), FDP-Politiker, erster Ministerpräsident von Baden-Württemberg.

Carl von Ossietzky (1889–1938), Journalist, Pazifist und Freund von Kurt Tucholsky, Friedensnobelpreis 1935, von den Nazis ermordet.

Anton Philipp Reclam (1807–1896), Verlagsbuchhändler.

Friedrich Rückert (1788–1866), Dichter und Orientalist.

Gerhard Johann David von Scharnhorst (1755–1813), preußischer Generalstabschef.

Fritz Sänger (1901–1984), erster Chefredakteur der Deutschen Presseagentur (dpa), SPD-Bundestagsabgeordneter und maßgeblicher Verfasser des SPD-Richtungspapiers »Godesberger Programm«.

Carlo Schmid (1896–1979), SPD-Politiker, einer der »Gründerväter« der Bundesrepublik Deutschland, maßgeblicher Mitverfasser des Grundgesetzes, Vize-Präsident des Bundestages.

Gottfried Semper (1803–1879), Architekt, Erbauer des Dresdner Opernhauses.

Axel Springer (1912–1985), Journalist und Verleger, Gründer der »Bild-Zeitung«.

Gustav Stresemann (1878–1929), Reichskanzler und Außenminister in der Weimarer Republik, Friedensnobelpreisträger.

Alfred von Tirpitz (1849–1930), Admiral.

Kurt Tucholsky (1890–1935), Pazifist und Schriftsteller.

England

Robert Burns (1759–1796), schottischer Dichter.

Sir Richard Francis Burton (1821–1890), Diplomat und Orientalist.

Winston Churchill (1874–1965), Premierminister im Zweiten Weltkrieg, Mitbegründer der UNO und Nobelpreisträger.

Sir Arthur Conan Doyle (1859–1930), englischer Kriminalschriftsteller und Erfinder der Figur Sherlock Holmes.

Edward VII. (1841–1910), Sohn von Königin Viktoria, König von England und Kaiser von Indien; von 1874 bis zu seiner Thronbesteigung 1901 Großmeister; seine Brüder Arthur und Leopold sowie sein Sohn Albert und sein Neffe Arthur waren ebenfalls Freimaurer.

Edward VIII. (1894–1972), Sohn von Georg V. (König von Hannover) und jüngerer Bruder von Georg VI.; englischer König für ein Jahr (1936); danach Duke of Windsor.

Edward, Duke of Kent (geb. 1935), seit 1967 Großmeister der »United Grand Lodge of England«.

Georg IV. (1762–1830); ferner: seine Brüder Friedrich August (Herzog von York und Albany), Wilhelm Heinrich (= Wilhelm IV.), Eduard August (Vater von Königin Viktoria), Ernst August (König von Hannover) und August Friedrich (Herzog von Sussex).

Georg V. (1819–1878), Sohn von Ernst August, König von Hannover.

Georg VI. (1895–1952), folgte seinem Bruder Edward VIII. 1936 als englischer König nach; Vater von Königin Elisabeth; ferner sein Bruder Georg Edward (Duke of Kent, Vater des heutigen Großmeisters der »United Grand Lodge of England«).

Edward Jenner (1749–1823), englischer Entdecker der Pockenschutzimpfung.

Sir Thomas Johnstone Lipton (1850–1931), schottischer Unternehmer, Erfinder des Teebeutels.

Philip, Herzog von Edinburgh (geb. 1921), Gatte der Queen von England.

Sir Walter Scott (1771–1832), schottischer Schriftsteller (»Ivanhoe«).

James Watt (1736–1819), schottischer Feinmechaniker und Erfinder der Dampfmaschine, gründete zusammen mit Matthew Boulton (1728–1809), ebenfalls ein Freimaurer, 1774 eine Fabrik zur Herstellung von Dampfmaschinen.

Sir Arthur Herzog von Wellington (1769–1852), britischer Feldmarschall, siegte 1815 gemeinsam mit seinem deutschen Freimaurerbruder Blücher in Waterloo über Napoleon.

Oscar Wilde (1854–1900), Schriftsteller (»Das Bildnis des Dorian Gray«).

Sir Pelham Grenville Wodehouse (1881–1975), englischer humoristischer Schriftsteller.

Finnland

Jean Sibelius (1865–1957), finnischer Komponist.

Frankreich

Fédéric Auguste Bartholdi (1834–1904), elsässischer Bildhauer, Schöpfer der Freiheitsstatue in New York.

Alexandre Vicomte de Beauharnais (1760–1794), französischer General, erster Gatte der späteren Kaiserin Josephine.

Pierre-Augustin Caron de Beaumarchais (1732–1799), französischer Dramatiker, Diplomat und Abenteurer.

Charles Marie de Bonaparte (1746–1785), Advokat, Vater von Napoléon I.

Joseph Bonaparte (1768–1844; König von Neapel, später Spanien), Lucien (1775–1840), Louis (1778–1846; König von Holland) und Jérome (1784–1860; König von Westfalen); d. h. alle vier Brüder von Napoleon I. waren Freimaurer; dazu der Sohn von Jérome B., Joseph Charles Paul (1822–1891; Minister von Algerien) und der Sohn von Pierre Lucien B. (1815–1881).

Jean François Champollion (1790–1832), entzifferte die ägyptischen Hieroglyphen.

André Citroën (1878–1935), französischer Automobilhersteller.

Denis Diderot (1713–1784), Schriftsteller und Philosoph der Aufklärung.

Gustave Alexandre Eiffel (1832–1923), Ingenieur und Erbauer des Eiffelturms.

Kaiserin Josephine (1763–1814), Gattin Napoleons und Beauharnais.

Jean Moulin (1899–1943), französischer Résistance-Führer.

James Rothschild (1792–1868), Bankier in Paris.

François Marie Arouet »Voltaire« (1694–1778), führender Philosoph der Aufklärung, zeitweilig befreundet mit dem preußischen König Friedrich II. und Benjamin Franklin.

Griechenland

Jean Antoine Comte de Capo d'Istria (1776–1831), griechischer Freiheitskämpfer.

Georg II. (1890–1947), König von Griechenland.

Alexandros Fürst Ypsilanti (1792–1828), griechischer Freiheitskämpfer.

Indien

Pandit Motilal Nehru (1861–1931), indischer brahmanischer Jurist und Politiker aus Kaschmir in Allahabad (Vater von Jawaharlal Nehru und Großater von Indira Gandhi).

Swami Vivekananda (1863–1902), hinduistischer Philosoph.

Italien

Giacomo Casanova (1725–1789), »Lebenskünstler«.

Gino Cervi (1901–1974), italienischer Filmschauspieler, (Figur des »Peppone«).

Enrico Fermi (1901–1954), italienischer Physiker, Nobelpreis für Physik 1938.

Giuseppe Garibaldi (1807–1882), italienischer Vorkämpfer der nationalen Einheitsbewegung Italiens, Freiheitskämpfer in Brasilien und Uruguay.

Raphael Sabatini (1875–1950), italienischer Schriftsteller (»Scaramouche«).

Japan

Ichiro Hatoyama (1883–1959), japanischer Ministerpräsident.
Tadasu Hayasi (1850–1913), japanischer Diplomat und Staatsmann.
Prinz Higashikuni Naruhiko (1887–1990), erster japanischer Ministerpräsident nach dem Zweiten Weltkrieg.

Lateinamerika

Salvador Allende (1908–1973), chilenischer Sozialist und Präsident. 1973 von General Augusto Pinochet gestürzt und ermordet.
Carlos Maria de Alvear (1789–1852), Freiheitskämpfer für Argentinien.
Miguel de Azcuenaga (1754–1833), Freiheitskämpfer für Argentinien.
Manuel Belgrano (1770–1820), General und argentinischer Freiheitsheld.
Simón Bolívar (1783–1830), südamerikanischer Freiheitskämpfer gegen die spanische Kolonialherrschaft, Gründer Kolumbiens und Boliviens, Freund Alexander von Humboldts.
Giuseppe Garibaldi (1807–1882), Freiheitskämpfer für Uruguay, Argentinien und Italien.
José Maria Martí (1853–1895), kubanischer Schriftsteller und Freiheitskämpfer.
Francisco de Miranda (1750–1816), Freiheitskämpfer für die USA und für Venezuela.
Bernardo O'Higgins (1778–1842), Freiheitskämpfer für Chile.
Benito Juarez (1806–1872), mexikanischer Freiheitsheld und Präsident.
José de San Martín (1778–1850), argentinischer Politiker und lateinamerikanischer Freiheitskämpfer.

Norwegen

Roald Amundsen (1872–1928), Polarforscher.

Österreich

Hermann Gmeiner (1919–1986), Begründer der SOS-Kinderdörfer.
Wolfgang Amadeus Mozart (1756–1791), Komponist und Musikgenie.

Philippinen

Emilio Aguinaldo y Famy (1869–1964), Unabhängigkeitsführer und erster Präsident.

Portugal

Gago Coutinho (1869–1959), Admiral, Historiker, Mathematiker und Geograph.

Bernardino Luis Machado (1851–1944), portugiesischer Politiker und Staatsmann, Gelehrter und Schriftsteller.

Eça de Queirós (1846–1900), Schriftsteller, lebte im Pariser Exil.

Schweden

Jean Baptiste Bernadotte (1763–1848), französischer Marschall, vom schwedischen König Karl XIII. adoptiert, wurde als Karl XIV. dessen Nachfolger.

Schweiz

Zino Davidoff (1906–1994), russischer Zigarrenfabrikant in Genf.

Louis Louis-Dreyfus (1867–1940), französischer Bankier, in Zürich geboren, Gründer der Bank »Dreyfus«.

Jonas Furrer (1805–1861), erster Schweizer Bundespräsident, Bundesrat 1848–1861.

Grock, eigentlich Karl Adrien Wettach (1880–1959), weltberühmter Clown.

Theodor Tobler (1876–1941), Schokoladenfabrikant (der »Schoggibaron« von Toblerone).

Räto Tschupp (1929–2002), Dirigent.

Philippe Suchard (1797–1884), Schokoladenfabrikant.

Emanuel Wybert (1807–1884), Apotheker, 1846 Erfinder von Hustentabletten.

William Wyler (1902–1981), Schweizer Filmregisseur in Hollywood.

Tschechien

Eduard Beneš (1884–1948), Begründer der Tschechoslowakei.

Türkei

Mustafa Kemal »Atatürk« (1881–1938), Begründer der modernen Türkei.

Kleanti Skalyeri (1833–?), »Jung-Türke«, Reformer.

Ungarn

Franz Liszt (1811–1886), ungarischer Komponist, Ehrenmitglied der Züricher Loge »Modestia cum Libertate«.

USA

Edwin Aldrin (geb. 1930), Astronaut, zweiter Mensch auf dem Mond.
Count Basie (1904–1984), Jazzmusiker.
Nat »King« Cole (1917–1965), amerikanischer Sänger und Jazz-Pianist.
Walter Percy Chrysler (1875–1940), Automobilhersteller.
Davy Crockett (1786–1836), amerikanischer Jäger und Politiker, starb als einer der Verteidiger von Alamo.
Duke Ellington (1899–1974), Jazzmusiker.
Irving Berlin (1888–1989), amerikanischer Entertainer und Liedkomponist.
John Edgar Hoover (1895–1972), FBI-Direktor.
Charles Lindbergh (1902–1974), Flugpionier, erste Atlantik-Alleinüberquerung.

Präsidenten (Regierungszeit in Klammern):
George Washington, General und 1. Präsident (1789–1797) der Vereinigten Staaten von Amerika.
James Monroe, 5. Präsident (1817–1825).
Andrew Jackson, 7. Präsident (1829–1837).
James Polk, 11. Präsident (1845–1849).
James Buchanan, 15. Präsident (1857–1861).
Andrew Johnson, 17. Präsident (1865–1869).
James A. Garfield, 20. Präsident (1881). Ermordet.
William McKinley, 25. Präsident (1897–1901).
Theodore Roosevelt, 26. Präsident (1901–1909).
William Howard Taft, 27. Präsident (1909–1913).
Warren G. Harding, 29. Präsident (1921–1923). Starb im Amt.
Franklin D. Roosevelt, 32. Präsident (1933–1945).
Harry S. Truman, 33. Präsident (1945–1953).
Lyndon B. Johnson, 36. Präsident (1963–1969).
Gerald R. Ford, 38. Präsident (1974–1977).

Abbildungsnachweis

Bildarchiv Preußischer Kulturbesitz 87
Deutsches Historisches Museum 9, 17, 125, 157
Historia 7/8, 1997, Paris 137
Library of Congress 67
National Heritage Museum, Lexington 69, 167, 187
Sammlung Goeller 23, 39, 41, 81, 177
Scottish Rite, S.J. 173, 213
The Voice of Freemasonry Vol. 23, No.1 211
Ullsteinbild Titel 9, 105
Verlag 55, 63

Kontaktadressen

Die nachfolgenden Kontaktdaten entsprechen der Selbstdarstellung der jeweiligen Logen und Organisationen. Wenn E-Mail-Adressen, Telefonnummern oder Web-Sites fehlen, ist dies von den Kontaktorganisationen so gewollt.

Kontakt zum Autor:
goeller@mpi33.org
goeller@mpi.kofu33.org

Deutschland

Vereinigte Großlogen von Deutschland (VGLvD)
Emser Str. 10
10719 Berlin
Tel.: 030- 861 47 96
Fax: 030- 862 11 64
E-Mail: grossmeisteramt.vglvd@freimaurer.org
http://www.freimaurer.org/vgl/VGLvD_d.htm

Über die VGLvD können grundsätzlich Kontakte zu nahezu allen Großlogen der Welt hergestellt werden, auch zu deutschsprachigen Logen im Ausland.

Frauen-Großloge von Deutschland
Emser Str. 12/13
10719 Berlin
http://www.freimaurerinnen.de

Große National-Mutterloge
»Zu den Drei Weltkugeln«
Heerstr. 28
14052 Berlin
Tel.: 030- 304 28 06
Fax: 030- 305 71 06
E-Mail: kontakt@3wk.org

Akademie Forum Masonicum
Prof. Dr. Martin Wilmers
Venloer Str. 601, Ap. B 201
50827 Köln-Bickendorf
Tel./ Fax: 0221- 690 52 96

Schweiz

Schweizerische Grossloge Alpina
Kontakt nur möglich über
http://www.freimaurerei.ch

Schweizerische Frauen-Grossloge
Grande Loge Féminine de Suisse
G. L. F. S.
Case postale 278
1211 Le Lignon/Genève
Schweiz

Österreich

Großloge von Österreich der alten freien und angenommenen Maurer (GLoA)
Rauhensteingasse 3
1010 Wien
Österreich
Tel.: 0043–151 27 422 0
Fax: 0043–151 20 455

Frankreich

Grand Orient de France
16, rue Cadet
75 009 Paris
France
Tel.: 0033- 145 23 209 2
E-Mail: webmaster@godf.org
http://www.godf.org

Grande Loge de France
8, rue de puteaux
75 017 Paris
France
http://www.gldf.org/

USA

Grand Lodge of D. C.
5428 MacArthur Blvd NW
Washington DC 20 016–2524
USA
Tel.: 001- 202 68 618 11
Fax: 001- 202 68 627 59
grandlodge@dcgrandlodge.org

Prince Hall Grand Lodge of the District of Columbia
1000 U Street NW.
Washington DC 20 001
USA
E-Mail: contact@mwphgldc.com

Scottish Rite
2800 – 16th Street
Washington DC 20 009
USA
Tel.: 001- 202 23 281 55
Fax: 001- 202 48 381 69
http://dcsr.org/

The George Washington Masonic National Memorial Association
101 Callahan Drive
Alexandria, Virginia 22 301
USA
Tel.: 001- 703 68 320 07
Fax: 001- 703 51 992 70

Masonic Peace Institute (MPI)
740 Lucky Avenue
Abingdon, Maryland 21 009–1405
USA
http://mpi.kofu33.org/

Japan

Grand Lodge of F. & A. M. of Japan
Tokyo Masonic Building
1–3 Shibakoen, 4-Chome
Minato-ku, Tokyo 105
Japan
Tel.: 033- 433 49 81
Fax: 033- 578 84 40
http://www.japan-freemasons.org

Indien

The Grand Lodge of India,
Freemasons' Hall
P. O.Box 681
Janpath, New Delhi 110001
India
Tel.: 0091–112 33 219 56/-49
Fax: 0091–112 33 202 76
E-Mail: glindia@nde.vsnl.net.in
http://www.masonindia.org/

Museen

Deutsches Freimaurer Museum
in Bayreuth
Im Hofgarten 1
95444 Bayreuth
Tel.: 0921-698 24
Fax: 0921-512 85 0
E-Mail: museum.bayreuth@
freimaurer.org

Freimaurermuseum im Schloss Rosenau
3924 Schloss Rosenau
Österreich
Ansprechpartner:
Herr Franz Prinz
Tel.: 0043-282 25 822 15
E-Mail: fprinz@gmx.at
Herr Mag. Dr. Rüdiger Wolf
E-Mail: freimaurermuseum@yahoo.de

Freimaurermuseum St. Michaelisdonn
Meldorfer Straße 2
25693 St. Michaelisdonn
Tel.: 04853-562
Fax: 04853-701
http://www.museen-sh.de/

Danksagung

Meinem Kollegen und Freund Dr. Johannes Kuppe, Bonn, danke ich für sein fürsorgliches Geleit in Israel und Gaza auf meiner ersten Nahostreise im Jahr 1999. Die seither anhaltende Diskussion mit ihm über den nahöstlichen Friedensprozess war und ist mir stets eine große Bereicherung und hat mir in meiner Berichterstattung oft wesentlich weitergeholfen, auch was nahöstliche Aspekte in diesem Buch angeht.

In Washington, D. C., danke ich meinem langjährigen Tutor Edward (Ted) Berry (Tutor der Benjamin B. French Lodge, No. 15), Jim Perna für Informationen über den Islam, Benjamin Mel Hurwitz für seine Kenntnis über das Judentum im Vergleich zum Christentum, André Salmon für sein Wissen über die französische Freimaurerei und den amerikanischen Scottish Rite; er war bis 2005 Leiter der Academy of the Scottish Rite, Washington, D. C.

Des Weiteren danke ich Akram Elias, Joseph S. Crociata und Roman Volsky für ihren Enthusiasmus, mit dem sie mich in die Freimaurerei eingeführt und gefördert haben.

In Berlin danke ich Rainer Slaniez für seine aufmerksame Unterstützung bei Verbesserungen für diese Auflage.

Wolfgang Micheelis, Köln, danke ich nach vielen Jahren für Anregungen und Literaturempfehlungen über W. A. Mozart.

Anmerkungen

Anwälte des Friedens

1 Stresemann, Wolfgang: Mein Vater Gustav Stresemann. München 1979, S. 20
2 Ebd.
3 Ebd., S. 21
4 Ebd.
5 Ebd., S. 31
6 Hirsch, Felix: Stresemann. Frankfurt/M., Zürich 1978, S. 232
7 Stresemann, Gustav: Vermächtnis. Bd. I, Beilage zu S. 548
8 Vgl. Hirsch, S. 232
9 Peters, Bruno: Berliner Freimaurer. Berlin 1994, S. 10
10 Bernhard, Henry: Gustav – ein Beitrag zur Geschichte der deutschen Freimaurerei. Krefeld 1948. Zit. nach Hirsch, S. 232
11 Zit. nach Hirsch, S. 240
12 Baumont, Maurice: Briand – Diplomat und Idealist. Göttingen 1966, S. 54 f.
13 Ebd., S. 85

Die älteste Geheimgesellschaft der Welt

1 Zit. nach Mackey, Albert G.: An Encyclopedia of Freemasonry. Bd. I., Chicago, New York 1924, S. 232. – Der ägyptische Urgott Thoth, von den Griechen mit ihrem Gott Hermes synkretistisch vermengt und »Hermes Trismegistos« (der dreimal größte Hermes) genannt, trägt in der antiken Überlieferung die Züge eines Künders geheimer Weisheiten, darunter Zauberei, eines Stifters der Wissenschaften und Erfindungen sowie des Schreibens. Ihm werden die »Bücher des Hermes« zugeordnet, aus welchen das Zitat stammt. In der spätantiken Gnosis wurde Hermes Trismegistos zum mystischen Allgott hochstilisiert.
2 Vgl. Ellis, Peter Berresford: The Druids. London 1994
3 Vgl. Abdullah, Muhammad S.: Freimaurerische Spuren im Islam. In: Jahrbuch Nr. 17 der Freimaurer-Zeitschrift Quatuor Coronati. Bayreuth 1980, S. 117–135
4 Charidschiten waren Anhänger einer der drei ursprünglichen islamischen Glaubensrichtungen, wobei das arabische Wort *charadscha* »hinausgehen« bedeutet und damit schon eine Abspaltung oder Abtrünnigkeit, also etwas Negatives, andeutet. Als solches fand unter maurischem Einfluß die Bezeichnung auch Eingang in das Spanische, wo die Küchenschabe als *cucaracha* bezeichnet wird.
5 Ermann, Adolf: Ägypten und ägyptisches Leben im Altertum. Tübingen 1903, S. 366
6 Hornung, Erik: Das esoterische Ägypten – das geheime Wissen der

Ägypter und sein Einfluss auf das Abendland. München 1999. Als Internetauszug veröffentlicht bei: http://www.freimaurer.ch/artikel/art-200 107–2.html (Stand: 2006)

7 Freeman, Charles: The Closing of the Western Mind. New York 2003

8 Pietsch, Roland: Die Tragödie des Templerordens. In: Geheimgesellschaften und der Mythos der Weltverschwörung. Herderbücherei Initiative Nr. 69. Freiburg 1987, S. 94

9 Vgl. Baigent, Michael und Richard Leigh: Der Tempel und die Loge – Das geheime Erbe der Templer in der Freimaurerei. Bergisch Gladbach 1989, und Robinson, John J.: Born in Blood: The lost Secrets of Freemasonry. New York 1989

10 Vgl. Magnusson, Magnus: Scotland – the Story of a Nation. New York 2000, S. 185 f.; Picknett, Lynn und Clive Prince: The Templar Revelation. New York 1998, S. 128, sowie Ridley, Jasper: The Freemansons. New York 2001, S. 26

11 Vgl. Picknett/Prince, S. 128

12 Vgl. Ebd., S. 100

13 Vgl. Ridley, S. 27

14 Gespräch des Autors am 16. März 1999 in Yarka mit Prof. Amal Jamal, damals Professor für Politische Wissenschaften an der Universität Haifa, heute Universität Tel-Aviv.

15 Vgl. Spencer-Churchill, Charles Henry: Mount Lebanon: A Ten Years' Residence from 1842 to 1852, describing the Manners, Customs, and Religion of its Inhabitants with a Full and Correct Account of the Druse Religion and Containing Historical Records of the Mountain Tribes from Personal Intercourse with their Chiefs and Other Authentic Sources. 3 Bände. London 1853; Mackey, Bd. I., S. 221 f.

16 Spencer-Churchill. Zit. nach Mackey, Bd. I., S. 222

17 Mackey, Bd. I., S. 222

18 Vgl. Abdullah, S. 117–135

19 Vgl. Mackey, Bd. I., S. 178

20 Vgl. Mackey, Bd. I., S. 159

Der Alte Fritz und die »Drei Weltkugeln«

1 Das Gedicht lautet in voller Länge: »Vom Alten Fritz, dem Preußenkönig, / weiß man zwar viel, doch viel zu wenig. / So ist zum Beispiel nicht bekannt, / dass er die Bratkartoffeln erfand! / Drum heißen sie auch – das ist kein Witz – / Pommes Fritz!« in: Erhardt, Heinz: Das große Heinz Erhardt Buch. München 1984, S. 30

2 Vgl. Zagolla, Robert: Im Namen der Wahrheit – Folter in Deutschland. Berlin 2006, S. 85 f.

3 Kurfürst Karl Theodor versuchte zwischen 1777 und 1779 vergeblich, altbayerische Gebiete gegen die habsburgischen Niederlande, wo er geboren worden war, einzutauschen. Wie Ludwig Hüttl in »Das Haus Wittelsbach – Die Geschichte einer europäischen Dynastie«, München 1980, S. 310 f. andeutet, glaubte Karl Theodor, dass intrigante Illuminaten im Zusammenspiel mit Preußen diesen Tausch verhindert haben. Für diese Verschwörungstheorie gibt es keine Belege. Doch entscheidend ist, dass der bayerische Herrscher daran glaubte und sich mit dem Verbot der Illuminaten und Freimaurer rächte.

4 Cagliostros Autobiographie mit dem Titel »Memoires« erschien erstmals 1786 in Paris, als »Life« 1787 in London; weitere Veröffentlichungen erfolgten in Straßburg, Berlin und Rom.

5 Vgl. Mackey, Bd. I, S. 234

6 Zit. nach: Zenz, Helmut: Geschichte des Islams in Deutschland von 1732 bis 1945. 2003, http://www.helmut-zenz.de/hzislam8.html (Stand: 2006)

»We the people ...«

1 Im Original: »the pursuit of happiness«.

2 Gair, Edward M.: The Boston Tea Party and Freemasonry. Southern California Research Lodge. http://freemasonrywatch.org/boston_tea_party.html (Stand: 2006)

3 Als bekannteste Doppelmitglieder der »Sons of Liberty« und der Bostoner Freimaurer sind zu nennen der Arzt Dr. Joseph Warren, Großmeister der Großloge von Massachusetts, Paul Revere, Senior Grand Deacon der St. Andrews Loge und Edward Proctor, vgl. Gair, ebd.

4 Isaacson, Walter: Benjamin Franklin. New York 2003, S. 276, Abb. 23

5 Vgl. Weisberger, R. William: Benjamin Franklin: A Masonic Enlightener in Paris. In: Jahrbuch Nr. 13 der Scottish Rite Research Society. Washington, D. C., 2005, S. 9–26

6 Franklins Wirken in dieser Zeit wird in Lion Feuchtwangers Roman »Die Füchse im Weinberg« (1947) recht anschaulich beschrieben.

7 Göller, Josef-Thomas: George Washington, Berlin 1998, S. 284. Sansculotten: in der französischen Revolution von 1789 Spottname für die Revolutionäre, die im Gegensatz zu den Aristokraten keine *Culottes* (Kniebundhosen) trugen, sondern lange Hosen. Später gleichbedeutend mit Republikaner.

8 Ebd., S. 374

9 Ebd., S. 375

10 Ebd., S. 308

Freimaurer am Wiener Hof

1 Vgl. Ridley, S. 114

2 Ebd.

3 Zit. nach Ridley, S. 118

4 Diese These bzw. Auslegung wird von dem britschen Historiker und kritischen Nicht-Freimaurer Jasper Ridley vertreten, vgl. ebd., S. 119

5 Ebd.

6 Hildesheimer, Wolfgang: Mozart. Frankfurt/M. 1992, S. 326

7 Ebd. (Hervorhebung durch den Autor.)

8 Die meisten jüngeren Analysen zur Freimaurersymbolik in der »Zauberflöte« sind in den USA erschienen. In Dtl. hat sich der Leipziger Freimaurer Frank Heinrich damit befasst: »Das Mysterium der Zauberflöte – Die geheime freimaurerische Symbolsprache Mozarts». Leipzig 2004.

9 Zit. nach Hildesheimer, S. 367

10 Vgl. Lane, Jason: General and Madame de Lafayette. New York 2003, S. 275–329

11 Im Jahr 1893 entschlossen sich Théophile Bader und Alphonse Kahn, ein Neuheiten-Geschäft in Paris zu eröffnen. Sie starteten in einem Einkaufsviertel nahe der Oper. Die Adresse lautete: No.1, rue La Fayette (benannt nach Marquis de Lafayette). Danach benannten die Gründer alsbald ihre *Grands Magasins »Aux Galeries Lafayette«*

Zwischen Aufklärung und Geisterglaube

1 Fernau, Joachim: Sprechen wir über Preußen. München 1981, S. 203

2 Zum Folgenden vgl. Bissing, Wilhelm Moritz Freiherr von: Friedrich Wilhelm II., König von Preußen. Berlin 1967, bes. S. 172–184

3 Fontane, Theodor: Wanderungen durch die Mark Brandenburg. Ausgewählt und eingeleitet von Paul Fechter. Hamburg 1952, S. 358
4 Bissing, S. 39
5 Ebd., S. 37
6 Ebd.
7 Fontane, S. 366
8 Bissing, S. 53
9 Ebd.
10 Ebd., S. 54 f.
11 Vgl. Philippson, Martin: Geschichte des Preußischen Staatswesens. Leipzig 1882. Bd. I, S. 290
12 Bissing, S. 56
13 Fontane, S. 358

Weltweites Streben nach Freiheit

1 Zitate. In: Grossloge A. F. u. A. M. von Deutschland (Hrsg.): Humanität. Berlin Januar/Februar 2005, S. 21
2 Der venezolanische Präsident Hugo Chávez beutet zum Beispiel das Image Bolívars aus, indem er seine Annäherung an das kommunistische Kuba und seinen Anti-Amerikanismus »Bolivianismus« nennt, in Anspielung darauf, dass Bolívar einst versuchte, Lateinamerika zu einen.
3 Göller, Josef-Thomas: Auf der Suche nach El Dorado. Bergisch-Gladbach 1992, S. 131
4 Ebd.
5 Vgl. Ridley, S. 194
6 Göller, 1992, S. 165
7 Zum Folgenden vgl. Ridley, S. 201–220
8 Ebd., S. 220
9 Rizopoulos, Andreas C.: European Freemasons and the Greek War of Independence, in: Herodom, Bd. 13. Jahrbuch der Scottish Rite Research Society. Washington, D.C. 2005, S. 226
10 Ebd.
11 Ebd.
12 Ebd., S. 236
13 Layiktez, Celil: Freemasonry in the Islamic World. In: Tesviye. Magazin der Großloge der Türkei, http://www.freemasons-freemasonry.com/layiktez.html (Stand: 2006)
14 Kadritzke, Niels: Fragen an die Türkei. Die Armenier 1915. In: Le Monde Diplomatique (dt. Ausgabe), Berlin, 14.4.2005
15 Gülbeyaz, Halil: Mustafa Kemal Atatürk. Vom Staatsgründer zum Mythos. Berlin 2004, S. 228
16 Rill, Bernd: Kemal Atatürk. Reinbek 1985, S. 124
17 Hürriyet, 10. März 2004; siehe auch: U.S. Department of State: Country Reports on Human Rights Practices – 2004. Released by the Bureau of Democracy, Human Rights, and Labor. Washington, D.C., 28. Februar 2005: http://www.state.gov/ g/drl/rls/hrrpt/2004/41713.htm (Stand: 2006)

Die Protokolle der »Weisen von Zion«

1 Robinson, John J: Born in Blood – The Lost Secrets of Freemasonry. New York 1989, S. xix; Wesentliche Teile dieses Kapitels wurden entnommen aus: Goeller, Tom: Calumniated Freemasonry. In: The Trestleboard. (No. 15), Dezember-Heft. Washington, D.C. 2001, S. 1., S. 6–9
2 Zit. nach Roberts, J. M.: Mythology of the Secret Societies. New York 1972, S. 54
3 Larudan, alias Bottarelli (Abbé): Les Francs-Maçons Ecrasés, Amsterdam 1747. Zit. nach: Daniel Pipes: Conspiracy. New York 1997, S. 61 – Giacomo Casanova (1725–1798) de-

maskierte in seinen erst 1961 in Paris vollständig veröffentlichten Memoiren »Histoire de ma vie« den Abbé Larudan als Benediktiner-Mönch namens Bottarelli.

4 Singer, Arthur: Der Kampf Roms gegen die Freimaurerei. Leipzig 1925, S. 37

5 Chabauty, E.H. (Psd von C.C. de Saint-André): Franc-Maçons et juifs, sixième âge de l'église d'après l'Apocalypse. Paris 1880, S. 652

6 Meurin, Léon: La Francs-Maçonsonnerie, synagogue de satan. Paris 1893, S. 260

7 Pipes, Conspiracy, S. 136 – Daniel Pipes ist Chefredakteur der Vierteljahreszeitschrift The Middle East Quarterly, wurde von der ägyptischen Zeitung Al-Ahram als »führender Denker« über Nahostpolitik bezeichnet, schreibt Artikel für die Tageszeitungen The Boston Globe, Los Angeles Times u. v. a. Von 2003 bis 2005 Board Member des U. S. Institute of Peace.

8 Ridley, S. 227

9 Zit. nach Ridley, S. 225

10 Vgl. Roger, Philippe: L'ennemi américain – Généalogie de l'antiaméricanisme français. Paris 2002, S. 139–238

11 Michael Hagemeister: Der Mythos der »Protokolle der Weisen von Zion«. In: Ute Caumanns und Mathias Niendorf (Hrsg.): Verschwörungstheorien: Anthropologische Konstanten – historische Varianten. Osnabrück 2001, S. 89–102

12 Cesare G. Michelis: The Non-Existent Manuscript. A Study of the Protocols of the Sages of Zion. Lincoln 2004

13 Pipes, Conspiracy, S. 136

14 Graves, Philip: The Truth about the Protocols: A Literary Forgery. In: The Times, London 16.–18. 8. 1921

15 Joly, Maurice: Dialogue aux enfers entre Machiavel et Montesquieu. Brüssel 1864; dt.: Gespräche in der Unterwelt zwischen Machiavelli und Montesquieu. Hamburg 1948

16 Vgl. Pipes, Conspiracy, S. 84

17 Wer immer noch nicht glauben will, dass es sich bei den »Protokollen der Weisen von Zion« um eine Fiktion handelt, sei verwiesen auf die Bestätigung durch Schweizer Gerichte in den Jahren 1935 und 1937 sowie United States Congress Senate Committee on the Judiciary. Protocols of the Elders of Zion; a fabricated »historic« document. A report prepared by the Subcommittee to Investigate the Administration of the Internal Security Act and Other Internal Security Laws. Washington, D. C., 1964.

18 Vgl. Heiden, Konrad: Der Fuehrer. Boston 1944, S. 1–18

19 Hitler, Adolf: Mein Kampf. München 1933 (Erstausgabe 1925/26), S. 337

Vergissmeinnicht

1 Coil, Henry Wilson: Coil's Masonic Encyclopedia. Eintrag »Anti-Masonry«. New York 1961, S. 59 f.

2 Bessel, Paul M.: Bigotry and the Murder of Freemasonry. Washington, D. C., 1994. http://www.bessel.org/naziartl.htm (Stand: 2006)

3 Ebd.

4 Lunden, Sven G.: The Annihilation of Freemasonry. In: American Mercury. February 1941, S. 185 f.

5 Hitler, S. 721

6 Vgl. Rosenberg, Alfred: Die Hochfinanz als Herrin der Arbeiterbewegung in allen Ländern. 1924

7 Hitler, S. 345

8 Neuberger, Helmut: Winkelmaß und

Hakenkreuz – Die Freimaurer im Dritten Reich. München 2001, S. 123

9 Ebd., S. 236

10 Ebd., S. 243. Vgl. auch Lunden, S. 184 und Charles G. Hamilton: Freemasonry, A Prisoner of War. In: The New Age (offizielles Organ des Supreme Council 33, A.&A. Scottish Rite). Washington, D.C., September 1949, S. 552

11 Bessel, ebd.

12 Vgl. Bruder Hjalmar Greeley Schacht, Hilters Bankier. Rapperswil 2001. http://www.freimaurer-rapperswil.ch/1 701 138.htm (Stand: 2006)

13 Ebd.

14 Vgl. Denslow, Ray V.: Freemasonry in the Eastern Hemisphere. o.O. 1954, S. 111 unter Berufung auf Zahlenangaben einer damaligen »KZ-Organistion« in Hamburg und einer nicht näher spezifizierten Veröffentlichung in der »(Neuen) Rheinischen Zeitung«.

15 Während seiner zahlreichen Parisaufenthalte schloss sich Tucholsky außerdem den Logen »Les Zélés Philanthropes« und »L'Effort« an. In letzterer wurde er 1925 zum Meister erhoben.

16 Neuberger, S. 124

17 Madrasch-Groschopp, Ursula: Die Weltbühne. Porträt einer Zeitschrift. Berlin 1983, S. 212

18 Burckhardt, Carl Jakob: Meine Danziger Mission – 1927 bis 1939. München 1960, S. 60f.

19 Zit. nach Bessel, ebd.

20 Jackson, A.C.F.: Freemasonry in Jersey. In: Ars Quatuor Coronatorum (transactions of Quatuor Coronati Lodge No. 20786). Bd. 26. London 1973, S. 210–214

21 Zahlenangaben nach Bessel, ebd.

22 Zit. nach Hamilton, S. 149

23 Coil's Masonic Encyclopedia, S. 61; ähnliche Angaben in: Missouri Lodge of Research (Hrsg.): Masonic Reader's Guide. Bd. 34. o.O. 1978/79, S. 164 und Denslow, S. 178.

24 Jackson, S. 214

25 Masons but Not Free, Newsweek, 25.06.1945, S. 114/15

26 Hamilton, S. 655

27 Zahlenangabe gemäß Santiago Río, Mitglied der Großloge von Spanien in Artikel: La verdadera historia de los masones. El Correo, Bilbao 27. Februar 2006. Vgl. http://canales.elcorreodigital.com/auladecultura/santiago_ rio1.html (Stand: 2006)

28 Zit. nach Bessel, ebd.

»Instrument des kosmopolitischen Großbürgertums«

1 Als Beispiel sei die folgende typische Äußerung angeführt: »The Illuminati sent Lenin across war-torn Europe in a sealed train and financed his successful October revolution with millions of dollars.« Aus: HigherPraise: New World Order. Abschnitt: Lenin and the Illuminati. Copyright 1999, http://www.higherpraise.com/nwo.htm#/lenin (Stand: 2006)

2 Zit. nach: http://mittelalter.geschichtetoday.de/Geschichte_der_Freimaurerei_[3]#t: Verbot in Kommunistischen Staaten (Stand: 2006)

3 Trotzky, Leon: The First Five Years of the Communist International: »Freemasonry, the League of Rights of Man and Citizen and the Bourgeois Press«. Bd. 2. Resolution on the French Question. 2. Dezember 1922, veröffentlicht unter: www.marxists.org/archive/trotsky/works/1924/ffyci-2/22.htm (Stand: 2006)

4 Vgl. Wauthier, Claude: Africa's Free-

masons – A strange inheritance. Le Monde Diplomatique. September 1997. http://mondediplo.com/1997/09/masons (Stand: 2006)

5 Vgl. wiederum HigherPraise: New World Order, Abschnitt: Communism and Illuminati, Copyright 1999. http://www.higherpraise.com/nwo.htm#Illumi (Stand: 2006)

6 Bessel, ebd.

7 Neue Unterdrückung – neue Freiheit. Abschnitt: Die DDR und die Freimaurerei. Freimaurerloge »Zur Harmonie« (Hrsg.). Chemnitz. http://www.harmonie-chemnitz.de/museum/harm-20Jh.htm (Stand: 2006)

8 Müller, Helmut: Betrachtungen zur Freimaurerei in Meiningen von den Anfängen im Jahre 1741 bis zur Gegenwart. Freimaurerloge »Georg Liberalitas« (Hrsg.). Meiningen. Link: Über unsere Loge. http://www.freimaurer.org/liberalitas.meiningen/ (Stand: 2006)

9 Vgl. www.harmonie-chemnitz.de/museum/harm-20Jh.htm (Stand: 2006)

10 Ebd.

11 Diederich, Georg: SED und Jugendweihe. In: »Jugendweihe in der DDR«, Hrsg. Landeszentrale für politische Bildung Mecklenburg-Vorpommern. Berlin 1994.

»Outpost Berlin«

1 Die Chronik der »Treue« bis 1972. In: Treue Information. Hrsg. Loge »Zur Treue«. Heft 2. Berlin 2002, S. 42

2 Ebd., S. 58

3 Ebd.

4 Ebd.

5 Loge »Zum Todtenkopfe und Phönix«. Berlin-Dahlem 2002: www.tofix-berlin.de/html/frameset_auslandskontakte.htm (Stand: 2006)

6 Berndt, Rolf: Die Vereinigung der Deutschen und die Freimaurerei. In: Treue Information. Hrsg. Loge »Zur Treue«. Heft 161, Berlin 1994, S. 107 f.

7 Ebd.

8 www.freimaurer-dresden.de/generelles/ (Stand: 2006)

9 Berndt, S. 107

Mit Frack und Zylinder

1 National Geographic Channel: The Freemasons. 20. Mai 2006, 22 Uhr, und National Geographic Channel: Secrets of the Freemasons. 15. Mai 2006, 22 Uhr. Außerdem: History Channel: Mysteries of the Freemasons. 18. Mai 2006, 20 Uhr.

2 Dosch, Reinhold: Zur Eröffnung des Logenhauses in Luckau. In: Treue information. Hrsg. Loge »Zur Treue«. Heft 182. Berlin 1998, S. 17

3 Ebd.

4 Dosch, Reinhold: Deutsches Freimaurer-Lexikon. Bonn 1999

5 Freud, Sigmund: Der Moses des Michelangelo. In: »Schriften über Kunst und Künstler«, Fischer-Taschenbuch, Frankfurt/M. 2004, S. 57

6 Berndt, S. 110

7 Siehe als Beispiel: Walt Disney / Demolay International FDC. Hrsg. Phoenixmasonry, Inc. (Online Freimaurermuseum). www.phoenixmasonry.org/masonicmuseum/walt_disney_fdc.htm (Stand: 2006)

8 Nachzulesen unter: www.whale.to/b/disney.html (Stand: 2006) (Herausgeber nicht ermittelbar) und Wes Penre: The Walt Disney Agenda. In: Illuminati News. Hrsg. Wes Penre. 4. Juli 2004. www.illuminati-news.com/walt-disney-agenda.htm (Stand: 2006)

9 Museumsinformation Mai 2003. Museum für Kommunikation (Hrsg.). Hamburg 2003. www.museumsstiftung.de/userimages/u020_2003041137991.pdf (Stand: 2006)
10 Das Museum wird getragen von der Deutschen Post AG und der Telekom AG.

Die »verheimlichten Schwestern«

1 Ridley, S. 20
2 Vgl. Cryer, Neville B.: Women and Freemasonry. In: Masonic Times. Rochester, New York. Mai 1995. Vgl. Yronwode, Catherine: Freemasonry for Women. Copyright 1995–2002. http://www.luckymojo.com/comasonry.html (Stand: 2006)
3 Ridley, S. 42
4 Vgl. Salm, Jürgen: Brüderlichkeit, Selbstbeherrschung, Verschwiegenheit. Einblicke in die Welt einer Freimaurer-Loge. Sendung des »Deutschlandradio Kultur«. Berlin, 22. Oktober 2004
5 Ridley, S. 42
6 Ebd., S. 72
7 Ebd., S. 73
8 Timon, Jordane: Les sœurs gagnent leur indépendance. In: Historia Special: Les francs-maçons. Heft Nr. 48, Paris Juli/August 1997, S. 86
9 Burke, Janet und Margaret Jacob: French Freemasonry, Women, Feminist Scholarship. In: Journal of Modern History. Heft 68, Sept.-Dez. 1996, S. 515. Vgl. auch Burke, Janet: Freemasonry, Friendship and Noblewomen: The Role of the Secret Society in Bringing Enlightenment Thought to Pre-Revolutionary Women Elites. In: History of European Ideas, 10(3), o. O. 1989, S. 283
10 Burke, Janet. Leaving the Enlightenment: Women Freemasons after the Revolution. In: Eighteenth-Century Studies 33(2), o. O. 2000, S. 256.
11 Burke/Jacob, S. 532
12 Zit. nach Timon, S. 85

Weltherrschaft

1 The United Kingdom Parliament, Home Affairs Select Committee, First Special Report on Membership of Secret Societies. London 1997–98, HC 577
2 The United Kingdom Parliament: Lord Hansard's Written Answers Text for 3 February 2005. Abschnitt: Police Service: Freemasonry (Column WA56). Amtlicher Bericht des britischen House of Lords vom 3. Februar 2005. Nachzulesen unter www.publications.parliament.uk/. Suchwort: Freemasonry. (Stand: 2006)
3 Ebd.
4 Maul, Heinz Eberhard: Juden in Japan: Studie über die Judenpolitik des Kaiserreiches Japan während der Zeit des Nationalsozialismus 1933–1945. Dissertation. Bonn 2000, S. 38
5 Ebd.
6 Vgl. Shiôden: Yûdayashisô oyobi undô. Furoku: ›Shion no giteisho‹. (Das Denken der Juden und ihre Bewegung. Anhang: Die Zion-Protokolle). Tokio, Shinbunsha 1941 und 1987
7 Zit. nach Bessel
8 Der Stürmer, Nr. 23. Nürnberg Februar 1939.
9 Maul, S. 49
10 Aus dem Jahr 1873 ist ein solcher Fall eines Chinesen, der für eine Missionsstation in China arbeitete, bekannt.
11 Zit. nach Fajardo, Reynolds S.: The Philippine Flag – its Masonic Roots. (Internetauftritt der Grand Lodge

of British Columbia and Yukon). 15. November 2004. http://freemasonry.bcy.ca/symbolism/philippine_flag. html (Stand: 2006) – Fajardo ist ehemaliger Großmeister der Großloge der Philippinen.

12 Von Swami Vivekananda besonders lesenswert sind die Bände: Raja-Yoga, Vedanta – Der Ozean der Weisheit, Jnan-Yoga – der Pfad der Erkenntnis, Bhakti-Yoga – der Pfad der Liebe und Karma-Yoga – der Pfad der Arbeit.

13 Allen-Mills, Tony: Congo leader's £169,000 hotel bill. In: The Sunday Times. London, 12. Februar 2006

14 Vgl. Wauthier

15 Vgl. ebd.

16 Jean Suret-Canale, Jean: La fin de la chefferie en Guinée. In: Journal of African History. Bd. VII. Cambridge 1966. S. 459–493

17 Vgl. Wauthier

»Freimaurer müssen ausradiert werden«

1 Bombers attack Istanbul Masonic lodge. Al-Jazeera Online (Englisch). Katar, 10. März 2004. Nachzulesen unter: http://english.aljazeera.net/NR/exeres/2C70E126-201C-48A3-9478-42F6B64C5FC1.htm (Stand: 2006) – Wesentliche Teile dieses Kapitels vgl.: Goeller, Tom: Freemasonry and Today's Muslim World. In: The Florida Mason. Hrsg. Grand Lodge of Florida. Monatsmagazin. Bd. 102, Ausgabe 6. Mai 2004, Miami. S. 32–34

2 Siehe AP-Bericht, 10. März 2004, Büro Istanbul, veröffentlicht beispielsweise in: 2 Die and 6 Hurt in Istanbul Suicide Attack. The New York Times. New York 10. März 2004 und Bericht des amerikanischen Außenministeriums: »Country Reports on Human Rights Practices – 2004« basierend auf dem Bericht des Bureau of Democracy, Human Rights, and Labor, Washington, D.C., 28 Februar 2005. Bezüglich des Anschlags heißt es dort: »It was widely believed in the country that Masons have Zionist and anti-Islamic tendencies; evidence gathered in the subsequent investigation suggested that anti-Semitism was at least a partial motivating factor in the attack.« http://www.state.gov/g/drl/rls/hrrpt/2004/41 713.htm (Stand: 2006)

3 Gemäß EU-Amtsblatt vom 28. Dezember 2001 steht die Hamas offiziell auf der EU-Liste terroristischer Organisationen. (Stand Dezember 2005). Der Rechtsstandpunkt der EU-Kommission ist zudem veröffentlicht unter: 2001/931/GASP des Rates vom 27. Dezember 2001 über die Anwendung besonderer Maßnahmen zur Bekämpfung des Terrorismus. Abschnitt: Liste von Personen und Körperschaften. http://www.europa.eu/scadplus/leg/de/lvb/l33 208.htm (Stand: 2006) und Bulletin EU 9–2003. Weitere Begründung der EU-Kommission unter: Beziehungen zu den südlichen Mittelmeerdrittländern und den Ländern des Nahen und Mittleren Ostens (6/10). 1.6.93. http://europa.eu/bulletin/de/200 309/p106 093.htm (Stand: 2006)

4 Der SPD-Bundestagsabgeordnete Detlef Dzembritzki sowie die FDP-Abgeordneten Hellmut Königshaus und Karl Addicks sind am 17. Mai 2006 in Berlin mit dem palästinensischen Minister und Hamas-Mitglied Atef Adwan zu Gesprächen zusammengekommen. Damit unterliefen sie den EU-Konsens, Kontakte mit

der Hamas zu boykottieren. Als Initiator für diese Gespräche trat der frühere Journalist Christoph Hörstel auf, Beiratsmitglied der Deutsch-Arabischen Gesellschaft. – Auch Altbundeskanzler Gerhard Schröder hat sich Ende Mai 2006 für »Verhandlungen« mit der Hamas ausgesprochen. Vgl. Grabowsky, Fabian, Yassin Musharbash und Christopher Stolzenberg: Schröders Hamas-Äußerung. Altkanzler ohne Kompass. In: Spiegel Online. Hamburg 29. Mai 2006. Nachzulesen unter: http://www.spiegel.de/politik/ausland/0,1518,418 614,00.html

5 Die Auszüge sind der englischen Übersetzung mit dem Titel »Covenant of the Islamic Resistance Movement (Hamas)« vom 18. August 1988 entnommen, die die Hamas einst unter folgender Website veröffentlicht hatte: http://www.hamasonline.org/indexx.php?page=Hamas/hamas_covenant (Stand: 2006) Seit geraumer Zeit gewährt Hamas keinen Zugriff mehr auf diese Website. Auch ihre ursprüngliche Homepage http://www.hamasonline.org/ ist gelöscht und führt jetzt (Stand Juli 2006) zu http://www.worldofislam.info/. Die vollständige Hamas-Charta in englischer Übersetzung ist weiterhin nachzulesen unter: Yale Law School (Hrsg.), New Haven, Connecticut, USA, 2005: http://elsinore.cis.yale.edu/lawweb/valon/mideast/hamas.htm (Stand: 2006)

6 Raschid, Bilal M.: The Foundation of Tolerance is Understanding. In: The Voice of Freemasory. Großloge des District of Columbia (Hrsg.). Bd. 22, Nr. 1. Washington, D.C., 2005. S. 18 ff.

7 Rede von Mahathir bin Mohamad am 16. Oktober 2003, veröffentlicht auf der Website der Anti-Defamations League, bei CNN.com/World (Stand: 2006) am 16. Oktober 2003 sowie im Bericht von Rohan Sullivan, Associated Press. Malaysia, 16. Oktober 2003.

8 Der Titel der Serie lautete »Ritter ohne Pferd«, kostete rund acht Millionen ägyptische Pfund und wurde produziert von »Arab Radio and Television (ART)«, die mit ihren Satelliten nicht nur den gesamten Nahen Osten erreichen, sondern auch Europa, Lateinamerika und Asien. Vgl. Galloping Anti-Semitism. Editorial (N.N.). In: Washington Post. Washigton, D.C., 15. November 2002, S. A32

9 Pipes, Daniel: The Hidden Hand – Middle East Fears of Conspiracy. New York 1998 (1996), S. 310

10 Ebd., S. 311

Was hat die Kathedrale von Washington mit Berlin zu tun?

1 Lücke, Detlev: Vestra culpa – selber schuld. In: Freitag, Berlin. 17. März 2000

2 La verdadera historia de los masones. El Correo, Bilbao 27. Februar 2006. http://canales.elcorreodigital.com/auladecultura/santiago_rio1.html

3 Zit. nach: Ahmad, Ayesha und Neeven A. Salem: Faiths Come Together at National Cathedral on National Day of Mourning. In: IslamOnline. Washington, D.C. 14. September 2001. www.islam-online.net/English/News/2001-09/15/article1.shtml (Stand: 2006)

4 Kaltenbrunner, Gerd-Klaus: Vorwort. In: Geheimgesellschaften und der Mythos der Weltverschwörung. Freiburg 1987, S. 10

Personenregister

Der Autor

Tom Goeller, Jahrgang 1958, ist Journalist und selbst Freimaurer. Er studierte amerikanische Geschichte und Politik und arbeitet seit 1986 für verschiedene deutsche und amerikanische Print- und TV-Medien, unter anderem für *The Washington Times* und *Egypt Today*. Er ist gefragter TV- und Rundfunkkommentator zu aktuellen Themen der internationalen Politik, u. a. bei *n24*, dem *Deutschlandfunk* und der *Deutschen Welle*. Von ihm sind bereits zahlreiche Bücher erschienen, u. a. über George Washington und Friedrich den Großen. Tom Goeller lebt in Berlin.